高等院校小学教育专业教材

小学音乐教学技能

邰方　耿坚　胥娟 ◎ 编著

华东师范大学出版社
·上海·

图书在版编目（CIP）数据

小学音乐教学技能／邰方，耿坚，胥娟编著．—上海：华东师范大学出版社，2014.12
高等院校小学教育专业教材
ISBN 978-7-5675-2859-8

Ⅰ.①小… Ⅱ.①邰… ②耿… ③胥… Ⅲ.①小学-音乐教育-高等学校-教材 Ⅳ.①G623.713

中国版本图书馆CIP数据核字（2014）第288266号

小学音乐教学技能

编　　著	邰　方　耿　坚　胥　娟
责任编辑	夏海涵
责任校对	时东明
版式设计	孔薇薇
装帧设计	卢晓红
出版发行	华东师范大学出版社
社　　址	上海市中山北路3663号　邮编　200062
网　　址	www.ecnupress.com.cn
电　　话	021-60821666　　行政传真　021-62572105
客服电话	021-62865537　　门市（邮购）电话　021-62869887
地　　址	上海市中山北路3663号华东师范大学校内先锋路口
网　　店	http://hdsdcbs.tmall.com/
印 刷 者	常熟高专印刷有限公司
开　　本	787×1092　16开
印　　张	17.25
字　　数	386千字
版　　次	2015年2月第1版
印　　次	2021年8月第5次
书　　号	ISBN 978-7-5675-2859-8/G·7788
定　　价	35.00元
出版人	王　焰

（如发现本版图书有印订质量问题，请寄回本社客服中心调换或电话021-62865537联系）

目 录

前 言 ·· 1

第一章　规范撰写　厘清思路——教学设计的策划 ········ 1
　　第一节　设定课时比例 ·· 3
　　第二节　制定三维目标 ·· 8
　　第三节　区分重点难点 ······································· 13
　　第四节　构设教学流程 ······································· 17
　　第五节　设立教学环节 ······································· 25
　　第六节　表述教学说明 ······································· 39
　　本章小结 ·· 49

第二章　熟悉主题　多重体验——听赏教学的开展 ······· 51
　　第一节　培养聆听习惯 ······································· 53
　　第二节　记忆主题旋律 ······································· 63
　　第三节　了解多元文化 ······································· 67
　　第四节　辨识主奏乐器 ······································· 74
　　第五节　创编体验旋律 ······································· 81
　　第六节　适切复习听赏 ······································· 89
　　本章小结 ·· 96

第三章　识记旋律　感知形象——歌唱教学的把握 ······· 97
　　第一节　培养歌唱习惯 ······································· 99
　　第二节　提高识谱能力 ······································ 105
　　第三节　新授歌曲教学 ······································ 111
　　第四节　训练合唱技能 ······································ 119
　　第五节　进行歌曲处理 ······································ 128
　　第六节　合理复习歌曲 ······································ 134
　　本章小结 ··· 142

第四章　多元介入　动态调整——音乐活动的孕育 ····· 143
　　第一节　参与形体律动 ······································ 145
　　第二节　交流歌曲表演 ······································ 154

　　　　第三节　引导跟唱练习　　　　　　　　　　160
　　　　第四节　进入音乐游戏　　　　　　　　　　172
　　　　第五节　尝试即兴创编　　　　　　　　　　180
　　　　本章小结　　　　　　　　　　　　　　　　187

第五章　姿势正确　对接课堂——器乐教学的辅助　　189
　　　　第一节　学会正确演奏　　　　　　　　　　191
　　　　第二节　掌握指法气息　　　　　　　　　　195
　　　　第三节　辅助教学主体　　　　　　　　　　205
　　　　第四节　练习打击乐器　　　　　　　　　　214
　　　　第五节　促进课外练习　　　　　　　　　　223
　　　　本章小结　　　　　　　　　　　　　　　　232

第六章　激励共享　记录成长——课堂评价的运用　　235
　　　　第一节　过程与结果　　　　　　　　　　　237
　　　　第二节　定性与定量　　　　　　　　　　　242
　　　　第三节　自评与他评　　　　　　　　　　　251
　　　　第四节　课内与课外　　　　　　　　　　　259
　　　　本章小结　　　　　　　　　　　　　　　　266

前　言

经历多年的课改实验,小学音乐课程教学已经发生转变。其一,以学生为本,关心每一位学生的成长、进步。关注学生的兴趣爱好和生活经验,尊重学生音乐学习的感受与见解,细心保护学习的主动性、积极性,培育学生的创新思维。以学生为主体,教师为主导,建立平等交流的师生关系。其二,在音乐教学活动中,促进学生学习方式的转变,使学生学会学习,学会独立思考。倡导同学间的合作学习,使学生善于与他人交流、沟通、分享。倡导探究式学习,培养学生收集信息、处理信息的能力。其三,将以往相对单一的"知识技能"课程目标转化为"三维融合"的课程目标,即"情感态度与价值观"、"过程与方法"和"知识与技能"的有机结合,促进学生成长。其四,健全和完善评价机制,不仅重视单一评价的甄别作用,还发挥多重评价的诊断、激励与改善功能;转变评价的方法,采用形成性评价与终结性评价相结合,定性述评与定量测评相结合,自评、互评、他评相结合,以及"音乐成长记录册"、"班级音乐会"等多种形式进行评价,以利于增强学生学习信心和动力。

对于小学音乐课程的教学内容而言,国家《义务教育音乐课程标准(2011年版)》将1992年《九年制义务教育全日制小学音乐教学大纲(试用)》规定的"唱歌、唱游、器乐、欣赏、识读乐谱和视唱听音",重新整合并扩展为"感受与欣赏、表现、创造、音乐与相关文化"四个教学领域,突出音乐学科固有的人文属性及其对于人的创造力开发的作用。

这是由中国近代思想文化继承—借鉴—发展更新的整体模式决定的。对中国数千年历史文化的继承,将深厚的"乐教"传统衍生为"美育"思想,一直是我国音乐教育行为的基本出发点;对国外音乐教育理论精华和实践体系的学习、借鉴、吸收,十年来从未间断:从20世纪中叶"拖欠"下来的以奥尔夫、柯达伊等为代表的国外音乐教育思想和教学体系,到20世纪末美国学者加德纳的"多元智能"理论、雷默的音乐教育哲学,再到21世纪初以埃利奥特为代表的音乐教育实践哲学等。在继承民族文化传统和借鉴吸收国外有益经验的基础上,我国音乐教育工作者对指导学生音乐课程的基本理念不断总结、更新,在保持中国特色(与国情相适应)的同时,也体现出与21世纪国际音乐教育发展方向相一致的包容性和现代性。国家《义务教育音乐课程标准(2011年版)》对中小学音乐"课程基本理念"的阐述,便集中体现了这种源自教学实践又回到教学实践的音乐教育理论的综合性:1. 以音乐审美为核心,以兴趣爱好为动力;2. 强调音乐实践,鼓励音乐创造;3. 突出音乐特点,关注学科综合性;4. 弘扬民族音乐,理解音乐文化多样性;5. 面向全体学生,注重个性发展。

这五条供广大任课教师把握的"课程基本理念"是一个不可分割的整体。内容包含音乐课程与国家主流教育思想的对应:音乐教学以学生为本,激发学生自主学习和主动参与音乐实践的兴趣;体现出对艺术体验和人文素养在实践活动中生成、获取的强调及对学生创造力开发的重视;涉及以美育人与不同文化认知、中国民族文化与世界多元文化、音乐本体与不同学科综合、面向全体未来公民与因材施教、发展个性等一系列的论辩关系,汇集了我国音乐教育工作者经过长期实践不断积累的对本学科基本理论的认知。这些理论探索,实际上是对中外古今音乐教育理论重要内涵的综合,具有鲜明的时代特点和中国特色。

从我国教师资格考试要求来看,从事音乐学科的教师还必须具备如下音乐专业知识与技能:1. 音乐学科知识。掌握音乐学科基础知识、基本理论和基本技能,熟悉音乐学科发展历史,了解我国和世界多民族音乐文化,具备必要的音乐美学基础知识,关注音乐学科最新发展动态。2. 音乐教学设计能力。具有先进教育理念,掌握音乐教学基本理论与方法,了解学生身心发展和认知规律、知识水平及成长需要,能够依据《义务教育音乐课程标准(2011年版)》和音乐学科教材,进行课堂教学设计。3. 音乐教学实施能力。热爱音乐教学工作,熟悉音乐课堂教学基本程序,具备组织与调控课堂教学的基本能力,能够运用多种教学方法和手段实施教学,并掌握必要的现代教育技术。4. 音乐教学评价能力。具有正确的音乐教学评价观,了解评价的基本方式与方法,能对学生音乐学习过程与结果进行评价,善于对音乐教学活动进行反思,提出改进措施与方法。

根据课程标准的要求以及小学音乐学科教师资格考试和课堂教学的实际需要,本书着重从教学设计、听赏教学、歌唱教学、音乐活动、器乐教学、课堂评价六个方面来向学习者说明从事小学音乐教学工作的必备技能,每一个方面构成一章。每一章中我们通过"问题呈现"(音乐教师教学实践和课堂中常出现的及容易忽略的问题)→"案例分析"(针对问题结合正反实例分析利弊)→"要领提炼"(突破问题的可行的方法策略讲解),帮助学习者理解并掌握各项技能。在每一章的开头有一段简洁的文字,将引导学习者进入章节学习;而章节末尾的"本章小结"将概括章节学习内容,引发学习者的进一步思考。我们还精心编制了自测习题与答案,请学习者扫一扫书后的二维码并下载,在每节学习过后自我习练、检测。

教学需要"实战"经验的积累,本书的目的不是要未来的音乐教师们按照书中写的方法按图索骥;恰恰相反,本书中提及的小学音乐学科的教学方法和技能需要学习者根据实际情况灵活运用。掌握了基本的方法后,音乐教师的课堂将拥有无限的可能,愿本书伴随学习者成长与收获!

邰 方
2014年5月20日

第一章

规范撰写　厘清思路
——教学设计的策划

　　有人认为，音乐学科的教学设计易写，只需将一节课所要上的内容按时间顺序罗列出来即可。其实，精心撰写一份好的教学设计，能帮助你厘清教学思路，同时思考各个教学模块之间的关联，并在反复修改教学设计的同时调整教学方法，预设教学情境。它是音乐教师资格及入编考试和参加教学评比的必备技能。作为全书的第一章，我们围绕"规范"这一要求，从多个角度阐明教学设计策划与撰写的具体方法，也涉及一些小学音乐课堂教学整体构思的方式，为学习者的后续学习做一铺垫。

第一节 设定课时比例

问题呈现

在进行教学设计时，我们首先会考虑的是一个教学单元中各个教学内容例如听、唱、演等分布在每个课时之间的比例，进而考虑每一个课时中教学内容的安排。教师在预设教学内容的组合和时间比例的分配上容易忽略以下问题：

1. 一个课时中只安排一个教学内容。例如，在中高年级的歌唱教学中，教师往往设想在一节课内教完整首歌曲。但由于歌曲篇幅较长或有合唱部分，往往时间不够用。

2. 在一个课时中安排较多内容。这些内容存在一定联系，但由于时间分配较为平均，因此，每个教学内容都不能较为深入地展开。

3. 一个单元的教学内容共需5—6课时完成，教师不知如何合理有序、科学得当地安排一个单元中各个课时的内容，使它们逐步深入、循序渐进。

那么，我们该如何去解决这些问题呢？下面我们将通过正反两方面的案例分析，帮助学习者领悟和掌握一些基本的方法。

案例分析

案例 ❶ 一位教师在新授歌曲《欢乐的小雪花》时，将这一课时教学内容安排设定如下：

【教学内容】
1. 新授歌曲《欢乐的小雪花》。
2. 掌握三拍子的强弱规律。

分析 从上面的案例中，我们可以一目了然地知道教师在这一课时中将要实施的主要教学内容就是歌曲新授。歌曲《欢乐的小雪花》是一首三拍子的歌曲，歌曲的教学中本来就包含着让学生体验三拍子的韵律感、感知每一小节的节拍规律等教学要求。在全国各省市的教材中这首歌曲的教学一般出现在小学二三年级，而学生在一年级的音乐课中就会接触到三拍子的强弱规律这一知识点。

因此，这一课时的内容安排略显松弛，教师可再适量添加一些其他相关内容，使课时安排更为合理。

案例 ❷

【教学内容】

以下是一位任教小学高年级音乐课的教师设定的一课时中的教学安排：

1. 学唱歌曲《圆圆和弯弯》。
2. 欣赏乐曲《庆丰收》。

分析

案例2中的教学内容分别为这一单元中主要的演唱教学曲目和欣赏教学曲目。我们从这一表述中很难区分哪一项教学内容为这一课时的主要教学内容。如果两项教学内容均在这一课时完成，那么教学内容过于密集，将不利于教学目标的达成。

案例 ❸

这是一位任教三年级音乐课的教师设计的新授歌曲《夜晚多美好》一课的导入部分：

一、通过律动《快乐的歌》铺垫与导入新授教学

【设计意图】以三年级学生的学习能力出发，以他们的体验为教学起点，开始部分从他们熟悉的乐曲导入，通过律动(音乐选择教材中的《真善美的小世界》)让学生带着愉快的情绪进入教室，开始下一个环节的教学过程。

1. 学生律动进教室。(音乐：《真善美的小世界》)
2. 教师引导：这段音乐带给我们什么感受？(学生回答：高兴、愉快、活泼……)

师：那么就让我们带着这样的心情唱起《快乐的歌》，迈着整齐的步伐一起前进吧！

3. 律动《快乐的歌》。
4. 师：唱了这首《快乐的歌》你觉得情绪怎么样？和这首歌曲情绪风格不同的歌曲是哪一首，你能说出来吗？(《小白船》)
5. 复习歌曲《小白船》。

师：《快乐的歌》是2/4拍，而《小白船》是3/4拍的，由此我们知道拍号不同，歌曲的节奏也不同。

6. 师：我们在什么时候、什么地方才能见到歌曲中的小白船？(夜晚的梦境中)
7. 师：小白船真美，夜晚真美。

分析

初步估算这一导入部分需耗时10分钟左右。教师选用了：《真善美的小世界》(进场，与《快乐的歌》情绪相同)→《快乐的歌》(律动，与《小白船》拍号不同)→《小白船》(复习，与《夜晚多美好》意境类同)→《夜晚多美好》(新授歌曲，本课主要教学内容)。

我们发现教师耗费了较长的时间在"绕弯子"走路。其实完全可以在课时安排时"直击主题"，例如听辨导入等等，使主要教学内容明确、凸显。

案例 ❹

【单元教材简析】 本单元为上海音乐出版社九年义务教育《音乐》四年级第一学期第五单元，单元主题为"多彩的歌声"。

单元内需学唱两首歌曲《唱歌的白云》和《丰收的节日》，听赏两首乐曲《赛马》和《幸福年》，均为民歌、民乐题材，其中蕴含大量民族人文知识和民乐知识，如二胡和板胡等。结合歌曲学习，本单元的教学还要求集中复习2/4、3/4、4/4三种拍号并学习其指挥图示。

在同一单元内学习三种拍号的指挥图示，对从未接触过指挥的学生来说，较难掌握，且易混淆。两首新授歌曲在衬词演唱、音准节奏、合唱部分等均存在一定教学难度。

【单元教学目标】 【情感态度价值观】

感受本单元歌曲、乐曲的多彩民族风味，体验少数民族热爱生活的情感，激发学生对民族器乐和歌曲的兴趣。

【知识与技能】

认识常见的几种中国民族乐器，重点了解二胡、板胡的音色特点，初步了解民乐独奏、合奏的演奏形式，复习、学习2/4、3/4、4/4拍号和指挥图示。

【过程与方法】

在游戏、律动、演唱、比较等多元音乐活动中，了解音乐所表达的不同情绪特点，初步运用适当的演唱方法等表现歌曲、乐曲的音乐形象。

【单元教学重点及难点】 教学重点：初步了解本单元涉及的民族歌曲、器乐特点。

教学难点：能听辨歌曲、乐曲拍号，正确划出2/4、3/4、4/4拍的指挥图示。

【课时教学设计内容与目标】 本单元拟分为六课时实施教学。

第一课时：

预设教学内容：初步学唱歌曲《唱歌的白云》。

学习4/4拍指挥图示。

音乐游戏：旋律接龙。

民族人文知识拓展：壮家风情。

本课时教学目标：

1. 感受歌曲《唱歌的白云》抒情优美的情绪，体验壮族少年用快乐的歌声描绘幸福生活的美好情感。

2. 能初步运用明亮的声音和连贯的气息表现歌曲中的音乐形象，唱好歌曲中的衬词。

3. 学习4/4拍指挥图示，用游戏形式进行2/4、3/4、4/4拍即兴旋律接龙，复习三种拍号的不同特点和强弱规律。

第二课时：

预设教学内容：复习演唱歌曲《唱歌的白云》。

听赏乐曲《赛马》。

认知民族乐器：二胡。

民族人文知识拓展：蒙古族传统节日"那达慕"大会。

本课时教学目标：

1. 认识民族乐器二胡，了解二胡的形状、音色及演奏特点。

2. 在欣赏中感受热烈、欢腾的赛马场面及蒙古人民勇敢豪放的精神面貌。

3. 在律动、哼唱、比较等形式的音乐活动中，理解各段音乐所表达的不同情绪。

第三课时：

预设教学内容：初步学唱歌曲《丰收的节日》。

学习2/4拍指挥图示。

民族人文知识拓展：新疆塔塔尔族特色舞蹈。

本课时教学目标：

1. 初步学唱歌曲《丰收的节日》，体验歌曲中十六分音符的节奏特点和欢快热烈的情绪。

2. 初步感知新疆塔塔尔族舞蹈特色，用基本舞步为歌曲《丰收的节日》伴舞。

3. 运用比较、听辨的方法，学习2/4拍指挥图示，能结合歌曲学习正确指挥。

第四课时：

预设教学内容：复习演唱歌曲《丰收的节日》。

学习3/4拍指挥图示。

民族人文知识拓展：朝鲜族音乐三拍子的特点。

本课时教学目标：

1. 进一步分声部学唱歌曲《丰收的节日》，运用小快板的演唱速度，感受歌曲所描绘的丰收后的喜悦心情。

2. 学习3/4拍的指挥图示，能用指挥图示正确指挥，并拓展了解朝鲜族音乐特色。

3. 在本单元前期学习的基础上，运用比较、听辨、实践指挥等方法，较熟练地掌握三种指挥图示。

第五课时：

预设教学内容：听赏乐曲《幸福年》。

认知民族乐器：板胡。

民族人文知识拓展：比较二胡与板胡。

本课时教学目标：

1. 欣赏民乐合奏《幸福年》，体会乐曲所表现的喜庆丰收、共庆新春的喜悦心情。

2. 比较、认识民族乐器二胡、板胡的形状、音色及演奏特点，知道民乐独奏、合奏的不同演奏形式。

第六课时：

预设教学内容：复习单元内所学歌曲及指挥图示。

交流民族乐器小调查的成果。

音乐游戏：对对碰。

民族人文知识拓展：常见民族乐器的音色及演奏特点。

本课时教学目标：

1. 交流民族乐器小调查的成果，初步感知常见民族乐器的音色及演奏特点。

2. 复习歌曲《唱歌的白云》、《丰收的节日》，进一步感知两首歌曲不同的情绪特点和民族风情。

3. 在音乐游戏中，初步了解民族器乐的基本常识。

分析

在执教四年级"多彩的歌声"这一单元的教学内容时，教师进行了单元教学课时比例安排的整体思考，并在进行单元教材简析和设定单元教学目标的基础上，较为完整、明晰地规划了每一课时的预设教学内容、民族人文知识拓展及每一课时的教学目标。前后对照观看，教师注重了每一课时之间的关联和递进。例如：第一课时初步学唱《唱歌的白云》，第二课时加以复习；第一课时运用游戏"旋律接龙"复习三种不同拍号的特点和强弱规律，在后面的课时中逐步学习各种指挥图示等等。

可见，教师已经对整个单元，乃至单元内每一课时的教学安排都了然于胸，这是教师进行教学实践的良好基础。

要领提炼

综上，小学音乐教师在设定课时安排时的要领是：

1. 在教学内容安排中，可以设定一个主要教学内容，例如新授一首歌曲，它在整个课时中应占有相当的时间；可以选择运用若干辅助教学材料使教学内容更充实有效，如新授一首歌曲之前，先复习聆听一首与主要教学内容相关联的歌（乐）曲等。

2. 在设定一课时教学内容时，教师可以选择同一单元中的内容加以组合，也可以适切地选择单元以外或教材以外的内容来辅助主要教学内容的教学实施。但是，要清晰地意识到所选内容对主要教学内容无辅助作用的即是无效的。

3. 不要在一个课时中安排过多的教学内容，这将不利于深入地开展主要教学内容的教学，使教学层次和板块不清晰。

4. 可以尝试罗列一个学期或一个学年的教学进度表，使教学内容能适时、适度地得到实施与推进。

第二节 制定三维目标

问题呈现

音乐教学目标,是音乐教师根据教材内容和学生实际制定的音乐课堂教学应该达到的基本标准。它是教师根据课程内容要求,从学生音乐学习的需求角度出发,以音乐学习促进者的视角制定的、学生能够达到的音乐学习标准与境界。新课程背景下的音乐教学目标设计,应该以学生发展为本的新型教学观为导向。《义务教育音乐课程标准(2011年版)》将音乐教学目标分为三个不同的维度,即:情感态度与价值观、过程与方法、知识与技能。

教师在制定三维目标时容易出现的问题有以下几个方面:

1. 目标的行为主体不明确。目标表述的行为主体必须是学生而不是教师。有些教师把教学目标表述为"通过……,培养学生……能力",这种表述方式是把教学目标的行为主体定位于教师而不是学生,体现的是教师想通过音乐活动培养学生某些方面的音乐能力。

2. 维度界分不够清晰。我们不能把三个维度的教学目标混淆、重叠起来写,这样就会发生同一维度的目标重复出现的现象。

3. 目标不符合学力水平。目标要符合课程标准对该学龄年段的总体要求,要符合学生的认知程度与水平。目标不应该是针对个别学生,而应该面向大多数学生,是大部分学生在音乐课堂中可以达成的学习目标。我们要避免目标制定得过高和过低。

4. 行为动词运用不恰当,制定的教学目标不适于测评操作。

那么,我们该如何去发现和避免这些问题呢?认真阅读和比较以下正反两方面的案例分析,相信你就能掌握其中的诀窍。

案例分析

案例 ①

请仔细看看如下的教学目标,特别关注有波浪线的黑体字:

1. **通过**学唱歌曲《夜晚多美好》,**使学生**在音乐中感受夜晚的美好,**培养他**们亲近大自然、热爱生活的情感。

2. 学会用明亮优美的歌声,按照旋律的起伏感演唱歌曲,能够听唱结合,学会并唱准歌曲的五线谱曲谱。

3. 通过情景式的导入**使学生**在学唱歌曲的基础上,熟练掌握五线谱上的各个音名音位。

分析　方法很简单,在写教学目标时如果不能确定自己写得对不对,可以将主语"填"进来,再看一看、想一想:"**使学生**"是谁使学生呢?这样,完整的表述就是"教师使学生",一看便知教学目标的主体发生了偏移。我们可以把这些容易产生歧义的文字去掉,可以这样改:学唱歌曲《夜晚多美好》,感受歌曲优美宁静的意境。再来读一读、想一想:这一回行为主体是不是学生?

案例❷　我们以小学五年级第一学期音乐教材"夏日风情"单元为例,来看一下单元教学目标的表述。这一单元教学内容为:欣赏《那不勒斯舞曲》《意大利随想曲》,歌唱《夏天来了》《剪羊毛》。再以这一单元的第一课时为例,看一下课时教学目标的表述。

【单元教学目标】　【情感态度与价值观】

1. 欣赏《那不勒斯舞曲》,感受乐曲欢乐、奔放的情绪。
2. 演唱歌曲《夏天来了》,感受歌曲优美的情绪,抒发对夏天美好景色的赞美之情。
3. 欣赏乐曲《意大利随想曲》,聆听意大利民间音乐的动人曲调,感受乐曲中伤感和优美的不同情绪。
4. 有感情地演唱歌曲《剪羊毛》,感受澳大利亚牧场工人在夏季紧张劳动时的愉快场面。

【知识与技能】

1. 能正确听辨乐曲《那不勒斯舞曲》三种不同速度和主奏乐器小号的特点。
2. 能用连贯的气息、优美的声音以多声部轮唱的形式演唱《夏天来了》,做到节奏、音高准确,声音和谐统一,并能为乐曲创编6/8拍的伴奏音型进行演奏。
3. 能正确听辨乐曲《意大利随想曲》的主题旋律,分辨各主题的情绪特点,并通过想象用语言描绘各乐段所描绘的情景。
4. 能有感情地演唱歌曲《剪羊毛》,并用2/4拍指挥图示进行指挥,同时还能为歌曲创编舞蹈动作进行表演,用口琴伴奏。

【过程与方法】

1. 运用多媒体观赏、主题旋律哼唱、想象、讲述故事、模仿乐器演奏等方法,欣赏《那不勒斯舞曲》和《意大利随想曲》。
2. 运用聆听录音、教师范唱、认谱难点指导等方法,学唱歌曲《夏天来了》和《剪羊毛》,在歌曲学习和演唱的过程中学会2/4拍指挥图示。
3. 结合自然界的音响听辨和探索,正确分辨和谐音程与不和谐音程。

【课时教学目标】　第一课时　欣赏《那不勒斯舞曲》

① 欣赏《那不勒斯舞曲》,感受音乐奔放的旋律和热情欢快的情绪,激发对

芭蕾音乐的初步兴趣,拓宽音乐欣赏的视野。(情感态度与价值观)

②认识"小号",了解其音色特点。(知识与技能)

③运用听、赏、辨等手段欣赏音乐并了解相关知识。(过程与方法)

分析

这样的教学目标表述更加明确、清晰,更能突出音乐学习活动中学生的主体地位,体现音乐学习的过程与方法。学生在学习过程中激发出来的兴趣与情感的主线在与知识技能这条暗线紧紧缠绕、交织呈现的时候,价值观也能得到更充分的体现。三个维度的目标看似分离,其实它们之间有着内在的联系与统一。

案例❸

很多教师会认为,"情感态度与价值观"、"知识与技能"维度的教学目标比较好写,相对来说,"过程与方法"目标就理不清头绪了,不知怎样写才恰当。提供给大家一个小妙招:过程与方法=运用的一系列方法+学生要达成的能力。简单地说,它是教学流程的减缩版。请看如下案例:

【教学目标】 《顽皮的小杜鹃》

1. 欣赏、演唱表现杜鹃的几首歌、乐曲,感受音乐的情绪及其表现的优美意境,欣赏音乐所描绘、刻画的可爱、活泼的杜鹃形象,以及蕴含着的对春天的赞美之情;在音乐实践活动中积极参与,乐于与伙伴合作表演。

2. 认识并初步掌握顿音记号,能用轻快活泼的情绪和整齐明亮的声音,以断连对比的方法有感情地演唱歌曲《顽皮的小杜鹃》。

3. 在聆听、比较、模仿、体验的过程中,欣赏乐曲、学唱歌曲、掌握顿音记号;运用创设情境、体态感知、自主学习与合作表演等方法表演歌曲《顽皮的小杜鹃》。

分析

我们来试一试,用以上划线部分的妙招来检测一下第3条教学目标的第一层:过程与方法目标=运用的一系列方法(在聆听、比较、模仿、体验的过程中)+学生要达成的能力(欣赏乐曲、学唱歌曲、掌握顿音记号),完整的表述就是:在聆听、比较、模仿、体验的过程中,欣赏乐曲、学唱歌曲、掌握顿音记号。请你也用这种方式尝试一下。

案例❹

【教学目标】 欣赏乐曲《打字机》

1. 欣赏管弦乐小品《打字机》,感受乐曲活泼跳跃的情绪,用肢体语言体验打字的乐趣。

2. 懂得使用稍快的速度、清晰的吐字和运用相关的演唱形式演唱歌曲;在欣赏中**初步**感受乐曲分段，知道主题音乐特点，学做情景音响的即兴创编。

3. **初步**学会使用体验、比较和合作的方法，在听、创、奏、演等多种音乐实践活动中表现音乐。

【教学目标】

学唱歌曲《编花篮》

1. 能用活泼的情绪、优美的声音，**准确**地演唱歌曲《编花篮》，用歌声表达对美好生活的追求与向往。

2. 在演唱《编花篮》的过程中，掌握前倚音和下滑音的演唱方法，了解民歌创作的基本特点。

3. 聆听不同版本的《编花篮》，在欣赏的过程中即兴参与音乐活动，**进一步**感受河南民歌的风格和特点，从而对河南民歌产生**初步**的兴趣。

分析

运用恰当的行为动词，可以使我们撰写的目标指向更为明确。如下表：

学习水平	基 本 内 涵	行为动词举例
识 记	对重要的音乐符号、主题、要素、音乐文化等知识进行认知、记忆与回忆；对音乐唱、奏、舞等技能进行模仿、学习。	了解、知道、认识；感受、感知；背记、背唱；辨认；初步学会
理 解	能正确把握音乐符号、要素、音乐文化的含义，以及唱、奏、舞等音乐表演技能的要义。	听辨；联想、想象；区分、描述；识读；学会
运 用	能运用所学音乐知识与技能，理解、表现音乐形象、音乐情感；区分、鉴别音乐风格、音乐表现形式与相关音乐文化；开展音乐创编、表演活动。	使用；辨析；创编；掌握

如果我们觉得只用行为动词还不能区分新授内容与复习内容的难易、深浅程度，我们还可以在行为动词前加上描绘不同程度的词语加以区分。如：初步、进一步、逐步、基本、熟练、喜爱、热爱、增进等等，像上面案例目标中加波浪线的黑体字部分。

要领提炼

综上，我们来归纳一下小学音乐教师在制定三维目标时需要关注的要领：

1. 判断教学效果最根本的依据是学生在课堂上是否获得音乐的情感体验和音乐能力的切实锻炼、提高，而不是教师的主观愿望能否实现或教学任务是否完成。这也是一个教学目标表述是否正确的**最根本**的判断依据。

2. 教学目标一定是可测可评的。其一，它们要有课时针对性，也就是针对本课时而言，而不是在每节音乐课中都能被套用。在这里，我们要避免目标撰写得空泛与夸大。其二，课堂教学实施后，我们可以反过来对照我们之前制定的教学目标，检查它们的达成度并进行测评。测评它们的课堂实施效度和可操作性，以便及时调整目标设置。

3. 目标表述的行为主体必须是学生而不是教师，情感态度与价值观是处于音乐教学第一位的核心目标。

第三节　区分重点难点

问题呈现

"教学重点"是一节音乐课中师生通过各种音乐活动要努力完成的教学任务,而"教学难点"是在要完成的教学目标之上的对教学内容和目标的提升和发展,或者是在完成这种"重点"教学任务的过程中难以"逾越"的教学"障碍"。我们在进行教学设计时,要重视教学重点与难点的预设,找准了它们,我们才能运用层层深入的教学方法来突破它们,达到预期的教学目标。在撰写教学重点难点时,我们经常会遭遇如下问题:

1. 教师会觉得教学重点和难点很难表达,有的教师甚至习惯把它们放在一起来表述,认为它们是一样的。在教学设计中会出现"教学重、难点"这样的表述方式,其实就是混淆了教学重点和教学难点。

2. 把教学目标直接复制粘贴成为教学重点和教学难点,没有注意教学目标与教学重点和教学难点内在的联系。

教学重点和教学难点是考量一名音乐教师把握教材内容及对学生音乐学习情况预测能力的检测标尺。如不能在分析教材和学情的基础上准确地把握教学重点和难点,我们将不能在之后的教学环节设计中呈现由浅入深、环环紧扣的突破教学重、难点的教学方法和策略,一堂课的中心点也将有所偏离。

简单地说,教学重点的范围大一些,教学难点可能集中在较小的某一点上。我们要找到这个"教学关键点"。如果这样说你还是不明白,就让我们通过案例来说明,如何分别叙写音乐学科的教学重点与难点吧。

案例分析

案例 ❶

在三年级教授歌曲《新疆是个好地方》时,一位教师预设的教学重、难点为:以音乐文化为主干进行歌曲新授,通过唱、舞、奏、创等音乐实践,感受新疆歌曲活泼、明快的民族风格。

分析

乍一看,我们会觉得这个重、难点表述得有点像教学目标中的过程与方法目标,并且看不清哪里是重点,哪里又是难点。

我们尝试将它拆分开来,分别形成重点与难点。

【**教学重点**】　感受新疆歌曲的风格特点,学唱歌曲《新疆是个好地方》。

【教学难点】 切分节奏和附点节奏的掌握以及为歌曲创编舞蹈动作。

这样分开表述，就显得很清晰。

案例 ②

请看如下一组教学重点和难点的设置：

1. 学唱歌曲《欢乐的小雪花》。

【教学重点】 感受三拍子的韵律。

【教学难点】 连线与顿音记号的演唱，注意气息的运用。

2. 学唱歌曲《小叶子》。

【教学重点】 能初步会唱歌曲《小叶子》。

【教学难点】 能用连贯的声音演唱歌曲，并能分清两段易混淆的歌词。

3. 学唱歌曲《在欢乐的节日里》。

【教学重点】 能用歌声表达出歌曲活泼欢快的情绪。

【教学难点】 能唱准第二、三两个乐句的不同尾音。

4. 聆听乐曲《风和雨》。

【教学重点】 能准确分辨风和雨的音乐形象。

【教学难点】 能用合适的图形、身体动作、打击乐器或物品来表现风和雨。

分析

现在我们可以归纳一些常见的教学重点和难点。我们以歌唱教学为例，常见的教学难点主要有：

1. 曲谱方面：半音程、大跳音程、切分音符、附点音符、装饰音、休止符、变换拍子、变化曲调等等。

2. 歌唱方面：合唱、轮唱、弱拍起唱、咬字吐字、一字多音、变化速度、变化力度、休止停拍、混合拍子、气息运用、情感表现等等。

请你也尝试归纳一下其他音乐课型（欣赏、创编等）常见的教学重点和难点。

案例 ③

请找找如下教学重点、难点间的关联吧，你会更深入地知晓找准它们的方法。

1. 学唱歌曲《布依娃娃爱唱歌》。

【教学重点】 能用欢快的情绪、富有弹性的声音演唱歌曲。

【教学难点】 唱准歌曲中四、五度的跳跃音程及含有十六分音符的节奏。

　　内在联系：重点指向所学唱歌曲的整体，难点指向所学唱歌曲的局部。

2. 欣赏乐曲《花的圆舞曲》。

【教学重点】 感受乐曲三个主题的不同情绪及所要表达的歌舞意境。

【教学难点】 能与同伴合作选择自己喜欢的形式来表现音乐。

　　内在联系：重点指向感受乐曲，难点指向表现乐曲。

3. 学唱歌曲《哦,十分钟》第一段。

【教学重点】 用欢乐活泼的情绪和明亮的声音演唱歌曲《哦,十分钟》第一段，初步表现歌曲明快、活泼的旋律和富有朝气的情感。

【教学难点】 正确表现歌曲中的休止符。

　　内在联系：重点指向歌曲的情绪情感，难点指向最能突出表现这种情绪特点的音乐符号的掌握与表现。

分析　　从上述案例可以看出，音乐学科教学重点、难点的把握并没有想象中那么难，但是须知，教学重点、难点还是要回到课堂上去寻找。有时，你认为学生较难掌握的部分，学生学起来可能没有感到困难；有时，几个教学班的情况也会不太一样，这就需要我们在理解教材、了解学情的过程中不断积累经验，在教学前找准教学重点、难点，在教学中突破教学重点、难点，在教学后及时订正修订教学重点、难点。

案例 ❹

【教学内容】　　欣赏歌曲《吉祥三宝》

【教学任务分析】　　1. 教材分析。

　　歌曲《吉祥三宝》是布仁巴雅尔在十多年前写给三岁女儿诺尔曼的作品，4/4拍，三段体，以问答的形式表现。歌曲旋律简单悦耳，带有浓郁的内蒙古民歌风格，表达了一家三口间的融融亲情。

　　在歌曲欣赏过程中，意图引导学生感受音乐表达的孩子对家的依恋和父母对孩子的无限关爱。通过听辨人声音色的变化、乐曲节奏的变化，运用想象、联想，感受歌曲情绪的对比，在引导学生理解歌词的基础上，激发他们对音乐作品的情感内涵产生共鸣。

　　2. 学情分析。

　　五年级学生通过之前的学习，对人声的分类以及音色特点等相关知识已经有所了解。同时结合其他途径的音乐实践活动，他们对常用节奏型对音乐形象的表现具有一定理解力。但由于这首歌曲带有浓郁的内蒙古民歌风格，歌词运用了比喻的写作手法,在引导学生听赏的过程中,要注意帮助学生把握歌曲旋律特点,理解歌词内涵,在听、唱、律动等过程中,激发学生的情感体验,表达对父母、对家的依恋之情。

【教学目标】　　1. 欣赏具有民歌风格的通俗歌曲《吉祥三宝》,体验歌曲抒情优美的旋律和真挚的情感,初步体验孩子对家的依恋和父母对孩子的关怀呵护之情。

　　2. 在视听交流、师生互动的过程中,通过聆听欣赏、音色听辨、分角色演唱、随着音乐律动等音乐实践活动,体验作品所蕴含的内在情感。

　　3. 尝试了解歌曲中所蕴含的蒙古族民歌的风格特点;能正确听辨、感知三种人声的音色特点;尝试分角色表现歌曲的主题部分。

【教学重点】　　理解歌词内容,体验歌词中所表达的孩子和父母之间的真挚情感。

【教学难点】　　听辨音色、模仿不同的音色哼唱歌曲主题旋律。

分　析　　如上案例中,教师在进行教学任务分析(包括教材作品分析和学情分析)之后,确定了本课时的三维目标,并符合逻辑地区分撰写了教学重点和教学难点,为本课时教学环节和步骤的推进做好了铺垫,找准了教学切入口和"主心骨"。

要领提炼

综上,我们来归纳一下小学音乐教师在区分教学重点、难点时需要关注的要领:

1. 重点是教学内容本身包含的,难点是教学中生成的。它们的界限十分清晰。在音乐教学中,教学重点与难点的预设,可通过如下表格加以区分与把握:

教学重难点预设	教学重点预设	1. 切合主要教学内容,能够较准确地找到教学内容需要解决的最重要、最核心的知识与能力点。 2. 体现基本性、核心性。
	教学难点预设	1. 符合学生学习实际。(能较客观地反映知识能力要求和学生实际之间的差距) 2. 符合具体教材内容。(反映教材学习中客观存在的知识能力难点)
	核心知识把握(对应重点)	正确把握对表现音乐情感、描绘音乐形象起重要作用的音乐要素及音乐文化、风格流派、曲式、题材等相关知识。
	核心能力聚焦(对应难点)	对教材难点预设准确,符合学生实际学习基础;有明确的培养某一方面能力的目的、要求。

2. 音乐学科教学要求掌握的知识要点并不一定都存在教学难点。在实际教学中,教学重点往往包含了难点。也就是说,它们既有分别,又存在着不可分割的内在联系。

3. 教学环节的设计是以教学重点和难点的层层突破、步步深入为主要依据的,教学重点和难点是开启整节课"法门"的"钥匙":承上——在分析教材和学情基础上,为达成教学目标应运而生;启下——为之后的教学环节设计提供主要突破点,直至达成教学目标。

第四节　构设教学流程

问题呈现

"教学设计思路"是教学设计和教学实施过程中的主要线索,是课堂教学活动的主要线索。它在教学设计时表现为"教师的设计思路",而在教学时表现为"学生的学习思路";在形式上主要表现为教学活动的"进程主线",在本质上主要体现了教师教学和学生学习的"思维发展主线"。

在教材分(简)析、学情分析后,我们可以开始构设教学框架,一般通过教学设计思路、意图来表述教学活动的主线。这时我们可能会忽略的问题有:

1. 教学设计思路没有对应教学各环节和教学流程图,不能形成统一的教学策略。

2. 很多教师在呈现教学设计思路时,喜欢采用平铺的方式,每一段的开头说一段理论,再讲讲具体的方法。这样的写法可以。不过,教学设计思路着重要体现的是如何由浅入深地突破教学难点、完成教学重点及预设的教学目标的过程。我们在撰写时要把这个教学思路的递进过程清楚明了地表达出来。

3. 教学流程图表述不清晰,层次不分明,不能反映教学主要模块和主要步骤之间的联系。

通常教学设计思路和教学流程图分别出现在整个教学设计的前、后两部分,在这里,把它们放在一节里来学习,就是为了让你更加明确它们之间的内在联系,使你的教学设计更具备逻辑性和整体性。让我们通过案例来具体说明。

案例分析

案例❶

教材简析、学情分析可以合称为教学任务分析。它是确立教学重点和难点,并设计突破重点、难点的教学设计思路的前提条件。

教材简析除了简要分析本课的主要教学内容以外,还要说明育人立意。可以分为两个层次来写:其一,音乐学科本体育人价值——审美内涵;其二,学科德育价值——育德内涵。

学情分析要写明学生素养、能力的现状,以及要求形成怎样的情感态度价值观。

以下是歌曲《我是少年阿凡提》的教材简析和学情分析:

【教材简析】《我是少年阿凡提》是一首具有浓郁的新疆民歌风格的歌曲,2/4拍,二段体,G七声羽调式。它的曲调诙谐、欢快,生动地赞扬了少年阿凡提保护自然生态环境的优良行为。(育德)通过这首歌曲的演唱,意在使学生初步知道切分、附点、变音、重音等音乐要素在烘托歌曲情绪、表现浓郁的新疆民歌韵味,以及刻画少年阿凡提音乐形象中的作用。(审美)能使学生初步感悟到歌曲表达正直、乐观的少年阿凡提热爱生活的内在思想情感,也即本课着重突出的育人立意。

【学情简析】 这个班级的学生在歌曲演唱中的音准、气息控制能力较好,对音乐形象与歌曲情感的把握与表现能力也较强。经过三年的音乐课口琴学习,目前能轻松地通过短时自学,直接视奏节奏不是很复杂、旋律起伏不是很大的乐谱。在课堂常用打击乐器方面更是能应对自如。唯一比较欠缺的就是舞蹈表演,对于难度较大的民族舞蹈,大部分男生在学习和表演时缺乏自信与动力。

本课中根据学生的实际音乐学习能力,力求使学生在感知作品音乐要素的基础上,能初步唱出歌曲的风格韵味,表现出歌曲的情感。而且,能运用歌唱、舞蹈、口琴伴奏、打击乐伴奏等自己擅长的表现方式,表达自己的情感体验,表现歌曲的情感内涵。同时,培养学生具有乐于和同伴合作、协同表演的学习态度。

分析 第一自然段,基于教材简析,明确定位本课育人立意。说明学生应该具有怎样的能力,即能运用学习到的音乐知识技能解决什么问题,还有什么欠缺的地方。第三自然段,基于学情分析,阐述本课对学生能力与态度的结果性要求。写明通过本课的学习形成怎样的素养、能力,产生怎样的兴趣、习惯、态度。

案例❷ 我们通过以下这个案例,把在这一章前面所探讨的写法梳理一遍。请大家一起来浏览它,并重点关注【教学设计意图】。

【教学内容】
1. 游戏:有趣的米粒。
2. 学唱:《我是一粒米》。
3. 歌表演《一粒米的故事》。

【教材简析】 本课是上海音乐出版社出版的《唱游》教材中二年级第二单元"音乐童话"第三课的内容。主要教学内容是学唱歌曲《我是一粒米》。

歌曲《我是一粒米》中描绘了一粒米长成的不易和渴望得到小朋友爱惜的情感。歌曲朗朗上口,歌词设定一粒米为第一人称"我"。故本课中,力求通过感受听辨、学习演唱和律动表演等音乐实践活动,在体验和想象中,来帮助学生体会音乐中旋律、歌词的意象,感知"要亲近大自然,爱护人类赖以生存的自然环境,热爱生命"的生命教育内涵。

【学情分析】 本课为二年级第二学期内容。此前学生已经习得了一定的歌唱方法和习惯。学生在一年级及二年级上半学期的歌曲学习中,已经掌握了反复跳跃记号、渐慢、一字多音、一音多字等歌唱识谱的基本常识,对于富有童话意味的歌曲有较浓厚的喜爱感、认同感和学习积极性。

【教学目标】 1. 学唱歌曲《我是一粒米》,感受音乐欢快活泼的情绪,体验"一粒米"成长中的不易与渴望被人爱惜的心境;感知歌曲中的音乐形象,并产生热爱自然、珍惜生命的积极情感。

2. 能听辨歌曲三个乐段不同的结束句,并演唱出乐句所要表达的不同情绪。

3. 在歌曲学唱过程中,通过游戏听辨、拟人体验、表演律动等方法,学会歌曲《我是一粒米》。

【教学重难点】 1. 教学重点:学唱歌曲《我是一粒米》,能体验歌曲中"我"——米粒的情感,并能用歌声表现。

2. 教学难点:能唱好歌曲中三个乐段不同的结束句,识记力度记号、一音多字等识谱常识,并能进行歌表演。

【教学设计意图】 生命教育既要求在教学中对学生进行科学知识的传授,又要引导学生贴近生活、体验生活,在生活实践中融知、情、意、行为一体,丰富人生经历,获得生命体验,拥有健康人生。对一门学科而言,过程表征该学科的实施过程与探究方法,结论表征该学科的探究结果。两者是互相作用、互相依存、互相转化的关系。就音乐学科而言,我们最终渴求获得的是相应的教学实施探究与学科的育德功能的良好效果的统一,是我们合理运用生成性的方法与过程使学生的理智和整个精神世界获得实质性的发展与提升的统一。

为更有效地达到以上所预设的育人目标,在本课中,**首先**,通过游戏"有趣的米粒"激发学生的学习兴趣,创设"音乐形象拟人化"的教学情境,使学生在听听、玩玩、唱唱的过程中,对歌曲的三个乐段的结束句有初步的认知,并产生进一步探究的意愿;**其次**,在学唱歌曲《我是一粒米》中,契合单元主题——音乐童话,引导学生将自己设想成"米粒",采用聆听感知、情感体验、演唱练习等教学策略,使学生内化感受"一粒米"的心境,并运用歌声加以表现;**然后**,通过教师范唱,生生、师生互评等方法学习歌曲,并进一步激发学生热爱自然、珍惜生命的情感;**最后**,在歌表演的创编过程中,使学生对歌词的记忆得到巩固和提高,对歌曲情感因素的表现力得到提升。

本课意图使学生在游戏、聆听、歌唱、表演、点评等活动中体验热爱自然与生命的情感,并在"激发学趣"——"拟人体验"——"情感表达"——"表演外显"的过程中,达到激发学生兴趣、感知音乐形象、生成积极情感的教学效能。

分析 教学设计意图中的**第一自然段**写了对生命教育的理解,以及就音乐学科而言的内在统一的认识。**第二自然段**,细化表述为了达到育人目标所采用的步骤、模块和方法,及学生因此而获得的学习能力或成效。**第三自然段**,清楚简要地呈现了教学主线。

这样的写法很清晰吧,请模仿试试吧!

案例 ❸

让我们再来举个例子。以下是欣赏乐曲《路边童谣》的部分教学设计,请对比上一个案例中的教学设计思路,试着找出它们的不同。

【教材与学情简析】 本课是上海音乐出版社出版的《唱游》中二年级第三单元"欢歌声声"第二课的教学内容。主要教学内容是欣赏乐曲《路边童谣》。

《路边童谣》是由小荧星合唱团演唱的组曲,歌曲内容取材于老上海的儿童游戏,并用上海方言演唱,表现了老上海的生活风情,具有强烈的游戏性和浓郁的趣味性。组歌内容丰富,易于上口。同时,它是父辈们流传下来的歌谣,于学生而言,那个时代的生活情境、人文背景是陌生的。基于童谣具有较强的游戏性,在教学活动中用游戏来代替师生情感沟通的语言,把教材内容生活化,让孩子们在"玩"童谣游戏的过程中,初步了解上海童谣的由来和体会昔日上海特有的乡土文化(上海弄堂文化,海派特色)的魅力。

【教学内容】
1. 欣赏《路边童谣》。
2. 复习歌曲《猜冬猜》。

【教学目标】
1. 听赏《路边童谣》,初步感受童谣的韵味,体验歌谣中儿童游戏的快乐情境。
2. 在聆听、游戏、视频、模仿等音乐实践体验活动中,初步了解童谣的语言韵律,并进行简单的节奏练习和念诵。

【教学重点】 感受上海童谣的韵味,体验童谣游戏的乐趣。

【教学难点】 能听懂上海方言,学唱上海童谣。

【教学设计思路】 《上海市中小学音乐课程标准》特别注重以审美为核心,充分发挥音乐的本体作用,以音乐的美感来感染学生,以音乐中丰富的情感来陶冶学生,提高学生的审美能力。组歌《路边童谣》歌词内容取材于老上海儿童玩耍时念的游戏童谣,由小荧星合唱团演唱。歌曲表现了老上海的市井生活情景,具有浓郁的上海特色。在教学活动中应充分运用感受、体验的教学模式,以音乐审美为核心,围绕"欢歌声声"的主题,把音乐自身的魅力传递给学生,让学生在歌谣《路边童谣》中感受游戏给儿童带来的乐趣,激发学生快乐的情绪。

一、情感呼唤,激发学生主动参与音乐教学活动的兴趣

音乐是情感的艺术。任何一节音乐课教师都不能忽视情感效应,能否产生情感效应及其效果的好坏主要取决于教师,学生的情感要靠教师来激发。教师在教学活动中自己要富有激情,以此来呼唤学生情感,从而实现情感效应。为了能更好地发挥情感效应的作用,本课通过视觉、音响和与学生互动的策略,在师生共同玩耍"猜冬猜"的游戏过程中,激起学生的兴趣,使学生积极主动地参与到音乐教学活动中。

二、情感体验,在音乐实践活动中体验音乐所表达的情感

音乐是人文艺术,这是音乐审美的又一体现。《路边童谣》中的游戏内容于低龄学生而言是陌生的,却又是喜欢和易于接受的。本课教学活动是通过音乐听赏的形式向学生介绍几首富有上海地方色彩的童谣,让学生初步了解上海童

谣的特点。为使教学符合学生的身心特点及"唱游"教学的策略——"玩中学、乐中学、动中学",听赏开始即以游戏"卖糖粥"进入,使学生在轻松、快乐的氛围中感知童谣的魅力。随着教学的逐步递进、层层深入,最终让学生在童谣组曲《路边童谣》中体会音乐与游戏给人们生活带来的快乐,激发学生快乐生活的情绪。期间,聆听、观看视频、游戏、模仿、创作等音乐实践活动,丰富了学生的学习形式,帮助学生初步了解其音乐背后的人文故事,感知音乐学习的快乐。

三、情感外化,在"游玩"式的情感体验中习得音乐技能

本课教学活动以"玩、乐、动"贯穿,学生"学"的方式变得主动,快乐,在轻松的氛围中初步学习音乐的基本技能。例如:游戏童谣《卖糖粥》,主要是通过师生游戏、生生游戏的方式,让学生在自主学习中初步掌握该童谣的节奏难点,了解上海童谣的语言韵律。又如:复习川沙童谣《猜冬猜》,教师在学生会唱的基础上,引导学生用"邀请舞"游戏的形式玩一玩,并提示学生在跳舞游戏时要用好听的歌声表达自己快乐的心情,这也是歌唱技能与舞蹈技能的结合练习。

分析 你可以清楚地看到学唱歌曲《我是一粒米》和欣赏《路边童谣》这两份教学设计思路的不同写法。后者更多地传递给我们一种上课的理念,前者在理念的指引下,化解成了具体的、步步深入的方法。据此,再请你想一想什么是"教学设计思路"以及它的具体写法。

案例 ❹

在本章讲到教学目标中的过程与方法目标的写法时,我们曾经提到可以用教学流程来体现过程与方法。现在,我们可以将两者对应起来看。教学流程图的表述方式有多种,可以根据教学的实际情况进行改变。这里我们讨论的是最为基本实用的方法。

请你先来看看这个实例,我们再来讨论它的构成与写法。

学唱歌曲《我是一粒米》教学流程图

```
游戏"有趣的米粒"          学唱《我是一粒米》        表演《一粒米的故事》
  ↓   ↓   ↓   ↓              ↓       ↓              ↓       ↓       ↓
 找  听  唱  辨           感知    口风琴           分组    师生    表演
                         结束句   吹奏            讨论    互评    展示
  ↓   ↓   ↓   ↓              ↓       ↓              ↓       ↓       ↓
创设  激发  拟人体验                              情感表达        表演外显
情境  学趣
```

在开始接下来的阅读前请你先边看如上教学流程图边想一想:我们如何才能将教学步骤与方法通过教学流程图清楚明白地表达出来?

分析

(一) 第一层：主要模块

一般我们在教学流程图的横向第一层要写明教学的主要模块，也就是大致上我们的教学最简要地来说分为几步来完成。横向间是存在着一种推进感的，前面的模块将为后面的模块做铺垫。让我们拆分一个教学流程图来说明。

下面我们将用在教材、学情分析这一部分曾经学习过的，以表现歌曲《我是少年阿凡提》为主要内容的教学设计中的教学流程图作为例子说明。

第一层：我们十分清晰简明地列出教学主要模块，横向间呈递进关系。

歌曲处理 → 歌表演 → 听辨游戏

(二) 第二层：具体策略

在横向的第二层，我们可以将每个教学模块中采用的具体教学方法罗列出来，表达出我们是怎样一步步完成这一模块的教学任务的，也就是我们平时说的教学步骤。

我们一起再来看看《我是少年阿凡提》的教学流程图第二层表述是否能一一对应第一层的教学模块主旨。

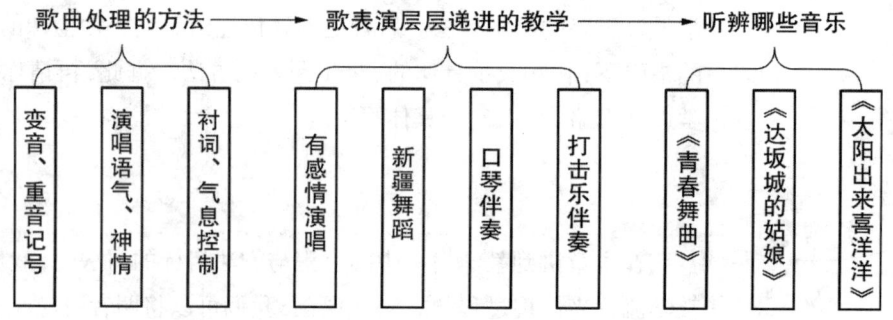

(三) 第三层：教学效能

经过前面的教学步骤，在横向的第三层，我们预期将达到的教学效果，也就是我们在教学中的育人主线。这样我们的教学流程图就清晰完整地呈现在眼前。

请看《我是少年阿凡提》完整的教学流程图，现在你明白教学流程图的各个层面的表达作用和写法了吧。

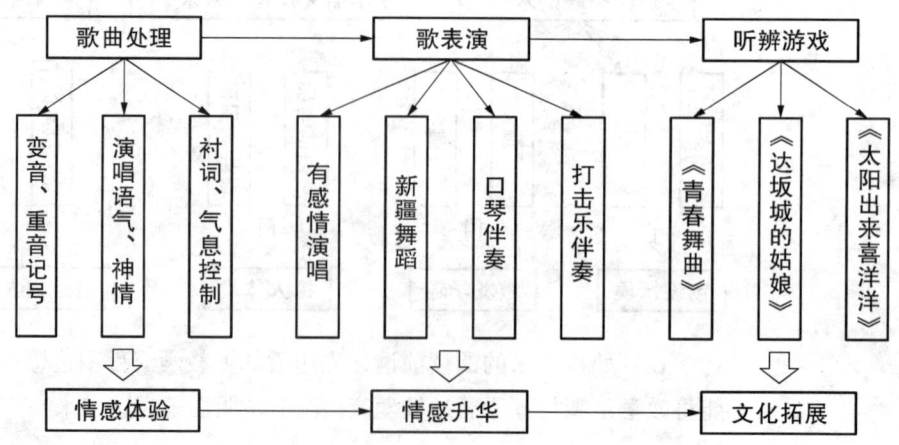

案例 ⑤

学习了最基本的教学流程图的构设方法，我们再进一步来思考教学流程图横向与纵向之间的关系。你会发现，它们都是立体的，紧密相连，构成了我们教学中的主线。如下教学流程图：

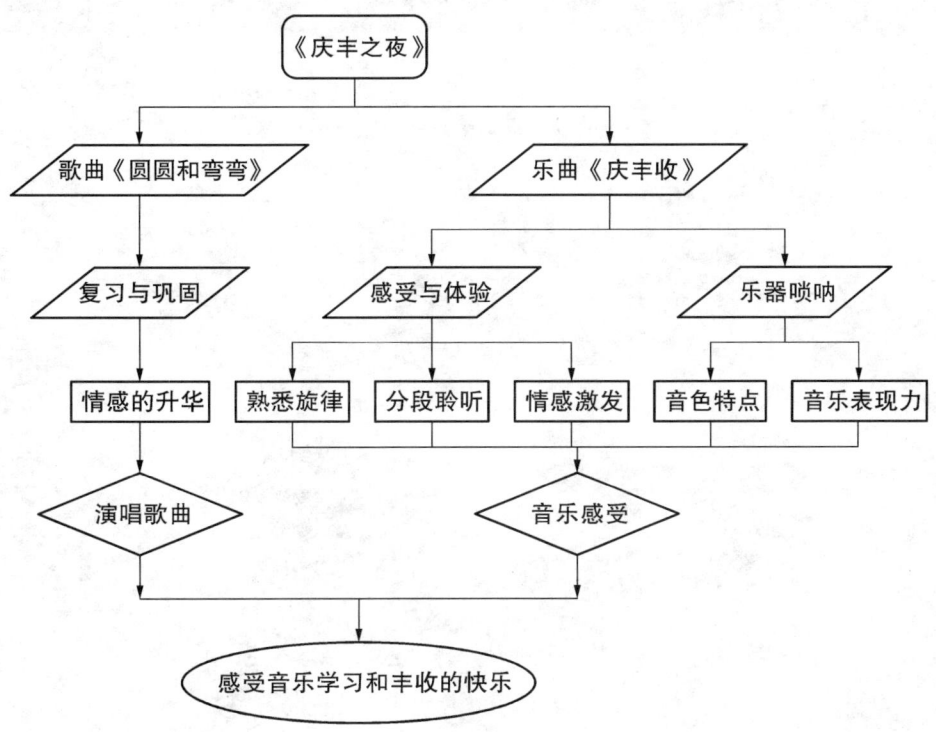

分析

请观察以上这个更为细致的教学流程图，你会发现，即使此处并没有向你说明它的教学内容、教学目标等等，你还是可以一目了然地看清该课教学实施的主要脉络和路径，以及最终要达到的教学育人目的。还等什么呢？勾画一个属于自己的教学流程图吧，在图中，向别人清楚明了地表达你的教学轨迹，也使你在这个过程中理清自己的教学思路和主要教学环节。这样，我们才能进一步细化自己的教学设计，而不会脑子里一团糟，找不到方向了。

要领提炼

综上，我们来归纳一下小学音乐教师在进行教学设计思路撰写和教学流程构设时需要关注的要领：

1. 教学设计思路与教学任务分析和教学重点、难点突破要一脉相承，要反映教师一步步化解教学重、难点的具体思路和方法。写法上尽量言简意赅，要表达出教学步骤推进的过程和为什么要这样做。

2. 教学流程图的画法多样,我们可以采用最适合本课时的一种方法,但是万变不离其宗——我们要关注它的总体性:做到纵横关联;层次性:做到层级分明。

3. 教学设计思路和教学流程有内在的必然关联,都能反映教学的主要线索。我们分别撰写它们,但是要注重它们之间的逻辑统一性。

第五节　设立教学环节

问题呈现

教学过程与环节的撰写，最常用的是表格式和陈述式。在这里，我们着重讨论的是陈述式的写法。有了前面对教材和学情分析、教学的三维目标、教学的思路和流程的了解与掌握作为铺垫，我们可以开始思考：如何落实我们的具体教学环节和策略？

通过文字表述，我们更为清楚地知道教学过程中所采取的步骤、方法等等。有的音乐教师喜欢写简案，也就是在教学设计中只出现大致的教学步骤，教学时再即兴发挥。这要因人而异。很多教师从教多年仍然保持着写详案的习惯。因为在上课之前，通过撰写教学设计，我们会先想明白很多教学上的困惑，特别是撰写教学过程时，更加与"实战"紧密相联，更是要仔细推敲。因为教学往往是"遗憾的艺术"，我们希望通过我们的教学把美的感受传递给学生，尽量不留遗憾。为此，我们需要更完美的教学环节过程设计。

通常，音乐教师容易在这一环节中忽略如下问题：

1. 有些教师设计教学环节时，会出现前后环节及步骤重复、颠倒、不符合学生认知水平等现象。

2. 教学环节之间较为松散，关联不够紧密，无法看清教学线索。

3. 有的教师认为在教学设计上把每一步做什么写清楚就已经很具体了，或者认为教学设计是无法将教学中的情况变化反映出来的。

4. 在教学过程设计中，有些教师会安排两个新授的内容，或整节课只安排一个教学内容，这都不符合课堂教学容量的要求，这一点在本章第一节中也已经提及。

5. 不重视教学设问的设计，问题多为"好不好"、"要不要"等无效的问题，不能引起学生对音乐知识的探索与思考。

6. 教案中呈现的语言区分单一，表述方式陈旧，仅为"师：……生：……"。

一看这么多问题，你一定会有些担心自己是否能掌握设立教学环节的可操作的方法。下面，我们通过具体的例子来帮助你解惑。

案例分析

案例 ❶

下面，我们先来看一篇比较完整的教学设计：

课题：*夜色美*

执教者：××小学　××教师

【课　　程】　音乐

【教学内容】　复习：演唱歌曲《夜晚多美好》。
新授：聆听民乐合奏《阿细跳月》。
拓展内容：彝族人文介绍。

【教材与学情简析】
　　彝族舞蹈音乐《阿细跳月》的演奏形式为民乐合奏，乐曲为5/4拍，主旋律以反复的形式贯穿整首乐曲，而速度、力度等的变化是这首乐曲的特点。乐曲主旋律的记忆和乐曲情绪及其音乐人文信息的认知是本课的重点。

　　所执教的三年级学生，能听辨部分乐器的音色特点并说出这些乐器的名称，但对于民乐合奏这一演奏形式却并不熟悉，因此在本课教学中，执教者通过层层深入的教法化解难度，帮助学生逐步认知乐曲本身和习得相关的音乐知识技能。

【设计思路】
　　乐曲《阿细跳月》是一首活泼欢快的彝族乐曲，而彝族是一个文化底蕴深厚而又热烈奔放的民族。执教者力求通过不同角度和形式由浅入深地进行乐曲的听赏教学，使学生在整个学习过程中感受、体验音乐，获得音乐所带来的快乐。

1. 视听结合，感悟体验。

　　乐曲《阿细跳月》是这节课的主要内容，因此，听赏环节的"听"是重中之重。片段聆听能感受情绪；比较聆听能感知乐曲表达的意境，感受情绪、速度和节奏上的对比；而视听，又能直观地面对音乐，获取相关音乐人文信息。在这里，执教者选用了中国广播民族乐团出访海外的演出视频作为媒介，从观看的角度，认知民族乐器，感受民族乐器的魅力。

2. 哼唱律动，理性认知。

　　作为听赏教学的策略和手段，除了听之外，哼唱和体验是帮助学生加深对乐曲旋律记忆和作品深层次含义理解的重要手段和途径。在哼唱、节奏拍击、辨认唱名音符等技能练习中，熟悉主旋律；学习"跳月"舞的基本步法及基本舞蹈律动，聆听"跳月"的故事，了解"阿细跳月"的来历，获取相关人文信息，感受彝族人对家乡的热爱和对美好生活的憧憬。

3. 渗透"两纲"，贯穿人文。

　　每一首歌曲、乐曲背后都有其故事即人文信息。在教学过程中，每一次"听"，执教者都由浅入深预设聆听要求、思考的问题或律动体验，并告知学生这样做的原因和意义，让学生从中获取相关的音乐知识、创作背景和人文信息；在"看"的过程中，让学生知晓民族音乐走出国门，受到欢迎，从中感受民族自豪感。

【教学目标】　1. 复习演唱歌曲《夜晚多美好》，聆听民乐合奏《阿细跳月》，初步感受不同地域、民族的人们对家乡夜色美景的赞美之情。

2. 聆听民乐合奏《阿细跳月》，初步了解乐曲的创作背景和彝族的风土人情以及表演形式；学习"跳月"舞的基本舞步，初步了解乐曲的节奏特点。

3. 在听辨、哼唱、体验的乐曲听赏过程中，熟悉和记忆民乐合奏《阿细跳月》的主旋律。

【教学重点】 聆听乐曲《阿细跳月》,感知彝族音乐热烈奔放的特点。

【教学难点】 听辨乐曲《阿细跳月》的主旋律,节奏、唱名基本相同,演奏乐器却有所变化。

【教学过程】

一、复习与巩固——歌曲《夜晚多美好》

【设计意图】此教学内容为上一课时的延续,本教时以复习提高为主,同时也为下一教学活动——聆听《阿细跳月》、对比歌曲乐曲的情绪做铺垫。

1. 齐唱歌曲《夜晚多美好》。

演唱要求:注意气息的控制,用流畅连贯的声音演唱。

2. 教师指导演唱。

提问:

(1) 歌曲每一乐句的旋律线都走向平稳,就像傍晚美丽的彩霞。(乐句连贯)

(2) 每乐句的最后一小节都为二分音符。(保持时值)

(3) 歌曲的速度为什么是中速稍慢的呢?

(4) 歌曲的意境如何?该如何延长?

3. 综合表演唱《夜晚多美好》。

衔接语:同学们,你们的歌声把我带到了一个宁静的夜晚。它又使你联想到了怎样的一个晚上呢?听这首乐曲。(播放乐曲《阿细跳月》的片段)

二、聆听与感受——民乐合奏《阿细跳月》

【设计意图】用聆听、哼唱、律动体验、观看视频等方式聆听乐曲《阿细跳月》,感受欢快活泼的情绪,记忆主题旋律,感知彝族人对家乡的热爱和对美好生活的憧憬。

1. 播放乐曲《阿细跳月》的片段。

提问:乐曲的情绪?(热闹的夜晚,欢快的情绪)是哪个民族的音乐?(彝族)

2. 简介彝族概况和风土人情。(播放彝族歌舞的视频片段;轻声播放乐曲《阿细跳月》作为背景音乐;教师简介)

师简介:彝族是中国具有悠久历史和古老文化的民族,主要聚集在我国的西南地区。彝族人民能歌善舞。彝族人的服饰艳丽夺目,女子头戴花苞,男子身披披衫。火是他们追求光明的象征。最隆重的节日是火把节。火把节在每年农历六月二十四前后举行,到这晚,人们举着火把,成群结队地巡游。

3. 揭示课题《阿细跳月》。(完整播放民乐合奏《阿细跳月》——配套音响教材)

边播放边循序逐步呈现以下提问:

(1) 有哪些演奏乐器?

(2) 乐曲的速度、力度和情绪上有哪些变化?

4. 熟悉、记忆主旋律。

(1) 听辨主旋律的特点。

要求:边听边看,找找主旋律结尾的特点。

归纳:结尾相似。

(2)视唱主旋律的唱名。

提问1：主旋律是由哪几个唱名组成的？

归纳：1、2、3、5、6，称为五声调式，是中国特有的民族调式。

提问2：数一数，每小节有几拍？

归纳：5拍。彝族舞蹈节奏。

(3)学跳"跳月"舞。

归纳并介绍："阿细跳月"的故事。

阿细人是彝人的一个支系。传说很早以前，彝族人民生活很贫困，每当春耕时节，他们白天给土司头人干活，夜间才能耕种自己的土地。他们先砍伐后焚烧森林，趁着火灰尚未熄灭，赶紧光着脚板下地劳动，脚被烫疼了就抬起来跳两下，这样形成了"跳月"舞的基本步法。时代在发展，生活在进步，彝族人不再过着刀耕火种的生活，而"跳月"舞成为一种节日习俗保留了下来，人们围着熊熊燃烧的火堆尽情欢舞。因为"跳月"舞是在月夜下表演的，所以就称为"阿细跳月"。(媒体播放视频：火把节上的《阿细跳月》)

(4)观看视频：由彭家鹏指挥的中国广播民族乐团在维也纳金色大厅举行的新春音乐会的开场曲《阿细跳月》。

提问1：有哪些演奏乐器？这种演奏形式叫什么？

归纳：有月琴、三弦、笛子等乐器。演奏形式为民乐合奏。

提问2：在什么地方演奏？

归纳：维也纳金色大厅。

衔接语：我们的民族音乐形式众多，除了我们刚才聆听的民族乐曲之外，还有很多表演形式的民族音乐呈现在世人面前。

三、感受与拓展——一组戏剧、音乐视频听赏

【设计意图】这一教学环节是拓展环节，学生聆听和观看中国音乐家在海外的表演，面对中国音乐走出国门这一现象，感受民族音乐的艺术魅力，分享民族音乐所带来的快乐。

片段1：歌唱家宋祖英——美国肯尼迪音乐厅个人演唱会演唱《茉莉花》。

片段2：京剧艺术家史依弘——奥地利维也纳金色大厅表演《大唐贵妃——梨花颂》。

归纳：在海外，不同的剧场，中国的艺术家表现中国的音乐作品受到了欢迎。不仅如此，中国人演唱外国歌剧，同样受到了海内外听众的认可。

片段3：男中音歌唱家廖昌永——维也纳独唱音乐会《费加罗的婚礼——快给忙人让路》。

小结：

中国的民族音乐博大精深，源远流长，还有很多种类的民族音乐流传于世，我们可以通过各种方式去找寻它们。

【教学流程】

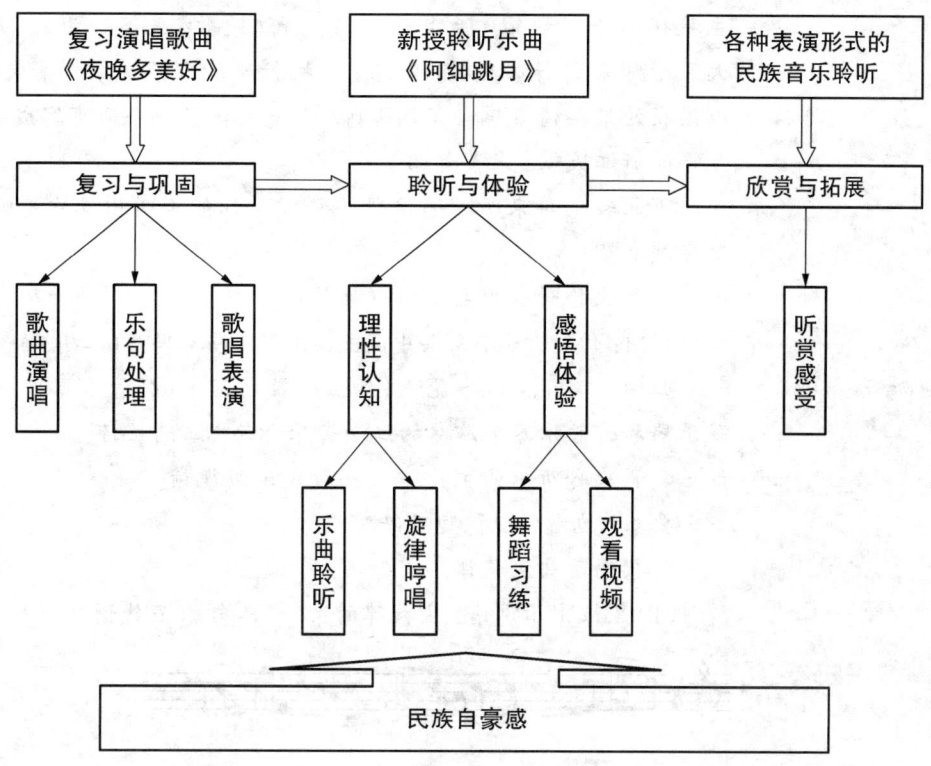

分析　这篇教学设计每个教学环节前的设计意图符合"教学逻辑清晰"的要求。再回想一下自己的课堂教学：是否有为了一个教学环节来来回回、兜兜转转，学生还是不明白的现象？如果有，那就请你也理清教学过程中学生知识获取的思维逻辑吧，这样就不会在课堂上做无用的"教学动作"了。

案例❷

请再认真阅读如下听赏《采茶舞曲》的教学环节：

1. 导入。

今天我们一起来分享和学习第四单元"春天的歌谣"中的音乐作品。同学们，说到春天你会想到什么？

春天气候舒适宜人，万物生长，到处一片生机勃勃的景象。对于江南人来说，春天也是茶叶丰收的季节。所以人们喜欢春天，用各种形式赞美春天：有诗歌，有舞蹈，歌曲，有戏剧，有器乐曲等等。下面，就请同学们欣赏一段充满春天气息的音乐，你是否能听出音乐的速度和情绪是怎样的？

2. 初次聆听乐曲主旋律。（教师钢琴弹奏）

提问：乐曲的速度？（稍快）情绪？（欢快）

揭示作品曲名（《采茶舞曲》）并简介创作背景。（媒体出示曲名、作者、创作背景）

刚才老师弹奏的是由作曲家周大风老师创作的浙江民歌《采茶舞曲》的

主旋律部分。(带领学生复述一遍:浙江民歌《采茶舞曲》。)1958年春天,周大风老师来到浙江泰顺,看到了一幅忙碌的采茶景象。茶农们双手翻飞、日以继夜的采茶情景感动了周老师,于是他花了一个通宵写成了这首描写采茶生产的浙江民歌《采茶舞曲》。

下面我们再来听一遍这段主旋律。你能否听出其中有哪些中国民族乐器在演奏?

3. 复次聆听乐曲主旋律。(播放民乐版音频)

提问:你能听出有哪些中国民族乐器在演奏吗?(二胡、笛子、扬琴、琵琶等)

归纳:二胡、扬琴、琵琶(丝弦乐器)、笛子(竹管乐器)。我们把这类用丝弦乐器和竹管乐器来演奏的江南音乐称为"江南丝竹"。

4. 再次聆听乐曲主旋律。(播放民乐版视频)

要求:边看、边听、边默默哼唱。

5. 模唱乐曲主旋律。

(1)黑板出示乐谱:主旋律的第一、二句。(五线谱)

视唱:学生边用"啦"哼唱主旋律,边用右手食指随教师一起划旋律线。(电子琴伴奏,慢速,2—3遍)

提问:(教师点击黑板上的五线谱及旋律线)音乐的旋律有什么特点?

板书:节奏密集,多为十六分音符;旋律走向(学生视线随教师教棒点击移动)连绵起伏而婉转流畅。

《采茶舞曲》的旋律不仅流畅优美,而且有生动的表现力。

(2)黑板出示乐谱:主旋律的第三、四句。(五线谱)

视谱模唱:学生随教师的琴声(稍放慢速度)用"啦"哼唱主旋律。

老师为第四、八小节添加括号,使其成为间奏。

学生唱旋律,教师唱间奏。

提问:(引领学生分别看乐句的旋律和间奏部分的旋律走向)作曲者将它分成两个不同走向,第一行旋律上行为主,间奏下行为主;第二行旋律下行为主,间奏上行为主,能否想象一下作者为什么这样处理呢?

(犹如采茶姑娘欢快劳动,她们争先恐后地比赛看谁采摘得又多又好,非常热闹。)

归纳:

	速 度	情 绪	节 奏	旋律走向	表现情景
主旋律	快速	活泼欢快	紧凑	连绵起伏、婉转流畅	采茶姑娘带着愉快的心情忙碌地采茶。

6. 听赏全曲。(播放民乐版视频)

提问:乐曲分成几个部分?(三部分)

　　主旋律出现了几次?(两次)出现在哪几部分?(第一、二部分)

7. 听赏副歌部分。(播放民乐版音频)

提问:与主旋律部分相比,副歌部分的速度和情绪有没有变化?

　　(速度比主旋律稍慢,情绪抒情优美)

8. 教师用方言演唱浙江民歌《采茶舞曲》。

衔接语:浙江民歌《采茶舞曲》不仅旋律流畅柔美,富有浓郁的江南特色,它的歌词也很有特色。请大家仔细听听这首歌曲和我们平时唱的歌曲有什么不一样。同时,请大家边看歌词边了解一下采茶姑娘是如何采茶的。

提问:方言?(嵊县)从歌词中找出采茶姑娘采茶的动作。

简介:嵊县位于浙江省。我国五大戏剧种类之一的越剧就诞生于此,它以当地方言为基础,富有浓郁的江南特色。这首浙江民歌《采茶舞曲》就是以越剧音调为素材而创作的。

分析　　唤起春天的生活经验→乐曲速度、情绪、背景介绍→听主旋律主奏乐器→模唱乐曲主旋律、感知旋律特点→归纳旋律特点→听赏全曲(主旋律出现几次)→听赏副歌部分→教师用方言演唱浙江民歌《采茶舞曲》→简介浙江民歌《采茶舞曲》。

教师正是通过层层紧扣的教学环节,运用多元的聆听方式,使学生感受乐曲轻快流畅的旋律、优美抒情的情绪和鲜明的浙江民间曲调特点,初步熟悉乐曲旋律,了解乐曲的创作背景和流传的形成,从而激发学生的学习兴趣。

案例 ❸

学习如下案例中教学环节的设置，重点观察"★情景预设"这一环节：

复习与巩固——歌曲《欢乐的小雪花》

【设计意图】这一教学环节，是对上节课教学内容的复习。意在加深学生对歌曲节拍、旋律、情绪的感受，帮助学生克服演唱时出现的问题，让学生能用比较优美、柔和的声音演唱歌曲《欢乐的小雪花》。

过渡语：优美的舞姿把我们带入了快乐的冬季。

提问：歌名？（《欢乐的小雪花》）

歌曲的节拍？（3/4拍）

歌曲的情绪？（优美抒情）

衔接语：跟着老师的琴声，让我们一起来复习歌曲《欢乐的小雪花》。（媒体呈现歌曲《欢乐的小雪花》的节奏谱）

1. 完整演唱歌曲《欢乐的小雪花》。（师钢琴伴奏）

2. 难点练唱。

★情景预设：

情景一：第一乐句旋律起伏较大，学生演唱时音高没唱到位。

提示语：当推开窗户看见漫天飞舞的雪花时，你的心情会怎样？

用歌声表达出来。

（1）师范唱指导：第一乐句"风儿把窗开，雪花飞进来"，演唱"儿"时加强推动感，老师可以边唱边表演推开窗户的动作。

（2）学生模仿唱。

情景二：在演唱歌曲时，第四乐句遇到四分休止符，相应气息支持不到位，情绪表达不出来。

提示语：小雪花星星点点地落在我们的眉毛上、鼻尖上。试着感受一下，你能唱出小雪花顽皮可爱的样子吗？

（1）尝试演唱。

（2）师生比较交流。

（3）学生模仿唱。

衔接语：这首歌曲情绪是优美抒情的，小朋友演唱时的心情是愉快的，让我们站起来完整地演唱一遍。

3. 再次完整演唱《欢乐的小雪花》。（播放配套教材伴奏音乐）

分析 教师预见学生在复习演唱时可能在两个方面存在一定的困难，就相应地制定了两种具体的方案。在教学实施时，就会更得心应手，根据学生当时发生的情况及时应变，并具有针对性。

案例 ❹

请重点阅读如下教学环节中"预设学生的想象与音乐结合点"这一表述的方法：

学唱《我是一粒米》

1. 聆听导入，揭示课题。

听录音。

提问：说说歌曲的情绪。

2. 再听歌曲，拟人体验。

教师范唱。

要求：将自己想象成歌曲的中的"一粒米"，感受、交流三段不同结束句中的情感。

3. 学生交流。

4. 用口风琴学习演奏三个不同的结束句。

5. 尝试完整演唱歌曲。

6. 师生、生生互评。

预设学生的想象与音乐结合点（见▲处描述）：

第一段结尾：

▲ 学生甲：农民伯伯辛勤劳动后，得到了"我"——一粒米，把"我"捧在手上，越看越喜爱。（唱好"米"字的时值与音高）

▲ 学生乙："我"诞生了，"我"长得白白胖胖，大家很喜欢"我"，"我"也很自豪。（肯定地唱出"都"字）

第二段结尾：

▲ 学生丙：这么辛苦得到的劳动成果，"小淘气"不爱惜，"我"真的很生气，火冒三丈。（唱好三个重音记号和两个不同的休止符号）

第三段结尾：

▲学生丁：好朋友对"我"爱惜，"我"非常感恩，想客气地、真心地谢谢大家。(音乐柔和，渐弱渐慢)

> 说明：
>
> 在教学中我们常常会发现，歌曲中三段不同的歌词学生较难记忆与背唱。而且，歌曲的三段歌词为了表达不同的情绪，皆运用反复跳跃记号连接旋律完全不同的尾句，这就使学生更难把握歌曲的演唱。
>
> 在"音乐形象拟人化"的教学手段应用中，学生将自己想象成了一粒米，认为歌中的"米粒"就是自己，完全沉浸在音乐中。随着音乐的起伏体验一粒米的感受和情绪，从而能自然地表现出音乐旋律的走向和力度。

分析 教师把学生可能因歌曲而产生的拟人化想象罗列在教学设计中，又将它们与音乐表现要素（如渐慢等）巧妙地引申结合起来，如此细致具体，教学时一定会游刃有余。现在，你有点明白要把教学过程写具体的好处了吧：还原课堂，你能够胸有成竹地应对可能发生的学情变化，将你的教学顺畅地进行到底！

案例 ⑤

请阅读以下教学环节设计：

一、音乐与人文——蒙古族的那达慕与《牧歌》

视听相结合，从《牧歌》中感受蒙古族音乐的魅力和蒙古族的盛大节日——那达慕。（背景音乐《牧歌》）

二、聆听与感受——二胡演奏《赛马》

1. 初听全曲。

(1) 提问：

① 音乐描绘了怎样一幅画面？（蒙古族三大竞技赛中的哪一项？）

② 音乐的情绪是怎样的？

③ 乐曲主奏乐器？

(2) 揭示课题，介绍曲作者。

(3) 认识：二胡。

(4) 听辨二胡的音色。

2. 复听。（视频：闵惠芬演奏的版本）

(1) 了解闵惠芬的生平。

(2) 思考：① 演奏的方法是否一样？

② 乐曲共有几个乐段？表现了怎样的场面？

3. 分段聆听。

(1)A段。

① 提问:乐曲的速度怎样?表现怎样的情景?

② 用"la"哼唱。

③ 用骑马状的肢体动作来表现音乐强劲有力的节奏。

(2)B段。

① 聆听后提问:与A段相比,情绪有无变化?

② 简介主旋律的由来。

③ 出示乐谱(主旋律),学生模唱。

方法:视唱与跟唱法相结合。(教师用电子琴伴奏)

④ 复听B段提问:主旋律出现几次?(3次)

用的弓法一样吗?(播放视频演奏片段)

(快弓:马儿飞快奔跑。拨弦:模拟马蹄声。)

⑤ 感受与练习主旋律。

为旋律配上合适的节奏型并练习。

A. 0   X | 0   X |
B. X X X X | X X X X |

⑥ 再听B段:综合表现主旋律。(请学生用练习的节奏型表现音乐)

第一遍:A节奏型(筷子);第二遍:B节奏型(筷子);第三遍:B节奏型(拍腿)

(3)A′段。

① 提问:与哪段音乐相似?主要不同在什么地方?

② 请同学们来做小骑手,跟音乐表现赛马的激烈场景,体会马儿"冲刺"的情景。

4. 师生共同表演乐曲。(听赏二胡与电声乐队合奏)

A段教师用手串铃,学生做骑马律动;

B段教师用木鱼,学生用筷子伴奏;

A′段教师用手串铃,部分学生做骑马律动,部分学生用筷子伴奏。

5. 欣赏:二胡与交响乐团合奏的版本。

要求:学生在主旋律部分加入打击乐(筷子、双响筒等)伴奏。

思考:乐曲是否有变化?在哪一部分?

三、拓展与聆听——呼麦

1. 简单了解蒙古族古老的歌唱方式:呼麦。

2. 观看"呼麦"视频。

四、小结与归纳

我国的民族音乐是一朵盛开的奇葩,多姿的民族有着多彩的音乐。今天和同学们一起随着音乐走进蒙古大草原,感受到了蒙古族音乐的魅力,课后有兴趣的同学可以通过各种方式,不仅了解蒙古音乐,还可以了解更多其他民族的音乐,我相信多彩的音乐一定会带给你多彩的生活。

分析

观看以上教学过程设计,我们可以清晰地看到教学主要内容——听赏乐曲《赛马》的笔墨浓重,辅以蒙古族的那达慕与《牧歌》和了解蒙古族古老的歌唱方式呼麦。主要教学内容的教学方法十分细腻,学生始终以主动学习的状态参与教学活动,感受后师生共同表演乐曲是本课的教学高潮部分。由于教师在设计教学过程时安排教学内容主次得当,教学层次及密度适当,学生学得兴趣盎然并有收获。

案例 ❻

让我们继续采用我们在学习教学设计思路撰写方法时提及的表现歌曲《我是少年阿凡提》为例来说明。

歌曲处理环节的设问如下:

设问1:你能有感情地演唱歌曲吗?能否在演唱时正确把握音准、节奏,以及气息的控制?

设问2:这首歌曲中的变音记号在表现歌曲风格特点上有什么特殊的作用?

设问3:第一句和第二句分别用怎样的语气演唱更能凸现歌曲的情绪特点?为什么要在"我"字上加重音给予强调?

设问4:歌曲中的衬词"啦"、"来"、"哎"应该用怎样的气息来演唱?这些衬词表现了少年阿凡提怎样的内心情感?

歌表演环节的设问如下:

设问1:新疆地区民族音乐最大的一个特点是"歌舞一体、载歌载舞"。让我们也为这首歌曲编配热情的舞蹈,边唱边舞。体会一下,这种歌舞一体的方式表达了这首歌曲怎样的情绪和情感?

设问2:你能在理解歌曲内涵的基础上,用自己掌握的器乐演奏形式为歌曲伴奏,烘托气氛,丰富音乐表现方式,表达自己此时此刻的内心情感吗?

设问3:同学们能不能用演唱、舞蹈和器乐演奏综合性的音乐表现形式,表现新疆歌舞音乐热情奔放的情绪特点,表达对美好生活的热爱之情?

分析

我们来试着揣摩一下这一系列设问的目的和它们之间的内在递进关系:

1. **歌曲处理环节**:突出歌曲情绪、风格和音乐形象。

设问1:能初步准确、有感情演唱?

设问2:变音记号在表现歌曲风格特点上的作用?

设问3:重音记号、演唱语气、神态在表现音乐形象上的作用?

设问4:衬词表现了"阿凡提"怎样的内心情感?

2. 歌表演环节：表达歌曲情感和学生内心情感。

设问1：歌舞表演表达歌曲怎样的情绪和情感？

设问2：器乐演奏表达了学生自己此时怎样的内心情感？

设问3：综合表演表达学生怎样的思想情感？

这些设问都很有效吧，它们像人体里的骨头，撑起了整个教学"身躯"和"血肉"。

案例 7

请阅读如下教学环节中的教师语言表述，注意带波浪线的黑体字。

复习与巩固——歌曲《草原就是我的家》

【设计意图】这一教学环节，是对上节课教学内容的复习。意在加深学生对歌曲旋律、音准及情绪的感受，帮助学生克服演唱时出现的问题，让学生能用自然的声音演唱歌曲《草原就是我的家》。

过渡语：面对这么好的景色我真想唱，把对家乡的爱、对家乡的感情唱出来。(**媒体**)

提问：歌名？(《草原就是我的家》)

衔接语：跟着老师的琴声我们一起来复习歌曲《草原就是我的家》。(**媒体呈现歌曲《草原就是我的家》歌谱**)

1. 完整演唱歌曲《草原就是我的家》。(**师钢琴伴奏**)

2. 教师指导歌曲处理演唱。

提问：

（1）美丽的大草原一望无际，非常平坦开阔。(**乐句连贯**)

（2）每乐句的最后一小节都为二分音符。(**保持时值**)

（3）歌曲的速度为什么是中速稍慢的呢？(**情绪**)

（4）歌曲的结束句意境如何？你们该如何处理？(**延长时值，增加三度音程的两声部**)

3. 表演唱《草原就是我的家》。

分析

如上案例，建议你运用更为清晰的表述方式区分课堂用语。如，【导语】创设情境，激发兴趣；【过渡语】自然严谨，承上启下，相机诱导；【阐释语】明确主旨，有助理解；【小结语】简明扼要，促进内化；【有效设问】切口小，有梯度，指向明确，启发思维，等等。特别要提到的是可以巧用括号，例如说明这段音乐是什么版本，是伴奏还是有人在演唱等等。具体教学环节中的教师语言也可以直白地用"提问"、"简介"、"阐释"、"要求"等加以区分。

要领提炼

综上，我们来归纳一下小学音乐教师在进行教学环节设立时需要关注的要领：

1. 教学过程具有内在的逻辑性，一个教师的教学思路清晰表现在教学逻辑十分连贯、清楚上。我们应该做到的是：(1)教学环节要集中体现并围绕解决教学重点与难点。(2)教学过程的各个环节是层层递进的关系，不可倒置。(3)符合对教学内容本体的分析和学生音乐学习的规律和学段特征。(4)有教学主线贯穿始终。

2. 教学节奏不能松弛，我们要把每一环紧紧相扣，连成我们的教学链，逐步抵达教学目标的终点。

3. 我们通过试教等途径，可以获知实施教学策略时学生可能产生的某些反应，就可以在教学设计中将这些反应写入教案，把课堂应对的方法一一罗列，这会使我们的教学设计更有层次感，也便于我们进行有效的教学策略积累。

4. 就如自然界中的树叶要疏密有致才能显现出生命勃发的力量，我们的教学过程设计也应是密度合理的，再具体些，我们的每一步教学策略运用也应该关注学生的可接受度。在一个教学环节上是否要更深入地展开，这些应与教学资源组合，教学主教材、辅教材设置，学生学龄学段等等相呼应。打个比方来说，只有密度合理，学生才能"吃得饱进而吃得好"，却不会因为"吃得撑而消化不良"或"吃不饱而营养不良"。

5. 我们在教学过程设计中，将设问直接表述为面向学生的提问，每个重要环节的提问内在具有一种递进、层层深入的态势，体现教学整体思路、逻辑，隐含育人立意，由此来引发学生的音乐思维启动、发散、加深等等。我们可以认为一系列的问题是串联起整节课的教学线索和导向。

6. 教学环节中运用的教学语言既要规范，又要避免单一。

第六节 表述教学说明

问题呈现

教学说明一般可以放置于每个教学模块后面的方框内,以区别于教学过程环节,也可以放在每个教学环节的开头,说明这个环节教学的主要目的。我们在具体撰写教学说明时,应该把它当作每个教学环节进一步细化的教学设计意图来对待,它能使我们的教学板块的目的性更为明确,也能使观看我们的教学设计的旁观者更清楚我们在本课中教学策略运用的指向。

很多教师认为教学说明不是教学环节,可有可无,因此就可能会出现如下问题:

1. 整篇教学设计的教学说明支离破碎,没有整体的连贯性和互相之间的关联性,特别是纵向间不能体现层层深入的教法设计与思考。

2. 每个教学模块教学说明不能较为清晰地表述在该模块学习活动中学生的学习要求以及教师的教学策略意图等。

3. 教学说明撰写方式单一,不能具体反映在这一教学环节中预设的教学效能。

让我们在具体案例中加深对教学说明的理解,掌握教学说明的具体写法。

案例分析

案例 ❶

请看音乐游戏"有趣的米粒"的教学说明:

1. 导入。

2. 游戏要求与规则。

(1)学生分成两队参加游戏。

(2)队员按要求分别参加听、辨、唱等音乐游戏活动,并进行抢答,正确的一方奖励一颗米粒,放入写有两队编号的碗中。

(3)最后以获得米粒多者为胜利队。

3. 游戏方法与过程。

(1)分组。

(2)找:帮助小米粒找一找五线谱上的家。

辅助:先听一听音阶(do=C)。

(3)听:教师弹奏歌曲三个结束句(有编号)。

抢答:说出你听到的编号。

(4)唱:唱三个乐句的字母标音。

(5) 辨：说说三个乐句有何不同。

4. 宣布游戏比赛结果。

> 说明：
> 　　为了帮助学生在学唱歌曲的过程中更生动地体验三个结束句中"米粒"自豪——生气——由衷致谢的不同心境，在课中，先通过游戏营造感受、体验的氛围，使学生身临其境，从而为进一步在课中想象、感受米粒的经历激发兴趣。
> 　　育人包括一定的情感铺垫和技能掌握，在帮助学生习得音乐技能的同时，逐步深化、激发学生潜在的情感因素，以实现"双赢"。

分析　　这一教学说明分为两个自然段落，既表达了此环节为下一环节的铺垫作用，也表明了育人的潜在教学效能。

案例 2

歌表演《一粒米的故事》

1. 分组讨论歌表演的动作。

要求：能表现歌曲的情感。

2. 各组交流、反馈。

3. 师生互评。

教师进一步激发学生热爱自然、珍惜生命的情感。

4. 表演展示。

三个小组分别接龙表演一段歌词。

> 说明：
> 　　在学会歌曲的基础上，让学生用动作记忆歌词，开展歌表演，使学生在演唱歌曲、学习音乐的同时，能自然地意会歌曲中所蕴含的热爱自然、珍惜生命的情感。

分析　　在以上教学环节说明中，教师用平实的语言，表明了对学生学习能力的要求以及运用的方法。

案例 3

介绍开花调：山西民歌《灯碗碗开花在窗台》

（一）熟悉曲调，初步了解"开花调"。

1. 教师范唱。

思考：教师唱的这首歌曲与刚才欣赏的乐曲《灯碗开花》相比，哪些方面是相同的？

2. 欣赏录音范唱，介绍"开花调"。

"开花调"是流行在太行山区的一种汉族山歌形式，其中以"左权开花调"最为出名。"开花调"常用"××开花"为起句，下句点题。不只是植物可以开花，其他东西也可以开花：剪刀可以开花，石头可以开花，小板凳也可以开花，总之，一切用来作比喻的东西都可以开花。开花代表一种喜悦的心情，是劳动人民抒发内心情感的一种比喻。"开花调"音调简洁，深情感人。在2006年，"左权开花调"经国务院批准列入第一批国家级非物质文化遗产名录。

（二）跟钢琴模唱旋律，找出歌曲中反复的旋律。

（三）师生对唱，生生对唱。

（四）学生完整演唱歌曲第一段，体验山西民歌的韵味。

> 说明：
>
> 　　对于中高年级的学生而言，应该在欣赏音乐作品的同时，有意识地去记忆一些音乐的主题旋律。这首乐曲取自山西民歌《灯碗碗开花在窗台》，通过模唱歌曲旋律，有助于学生进一步对音乐作品的理解和有意记忆，同时在潜移默化的过程中，帮助学生积累所欣赏的音乐作品。

分析　　观看如上案例，我们能通过教学说明知道该教师通过这一教学环节力图提高学生怎样的学习能力。

案例❹

以下是表现歌曲《我是少年阿凡提》的教学设计中的一个环节的教学说明：

关键设问：这首歌曲中变音记号在表现歌曲风格特点上有什么特殊的作用？

> 说明：
>
> 　　**学习要点**：本环节重点在于强化音准，唱准变化音"#1"，表现出这首歌曲独特的新疆民歌风味。
>
> 　　**教学策略及意图**：使学生在教师范唱、集体学唱，以及小组和个人演唱反馈、纠错的过程中【**方法策略**】，在唱准变化音#1【**能力**】的过程中，通过教师提示、指导【**方法策略**】，使学生能借助"得意"的神情，运用"提眉"的方式，唱好歌曲前两乐句【**能力**】，并初步感受到变化音在表现新疆民歌中的重要作用【**情感态度**】。

【分 析】　请仔细阅读用"【】"作了相应标注的教学说明中所呈现的内容,思考教学说明是否能对应这一环节的关键设问。很显然,它们应该存在着需要解决(关键设问)和如何解决(教学说明)的紧密关系。

案例❺　经过以上的学习与领悟,我们再来看一篇较完整的教学设计:

【课　　　程】　小学音乐

【教　　　材】　上海音乐出版社九年义务教育《音乐》

【课　　　题】　三年级第一学期第三单元"爱劳动"

【课　　　型】　歌曲新授

【执　　　教】　××小学　××教师

【教材内容】　复听乐曲《森林铁匠》。
　　　　　　　学唱歌曲《勤快人和懒人》。

【教材分析】　《勤快人和懒人》是一首曲调活泼、欢快、风趣、幽默的美国童谣。歌曲旋律上下起伏,共有三个乐句,由八分音符与四分音符组成。第一乐句的后两小节节奏完全重复前两小节,旋律变化重复;第二和第三乐句节奏完全相同,旋律最后一小节的最后一个音不同,第三乐句最后一音落在主音上,使之产生终止感。期间多有同音反复,于学生而言,音准不易把握。

【设计思路】　1. 聆听与认知。
　　音乐是听觉艺术,任何音乐作品,需从聆听开始。在音乐教学过程中,宜采用"听赏领先"的教学策略。乐曲的听赏需要聆听,歌曲的学唱同样需要从聆听开始,通过聆听激趣,引发求学欲望,同时还能熟悉旋律、节奏。因而在本课的教学中,设计了不同形式、不同要求的乐曲和歌曲的聆听环节。
　　2. 实践与练习。
　　音乐是实践的艺术,所谓"拳不离手,曲不离口"。音乐通过相关的技能演绎和传递情感。歌曲《勤快人和懒人》描写了勤劳的人在厨房劳动的故事,通过用象声词"嚓"与"咚"的节奏练习,帮助学生理解厨房里炒菜和切菜声。通过对第二、第三乐句结尾处歌词"馒头"的不同演唱要求的讲解,将音乐形象与技能练习融为一体,帮助学生在习得相关技能的同时,获得音乐的初步审美;并形象地将聆听、吹奏、练唱比作音乐教室里学生忙碌的"劳动",把课题"爱劳动"以及德育教育融入其中,从而较好地落实"两纲"教育。

【说　　　明】　这是一堂歌曲新授课,主要教学内容是歌曲《勤快人和懒人》,单元主题是"爱劳动"。整堂课围绕"劳动"开展了以知识技能习练与音乐情感体验相结合的课堂教学活动。

歌曲《勤快人和懒人》由四分音符和八分音符组成，节奏明快简洁，情绪风趣幽默。对于节奏的把控，我采用了象声词"嚓"和"咚"的节奏练习，使学生既掌握了歌曲的节奏，也知道了炒菜切菜时的声响，体验了劳动的辛苦。在歌曲学唱环节，通过器乐教学辅助歌唱教学的方式，让学生练习吹奏口风琴，用音阶练习复习巩固诸如同度音高、穿指跨指等基本吹奏方法，并提示学生在歌曲的吹奏上也要用到相应的方法。通过习练，化解了歌曲演唱时同度音高难以唱准的教学难点，同时也告诉学生：厨房里，勤快的厨师又炒又切，忙碌地工作着；教室里，我们又听又唱又吹，同样忙碌地学习着音乐。口风琴的吹奏、歌曲的演唱，让学生体会到了厨师们的忙碌——体力劳动，也让自己体会到了学习音乐的快乐，同时也体验了另一种劳动——脑力劳动。

通过音乐知识技能的习练，让学生们初步学会了歌曲的演唱。整堂课上，学生们就好像在玩一样，感受着劳动所带来的快乐，目的是让学生在兴趣中学习音乐，开动脑筋获取更多的知识和技能。

【教学目标】　1. 通过乐曲《森林铁匠》的复习和歌曲《勤快人和懒人》的学唱，感受音乐活泼欢快的情绪和劳动的快乐。

2. 在听、视谱、拍击节奏、口风琴吹奏的音乐学习过程中，初步学会歌曲《勤快人和懒人》。

【教学重点】　歌曲《勤快人和懒人》的学唱。

【教学难点】　演唱时的同度音高和音准与口风琴吹奏时"穿指与跨指"的运用。

【教学过程与说明】

一、组织教学

【设计意图】既为音乐课堂文明礼貌的人际交流方式，也包含发声练习。

师生对唱《师生问好歌》。

师生问好歌

二、复习与巩固——乐曲《森林铁匠》

【设计意图】这一教学环节，既是对上节课教学内容的复习，以加深学生对乐曲旋律、情绪、曲名等的记忆，也是对本节课歌曲学唱的意境渲染，使学生想象和模仿铁匠在森林中打铁的情景,体验劳动者的快乐,同时通过肢体的活动,感受音乐的节拍、节奏、速度等的变化。

导入(轻声播放《森林铁匠》):同学们,上节课我们聆听了一首非常欢快的乐曲。

提问:曲名?(《森林铁匠》)

作者的名字?(米夏埃利斯)

米夏埃利斯是哪个国家的?(德国)

乐曲的演奏形式?(管弦乐)

1. 哼唱乐曲主题。(进一步熟悉与记忆)

2. (视频)播放片段音乐。

要求:学生听着音乐,模拟铁匠打铁的动作。(音乐与动作合拍)

3. 小组合作与交流。

要求:

(1)学生自由组合,以四人为一小组,商量打造什么铁器。

(2)随音乐(播放《森林铁匠》主题旋律)小组合作模仿打铁的动作。

(3)交流与评价。

评价内容:小组合作默契度;想象能力。

评价形式:生与生、师与生。

衔接语:从同学们听音乐和模仿铁匠的认真态度中,老师感觉出你们在劳动时的愉快心情。但是每个人对于劳动的态度是否一样呢?下面请听一首外国童谣。

【简析】

乐曲《森林铁匠》是上节课聆听的一首管弦乐作品,作为复习环节,在回顾上节课所认知的情绪、作者及其国籍、演奏形式等作品背景的基础上,以哼唱主旋律作为巩固,并让学生以小组合作的形式模仿打铁动作,感受劳动的忙碌,感受学习音乐的快乐。

三、聆听与感受——歌曲《勤快人和懒人》

【设计意图】使学生感受歌曲活泼欢快的情绪,熟悉歌曲的旋律,激起学唱的欲望。

1. 初听歌曲《勤快人和懒人》。(播放配套教材的CD)

要求:安静聆听。

提问:内容?(歌词大意)歌曲的情绪?(风趣、诙谐)

2. 复听歌曲《勤快人和懒人》。(教师范唱,配套教材的CD伴奏)

提问:歌曲的拍号?(2/4)

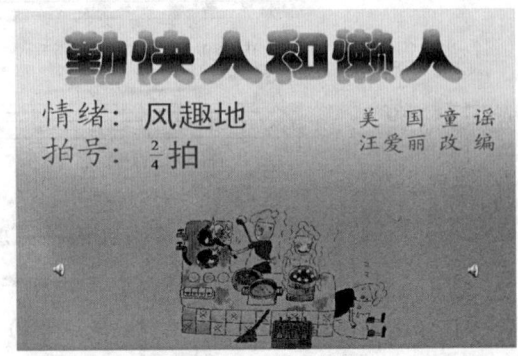

3. 揭示课题《勤快人和懒人》及词曲作者。

归纳：这是一首美国童谣，由中国作者汪爱丽改编。歌曲风趣、诙谐地表现了勤劳人劳动后成功的喜悦和懒惰人无所事事的空虚。

> 【简析】
> 　　歌曲《勤快人和懒人》是一首曲调活泼、欢快、风趣、幽默的美国童谣。歌曲旋律上下起伏，共有三个乐句，由八分音符与四分音符组成。歌曲的学唱需从聆听开始，帮助学生熟悉旋律、节奏。每一遍聆听，对学生分层次提出不同的要求：感受歌曲的情绪、认知歌曲的内容和内涵、了解歌曲的创作背景。
> 　　通过聆听，激发学生的学习兴趣，引发学生学习歌曲的欲望，为歌曲的新授做好铺垫。

四、习得与练习——歌曲《勤快人和懒人》

【设计意图】在学唱歌曲《勤快人和懒人》的过程中，学习和复习相关音乐知识，练习节奏拍击、口风琴吹奏等相关技能。

衔接语：如此一首好听的童谣，我们一起来看看，它的节奏和旋律是怎么组成的。（媒体呈现歌曲《勤快人和懒人》的节奏谱）

1. 学习和练习节奏。

要求：视谱思考歌曲的节奏规律（八分音符和四分音符的组合），并用象声词"嚓嚓"（炒菜声）和"咚咚"（切菜声）念歌曲的节奏。

> 【简析】
> 　　小学阶段，在培养学生正确的演唱姿势和发声吐字方法的同时，更要培养学生良好的节奏感和韵律感。歌曲《勤快人和懒人》描写了勤劳的人在厨房劳动的故事，通过用象声词"嚓"与"咚"的节奏练习，帮助学生理解厨房里炒菜和切菜声，巩固学过的相关基本音乐知识。在学习音乐知识技能的过程中，体验音乐的美。

2. 视唱歌谱。

衔接语：厨房里，勤快的厨师是又切又炒忙碌地工作着；教室里，我们又听又唱又吹，同样忙碌地学习着音乐，让我们一起学唱歌曲旋律。(媒体呈现歌曲《勤快人和懒人》的五线谱歌谱)

勤快人和懒人

美　国　童　谣
汪爱丽　改编

风趣地

唱谱。

旋律走向：上行；模进。

难点：同音反复的音准。

3. 口风琴吹奏练习。

吹奏要领：气息、力度的控制和乐句的完整。

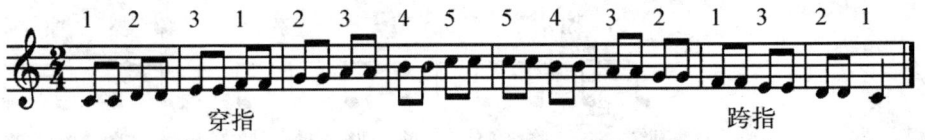

指法：穿指法和跨指法。

（1）学生在演唱教师自编的《口风琴开关歌》的同时，整齐地从口风琴盒箱内取出口风琴，并集体进行音阶（上行与下行音阶）吹奏练习。

勤快人和懒人

美　国　童　谣
汪爱丽　改编

风趣地

(跨)

（2）教师示范吹奏，提示用穿指法和跨指法之处。

（3）学生自习，教师巡视指导。

（4）学生个别与集体吹奏，生生、师生互评。

【简析】

　　在歌曲新授教学过程中，强调知识技能与音乐形象融为一体。歌曲中厨师们又是炒菜又是切菜十分忙碌，而教学中把学生的聆听、吹奏、学唱同样比作是学习音乐时的忙碌，于是设置了口风琴吹奏的教学环节。在歌曲中，多次有同度音高的出现，通过对口风琴吹奏的相关技能复习与巩固以及对歌曲演奏的习练，化解了歌曲演唱时的难度，帮助学生把握音准。

4. 学唱歌曲。

（1）用"lu"哼唱歌曲旋律。

① 用"lu"哼唱（清唱）。

② 完整哼唱歌曲第一段。（钢琴单音弹奏）

③ 完整练唱歌曲第一段。（电子琴伴奏）

（2）有感情地朗读歌曲两段歌词。（注意学生发声的音位）

（3）学唱歌曲。

要求：基本流畅，音准，吐字清晰。

① 轻声齐唱。

② 亮声齐唱。

师讲解两个"馒头"的不同演唱要求：

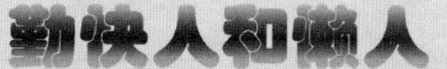

　　馒　头　　　　馒　头

　　5度大跳　　　　同音反复

③ 小组和男女生对唱。

生生和师生互相评价演唱效果。

【简析】

对歌曲的情绪以及音乐形象的理解是唱好一首歌曲的关键。在歌曲《勤快人和懒人》中,第二、三乐句节奏完全相同,只是旋律最后一小节的最后一个音不同,第三乐句最后一音落在主音上,使之产生终止感。通过对两个"馒头"不同演唱要求的讲解,既解决了五度大跳和同度音高的音准问题,又使学生获得音乐的初步审美。通过小组唱和男女生对唱,生生和师生间的相互评价,找到各自演唱时的不足,解决演唱时遇到的问题。

5. 小结:厨师们和铁匠们以及全世界所有热爱劳动的人们正在辛勤地劳动着并快乐着。我们忙碌的35分钟的音乐学习就要结束了,这也是一种劳动,是一种脑力劳动。通过我们的脑力劳动,我们学会了美国童谣《勤快人和懒人》的口风琴吹奏和演唱,并且体验了劳动的快乐。相信通过同学们的勤奋学习,大家将获得更多不同学科的方方面面的知识与技能。下课!

【教学流程图】

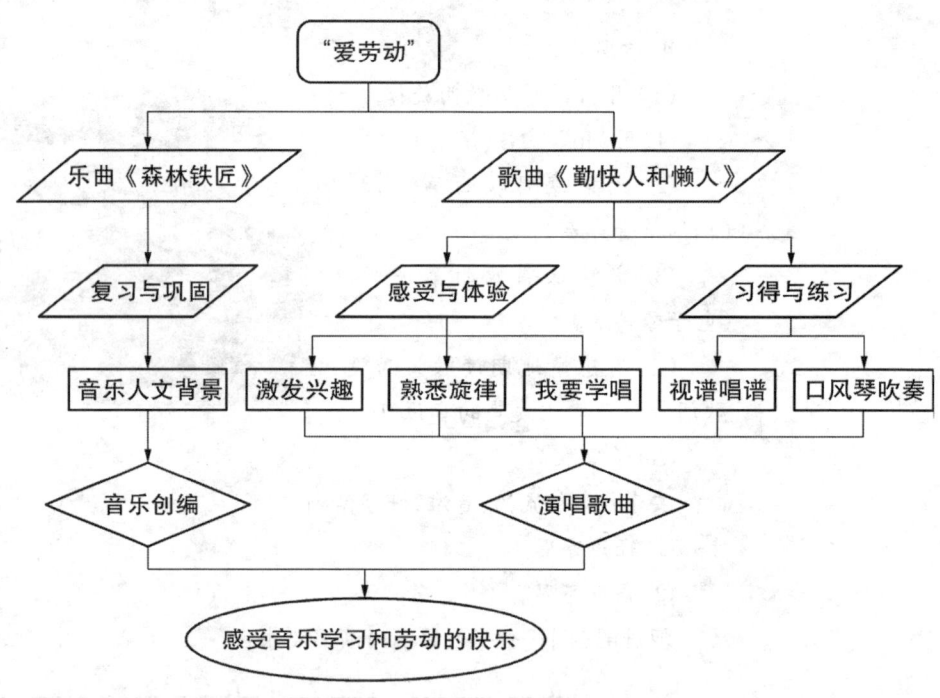

分析　　如上案例中用【设计意图】和【简析】来进行教学说明,可见教学说明的方式和方法也存在着多样性,只要能说清道明教学的方法即可。

> **要领提炼**
>
> 综上，我们来归纳一下小学音乐教师在进行教学说明表述时需要关注的要领：
>
> 1. 我们在写教学说明时要做到的最基本的事情是说明这一环节与上一环节或下一环节之间的关系，特别是有的教学环节起到承上启下的关键作用，我们在教学环节陈述时无法体现，可以在教学说明中加以补充、明确。这是一个能够很好地串联起整个教学环节的表达空间，可以让我们把教学策略后的一些隐性的理念展现出来。有的教师认为教学说明是一个环节归一个环节来写的，其实我们要关注它的整体性，就像一个衣着得体的人给人一种浑身上下和谐的美感。
>
> 2. 教学说明中要"点"出学习要点，即本环节主要解决的问题及"知识与技能"的学习水平要求；并在此基础上，解析教学策略及意图，即采用怎样的教学策略，使学生学会怎样的学习方法（聆听，唱、奏、演、舞、创，探究与合作，交流与表达等）。
>
> 3. 通过教学策略的运用，我们预设使学生形成怎样的能力（感知、理解、辨析、判断、评价等）、生成怎样的情感态度（学习的兴趣、习惯，对作品情感的体验、思想内涵的感悟与价值判断，融入"两纲"及相关德育要求等），这些都应该包含在教学说明之内。
>
> 4. 每个教学环节中，我们都有要解决的关键性问题，它们往往会影响整个课堂的流畅度和实效性。我们在教学说明中可以尝试解答在这一个教学环节中，我们是如何针对、围绕这一教学关键问题实现突破的。

本章小结

一篇完整的音乐学科教学设计应包括：【课题】、【执教者】、【使用教材】、【教学内容】、【教材分析、学情简析】、【教学设计思路】、【教学目标】、【教学重点与难点】、【学习环境资源】（包括学具等）、【教学过程】（内含每个模块的教学说明）、【教学流程】、【教学反思】（教学实施后撰写）。

在这里，为大家精炼地归纳撰写时需要关注的要点：

◆ 叙写目标分清三个维度，主体为学生，避免高、大、空。

◆ 分别撰写教学重点与难点。重点确定突出核心知识与能力点；难点预设客观反映知识能力要求与学生实际水平的距离。

◆ 一篇教案的教学设计意图与教学流程图应前后对应。

◆ 教学设计时，应关注课内外资源的有效筛选、整合、利用。

◆ 运用适合大多数学生身心特点及已有音乐学习能力的教学策略，必要时实施分层教学。

第二章

熟悉主题　多重体验
——听赏教学的开展

音乐教学以听觉为切入点，也就是说，音乐教学首先应该解决的问题是使学生会听。音乐教育必须遵循"以听为中心"的原则，把全部教学活动牢固地建立在听的基础上。我们要在听赏活动中训练与培养学生良好的听觉感知，发展学生的音乐思维，为其学习音乐表现等技能打好基石。良好的听赏习惯还有利于学生积极参与音乐体验，引发联想和想象，形成独立感受与见解，并善于表述自己的音乐体验。在本章中，我们将探讨如何培养学生的审美感知，包括音乐辨别力、音乐感受力和音乐记忆力，这是音乐审美的基础。

第一节 培养聆听习惯

问题呈现

音乐欣赏以一定的音乐为审美对象，以参与欣赏活动的人为审美主体，形成一种特殊的审美观照，通过对音响的聆听，实现对音乐美的感受与欣赏。培养良好的聆听习惯是听赏活动的基础和前提。

通常，音乐教师认为聆听习惯的培养就是安静地聆听，其实不仅如此。在听音乐时人的耳朵会捕捉到很多元素，我们在教学中要尽力培养学生在聆听音乐时主动地关注这些音乐元素的习惯。

在教学中容易忽略的问题如下：

1. 教学中不重视引导学生对音乐力度、速度、强弱规律等加以关注和分辨。
2. 在教学中只聚焦学生对音乐情绪风格的感受，不注重对音乐意境的想象。
3. 在欣赏音乐时过度地依赖使用媒体，造成视觉因素对学生聆听音乐的干扰。
4. 在听赏音乐时，我们要让学生了解一些小型的进行曲、舞曲等的体裁、段落的构成，以及什么是前奏、引子和尾声等等，这些教学的细节往往被忽视。还有的教师在教学中只采用分段欣赏的教学环节，不注重音乐的完整聆听。

听，是音乐欣赏最基本的特征，发展听觉感知是音乐教育最为重要的事情。这样不仅对听赏教学有利，也会对歌唱等其他音乐课堂教学有帮助。下面我们将通过案例分析，引发学习者的思考。你可以举一反三，学习并探索多种培养学生聆听习惯的好方法。

案例分析

案例 ❶

以下是两则音乐游戏的课堂实录，教师记录下了使用的具体方法和取得的效果。

游戏 1：感受强与弱

在聆听了乐曲《风和雨》后，学生们对音乐力度变化有了更感性的认识，利用下课前的几分钟时间，我们玩了"小雨点在哪里"的游戏。我绘声绘色地对孩子们说："待会儿，我将走出教室，等你们击掌时再进入教室。你们可以把小雨点（我自己制作的一枚纸制奖券）藏到某个同学的手心里。游戏规则是这样的：我走进教室后随意地走动，我越是靠近小雨点所在的位置，击掌声就要越强；相反，我走远掌声就变弱。当然，我只能猜三次它在哪个同学的手心里。"

于是，我走出教室。听到掌声后，我再一次走进教室，发现学生们你看我、我看你都在忍着笑。我想，再造造气氛吧！于是我就伸出手，像魔术师刘谦那样眯起眼，转动手腕，煞有介事地说："现在是见证奇迹的时刻。"我故意在"小雨点"周围来来回回地走，想引导孩子们一起尝试感受渐强和渐弱。我又一脸无辜地说我猜不出来，请他们加上音高 sol，唱唱下一节课将要新授的歌曲《小雨沙沙》的第一个乐句和最后的尾声（两句相同，见如下谱例），小雨点来了（渐强），小雨点走了（渐弱）。就这样，我在这个游戏中埋伏了很多暗线，"见"到了我想要的"奇迹"。

谱例歌曲《小雨沙沙》

第一乐句：

沙 沙 沙 沙， 沙 沙 沙 沙

结束句：

沙 沙 沙 沙， 沙 沙 沙 沙

游戏2：节拍强弱规律

一个有乐感的人，往往能很快听出一首作品的拍号来。常用的拍号是2/4、3/4，其每小节的强弱规律分别是●强○弱和●强○弱○弱。聆听歌曲或乐曲后，我会提问：这首乐曲是几拍子的？往往只有个别学生会有举手并被请到回答的机会，这个覆盖率太低了，教师无法获知大多数学生的感知掌握程度。

我经常使用"它是几"的游戏检验全体学生是否听出了歌曲、乐曲的节拍，它简单而有效。做法是这样的：听完歌曲或乐曲后教师问：它是几？学生根据听到的判断后集体回答：它是——（学生只能说出这两个字，后面的节拍要用手指表示。）我向孩子们解释如果忍不住说出来了，有的学生就会临时变化他伸出的手指的个数，游戏的结果就不真实了。当学生们集体亮相后，教师环视学生，大致了解正确率，并和他们校对答案：它是2或它是3。答对的学生可以听着颁奖音乐自豪地登上领奖台（他们自己的座椅）尽情欢呼，由此我也获知了大多数学生的认知度和教学的效度。

当然，我不可能放弃那些没有听出节拍的孩子，他们没有欢呼已经够沮丧了，我会再请全体学生一起听一听，并用肢体语言等来帮助他们一起感受与听辨。凡事欲速则不达。别看我今天是放慢了步子，但我却一点也不后悔，本来教学就是以学生为原点的，就像强弱变化的起承转合，有低沉才有高潮，变化中才有动感。

分析

旋律有高低起伏，节奏有张有弛，有强弱对比，才有了音乐的张力与磁性。很多教师喜欢告诉孩子们声音、节拍是有强弱的，有 p、mp、ff、渐强、渐弱、重音记号等等。我认为，直接告诉不如让他们体验与感受。教师可以尝试和孩子们做多种有关强和弱的游戏，并且运用到乐曲聆听、歌曲的演奏和演唱中。

学生，特别是低年级的学生，喜欢用"响"和"轻"来描述他们听到的强和弱。老子《道德经》曰："故有无相生，难易相成，长短相形，高下相倾，音声相和，前后相随，恒也。"所以，"弱"不是没有声音，而是一种有控制力的表现；"强"也不是没有弹性，它是相对弱而言的。

案例 ❷

以下是听赏乐曲《乘雪橇》的教学片段，下面这位教师采用了完整—片段—完整的听赏方式。

一、组织教学

1. 吹奏三声部口风琴曲《铃儿响叮当》并表演舞蹈。
2. 师生问好。

二、导入

衔接语：伴随着《铃儿响叮当》欢快的乐声我们又来到了音乐课堂，同学们看看今天谁来了（点击课件）——海宝！

海宝说：小朋友们，你们好，你们表演得可真棒啊！（鼓掌声）欢迎你们来到世博会的美国馆，快让我们去看看吧！

衔接语：走进美国馆最吸引人的就是音乐墙。旁边坐着一位老爷爷，他是谁呢？

安德森说：小朋友，你们好，我就是被誉为"亲子音乐家"的安德森老爷爷，让我们认识一下吧！（学生：安德森爷爷你好！）你们知道吗？无数的美国小朋友都是通过我创作的生动有趣的音乐，开始爱上古典音乐的。下面让我送一首好听的曲子给你们，乐曲的名字叫《乘雪橇》。

> 说明：
> 用动画海宝、安德森老爷爷与学生对话、讲故事的形式导入，使学生对《乘雪橇》这首乐曲充满期待，引发学生欣赏音乐的兴趣。

三、欣赏乐曲《乘雪橇》

1. 完整初听乐曲《乘雪橇》，体验音乐的情绪。

提问：请同学们带着三个问题去欣赏：乐曲是几拍子的？情绪是怎样的？你从中仿佛看到了什么情景？

师简介：这是一首两拍子的乐曲，富有鲜明的美国音乐特色，像美国人的性格一样热情奔放、活力四射，比如：我们前面吹奏的这首《铃儿响叮当》、回座位时老师弹奏的《演艺人》都是著名的美国乐曲。安德森老爷爷所创作的这首《乘雪橇》，绘声绘色地表现了人们驾驭着雪橇策马飞驰的情景和兴高采烈的欢快心情。

你们喜欢吗？那就用好听的声音来读读课题吧。

2. 出示课题《乘雪橇》，读课题《乘雪橇》。

3. 听乐曲片段，认识小乐器双响筒、串铃、响板及其音色。

师简介：这是一首管弦乐曲，除了大型的乐器之外，还有几种小乐器，不要小看它们，它们使音乐的色彩变得更加丰富有趣。看老师这里有双响筒、串铃、响板。（老师先示范每种乐器的音色和演奏方法）

提问：听听这首乐曲里有哪几种小乐器的声音？在乐曲中分别模仿了什么声音？

归纳：串铃——马铃声；双响筒——马蹄声；响板——鞭子声。

> 说明：
> 《乘雪橇》这首管弦乐曲对于小学四年级学生来说，篇幅较长，速度较快。让学生听辨交响乐有几个主题或分辨主题难度太大。但这首乐曲每个主题都运用了不同的小乐器，让学生通过听辨小乐器来辨别主题，降低了听辨主题的难度，提高了学生的兴趣和听辨的准确性。

4. 听第一主题，学奏第一主题并能用串铃进行伴奏。

（1）提问：这首乐曲一共有三个不同的主题，下面来听听第一主题用的是哪种小乐器？（串铃）节奏是怎样的？你听后能不能模仿一下？（请个别同学模仿）

（2）出示第一主题乐谱，并视奏第一主题。

提示：长音四拍、渐强。（教师用串铃打节奏）

要求：用口风琴表现第一主题，教师指导re、sol、la、si的指法和长音的渐强。用几分钟自己练习一下，哪位同学练得认真，将有机会得到圣诞老人的礼物——串铃。

（3）尝试用串铃为第一主题伴奏。（部分学生吹口风琴，部分学生用串铃伴奏。老师也用串铃，提示需要注意四拍的节奏）

5. 听第二主题，尝试用舞蹈动作表现雪橇飞奔时的场景并能用双响筒伴奏。

（1）提问：听到了你们的演奏，老师觉得小朋友们乘坐的雪橇都高兴得飞奔起来了。

快来听听，第二主题又出现了哪种有趣的声音？（马蹄声。）哪位同学能模仿演奏一下？（"嗒嗒，嗒嗒，嗒嗒，嗒嗒。"）

（2）提问：在大雪纷飞的天气里你们想做些什么有趣的活动？请你用舞蹈动作跟着第二主题音乐模拟一下在雪地里乘坐雪橇的样子，表演符合音乐节拍的同学有机会赢得奖励——双响筒。别忘了音乐声停时要有个漂亮的造型哦。

要求：全体同学根据第二主题音乐的情绪节奏进行舞蹈创编表演。（表演

后发双响筒）

（3）要求：教师用口风琴吹奏出旋律，拿到双响筒的同学起立为第二主题加上马蹄声，其他同学用"嗒嗒，嗒嗒"的声音来模仿。

6. 听第三主题，体会力度渐强的变化并加以表现。

（1）提问：第三主题的力度是如何变化的？

归纳：渐强。

提示：在最强的旋律音后出现鞭子声。

（2）要求：请学生在凳子上按节奏敲打九下模仿马蹄声，双手拍击凳子后请学生拍手模仿鞭子声。

（3）提示：只要你用心，音乐无处不在。想想还可以用什么声音表示渐强？比如脚步声。

（4）要求：因为大家表现得都很好，所以没有拿到小乐器的同学上来领一个响板。其他同学拍手代替。

（5）要求：和着音乐击打。（教师指导全班学生进行节奏模打练习，在正确的节奏中用响板敲出鞭子的声音）

（6）结束后请同学们席地而坐。

> 说明：
> 　　"渐强"这个音乐力度术语，如果只是介绍音乐名词，学生没有任何的兴趣，更不要说理解和运用。但通过他们所熟悉的脚步声、拍击凳子的声音来进行体验，学生对"渐强"的体会不仅深刻，而且充满了乐趣。在今后的歌唱、吹奏中也可以较好地运用"渐强"并不断进步，逐步使演奏的音乐作品充满起伏。

7. 回顾总结并欣赏全曲视频。

（1）提问：你们表演得真棒，下面来考考你们掌握得怎么样。

只有串铃的声音的是第____主题；

出现了马蹄声，用双响筒来演奏的是第____主题；

除了串铃、马蹄声，还出现了鞭子声的是第____主题。

（2）衔接语：你们掌握得非常好，有奖励给你们。想不想看看管弦乐队现场演奏的《乘雪橇》啊？（想。）听听结尾都出现了什么声音？

（3）要求：管弦乐队的表演真精彩！你能不能模仿马铃声、马蹄声、鞭子声？

> 说明：
> 　　感受三个主题后马上进行总结，加深学生对三个主题的印象。再欣赏视频，使学生从视觉、听觉上感受音乐家投入的表演和热烈的音乐氛围，从而更好地了解作品、体会主题，为下一步演奏做好铺垫。

四、请学生分组,师生合作为动画片《乘雪橇》配上声音效果

要求:刚才视频中表演者演奏的时候很开心很投入,他们的音乐就会传递出快乐。我们能不能做到?愿不愿意挑战他们?老师这里有个动画片《乘雪橇》,可是还没有声音,我们一起为它配上声音效果,好吗?请看老师指挥手势。

1. 第一主题:吹奏+串铃——利用口风琴。(出示第一主题旋律)

第二主题:老师奏出旋律,学生用双响筒模仿马蹄声。

第三主题:马鞭声——要求这个小组做出力度渐强、节奏正确的马鞭声。

2. 师:播放声音及观看动画片《乘雪橇》。

> **说明:**
>
> 通过为动画片配乐这种形式,开阔了学生的音乐视野,激发了学生的演奏兴趣,同时也提高了学生的注意力及合奏、合作能力。让学生体会图声并茂的魅力,并体验做一名配乐小演员的乐趣。

分析

教师在教学的开端并没有使用教学资源——动画片《乘雪橇》,而是将它安排在最后为其配音。很多教师认为,一开始教学时就可以放动画片来吸引学生,使学生喜爱这首乐曲。这样做可能会导致学生脑海里对音乐的想象有所限制。就像我们读一本小说时可以尽情想象其中的人物形象,可一旦看过由这部小说改编的影视剧,就会受其影响。学生仅仅依靠听觉听音乐时,会自由地想象音乐所描绘的情景,所以建议先让学生想象描述,再辅以其他媒介。

教师在分段欣赏的基础上,进行完整听赏并反馈学生所学,加深对三个主题的印象,这种教法也值得借鉴。注重音乐的完整性也是我们课堂教学的要求。

案例 ❸

以下是欣赏琵琶独奏曲《天山之春》的教学过程,重点观察带波浪线的黑体字部分。

【教学目标】

1. 通过欣赏琵琶独奏曲《天山之春》,体验乐曲热情奔放的旋律,感受乐曲描绘的天山春天秀丽风光和维吾尔族人民在天山脚下敲起手鼓、载歌载舞的节日欢庆场面。

2. 在听、唱、拍等音乐实践中感知《天山之春》的风格特点,体验乐曲意境,能够运用打击乐器为乐曲进行伴奏。

3. 初步认识民族乐器——琵琶,感知琵琶的外形、音色及演奏方式;简单了解《天山之春》的作者——乌斯满江、俞礼纯及王范地。

【教学重点】

认识琵琶,了解琵琶独奏曲《天山之春》情绪的递增和速度的变化,感受天山春天秀丽风光和维吾尔族人民载歌载舞的欢庆场面。

【教学难点】 感受乐曲不同的拍号、速度和节奏所带来的不同情绪。

【教学准备】 钢琴、自制多媒体课件。

【教学过程】 [教学板块一]

一、聆听与感受

【设计意图】欣赏乐曲,初步认识民族乐器——琵琶,感受维吾尔族人民在春天秀丽的景色下劳动时的愉快心情和豪放性格。

导入语:同学们,春天来到了!春雨沙沙,万物苏醒,百花齐放。不同的地方有着不同的春景,下面我们来听一首乐曲。

1. 初听乐曲《天山之春》。(播放音乐片段)

提问:哪个地方的风光更适合这首乐曲?(新疆)

新疆这个地方有哪些民族?(简介新疆的民族)

你觉得乐曲表现了新疆这个地方的哪一个民族?(维吾尔族)

新疆的特产有哪些?新疆又有哪些美丽的景色?

2. 出示乐曲名称《天山之春》。(媒体呈示)

简介天山:天山东西横跨中国、哈萨克斯坦、吉尔吉斯斯坦和乌兹别克斯坦四个国家,全长2 500千米,绵延中国境内1 700千米。

3. 欣赏全曲。

提问:这首乐曲共有几段?(**两个乐段**)

这首乐曲主要是由什么乐器演奏的?(琵琶)

是什么演奏形式?(**琵琶独奏,乐队伴奏**)

4. 介绍民族乐器——琵琶。(媒体呈示琵琶画面)

(1)琵琶的外形结构:由头部、颈部和腹部三部分构成,有四根琴弦。

(2)琵琶的音色:清澈、明亮。

(3)琵琶的演奏方式:演奏者左手在上,大拇指放在琵琶背上,扶持琵琶,食指、中指、无名指、小指放在面板的相、品处。右手在下,运用各种指法触弦发出不同的音高。

(4)琵琶概括:琵琶属于民族乐器中的弹拨乐器,古时又称"批把",早在秦汉时期就已经出现。"批把"是骑在马上弹奏的乐器,向前弹称作"批",向后挑称作"把",根据这一演奏特点而命名为"批把"。大约在魏晋时期,正式称为"琵琶"。琵琶是一种可以独奏、伴奏、合奏的重要民族乐器,音色清澈、明亮。中国唐代诗人白居易的著名诗句"大珠小珠落玉盘",形象而生动地说明了琵琶的音质特点。

过渡语:(承上启下)下面我们来分段欣赏这首乐曲。

[教学板块二]

二、分析与体验

1. 聆听第一乐段。(媒体播放音乐)

第一乐段是几几拍的?（**3/4拍**）

强弱规律怎样?（**强弱弱**）

情绪上有没有变化?（**有**）

(1)聆听第一乐段第一主题。(老师钢琴弹奏,出示乐谱)

① 第一乐段第一主题的情绪是怎样的?（**舒展**）

速度是怎样的?（**慢速**）

节奏是宽松的还是密集的?（**宽松**）

② 第一乐段第一主题第一乐句(媒体呈示并播放音乐)旋律线条的走向是怎样的?（**由上往下**）

③ 再次听赏第一乐段第一主题。(媒体呈示并播放音乐。)第一乐段第一主题的主旋律出现几次?（**2次**）

④ 用"噔"来哼唱第一乐段第一主题旋律。(教师钢琴伴奏)

(2)聆听第一乐段第二主题(播放音乐)。

① 第一乐段第二主题情绪是怎样的?（**欢快**）

速度是怎样的?（**较快**）

节奏是宽松的还是密集的?（**密集**）

② 在旋律的特点上与第一乐段第一主题有什么相同之处?（**变化再现**）

③ 跟钢琴模仿琵琶弹奏,用"噔"进行模唱。

④ 第一乐段两个主题比较。

2.聆听第二乐段。

(1)是几几拍的?（2/4拍） 强弱规律?（强弱）

第一乐段与第二乐段拍号是否一样?（不一样。）这种变化我们称它为变拍子。

(2)第二乐段的情绪是怎样的?（热烈、奔放）

(3)速度是怎样的?（快速）

(4)第二乐段第一乐句与第二乐句的主题是否相似?（是）(老师钢琴弹奏)

节奏是密集了还是宽松了?（密集）

情绪上是递增还是递减?（递增）

[教学板块三]

三、小结与延伸

1.这首乐曲有哪些特点?

(1)拍号：变拍子。

(2)速度：越来越快。

(3)情绪：递增。

2.作者介绍。

乌斯满江：维吾尔族,作曲家、器乐演奏家,新疆伊宁人。他从小就受民间艺术的熏陶,家乡能歌善舞的生活赋予他高超的音乐智慧。他从民间歌舞中学习到了丰富多彩的民间音乐,他向著名的民间艺人求学演奏热瓦甫、弹拨尔等多种民族乐器,成为一个出色的演奏家和作曲家。他的著作有歌曲《弹起我的冬不拉》、《前进吧！祖国》等,管弦乐《刀郎之舞》等。

俞礼纯：中国音乐家协会会员。他多次深入到少数民族地区生活、学习与收集民族音乐,近40年来创作了大量多民族题材与风格的声乐、器乐及舞蹈音乐作品,如歌曲《五十六个民族五十六朵花》、《祖国,我亲爱的祖国》等,器乐曲《刀郎之舞》等。

拓展：新疆民族乐器——热瓦甫简介。

王范地：生于上海,中国著名琵琶艺术家、教育家。在众多的琵琶艺术家中他独具一格。他曾创编了《天山之春》、《送我一支玫瑰花》。

3.视听《天山之春》。(激趣)

【设计意图】通过分段听赏,感受乐曲的新疆维吾尔族民间音调及两个乐段情绪旋律的变化。

操作方法：

通过分段听赏,让学生感受两个乐段的情绪对比。

结束语：

今天我们欣赏了琵琶独奏曲《天山之春》，感受了新疆维吾尔族人民豪放开朗的性格，也了解了我们中华民族乐器——琵琶。不同的春天有着不同的美丽春景，不同的民族有着不同的民俗习惯，不同的乐器有着不同的音色特点。在以后的学习中，我们会继续学习更多民族乐器演奏的乐曲。

分 析

教师的教学过程和教学方法十分细腻，带波浪线的黑体字说明这位教师希望学生能听懂这些音乐要素的变化所带来的乐曲情绪的变化。久而久之，学生就会在听赏时自觉地用耳朵捕捉这些音乐要素的变化，拥有会聆听的敏锐的耳朵。

要领提炼

综上，我们来归纳一下小学音乐教师在培养学生良好的听赏习惯时的要领：

1. 教师要注重培养学生安静、专注的聆听习惯。教师首先要做到不在学生聆听音乐时插话或过多地用语言解说。同时，教师要及时纠正如边听音乐边小声议论等不利于听赏的习惯。当然，教师可以让学生在听音乐时用肢体等尽情地感受音乐的律动，但是安静聆听是一个基本的要求，需要音乐教师持之以恒帮助学生培养这一习惯。这一习惯还可以迁移到安静专注地聆听他人演唱、演奏等影响学生音乐学习成效的其他方面，因此十分重要。

2. 在学生第一遍聆听音乐作品时，尽量不要运用有动画的媒体，这样会使学生的注意力分散到动画中，也会使他们的专注度降低，甚至会阻碍他们对音乐的想象思维空间的发展。

3. 教师要在音乐课堂内指导学生学会基于感受体验和想象联想的聆听方法，需要预设正确、合理的欣赏要求，能设计有助于培养学生音乐思维的问题，并且做到表达明确、清楚。在聆听要求中能包含对学生学习方法的提示。有些教师让学生听音乐是漫无目的的，学生不知教师要求听些什么。我们可以预设指向明确的聆听要求，将学生的聆听聚焦于一个点上，层层深入地用问题引导他们完成欣赏的教学内容。教师若在教学过程中注重问题的设计，也能使学生潜移默化地知晓聆听鉴赏的一些基本关注点和方法。

例如：在聆听音乐时，设定问题1为情绪、节拍，问题2为演奏乐器，问题3为分出乐段等等，逐步深入，引发思考。

第二节 记忆主题旋律

问题呈现

主题旋律是指一部音乐作品或一个乐章的旋律主题(theme)，或者一部音乐作品或一个乐章行进过程中再现或变奏的主要乐句或音型(motive)，就是我们通常所说的主旋律。

主旋律的记忆是音乐听赏教学中十分重要的一环。学生能记住歌曲或乐曲的主旋律，就能在不同场合、时间听辨出这首乐曲或歌曲。我们在帮助学生记忆主旋律时，要关注以下问题：

1. 反复哼唱是帮助学生记忆主旋律使用的较为频繁的方法，但它不是唯一的方法。我们可以使用较为多元的方法帮助学生记忆，避免方法过于单一。

2. 主旋律的变奏是在原旋律的基础上加上一些修饰或者围绕原旋律作一些变形，使乐曲具有更丰富的表现形式，听起来和演奏起来更多变，有利于乐曲更好地表现感情。变奏的形式和方法多种多样，一段相同的旋律能通过不同的方法变幻出很多形式的变奏曲。我们在教学时要关注到变奏、变拍子等相应变化，引导学生听辨。

3. 有的教师认为一首乐曲或歌曲听过就算了，导致学生再次听到这首乐曲或歌曲时，无法通过辨识主旋律而再现对音乐的相关记忆。

让我们通过如下案例来了解一些记忆主题旋律的方法。

案例分析

案例 1

以下是欣赏琵琶独奏《天山之春》的教学片段：

一、学习感受A段的第一主题旋律

1. 出示天山的图片，讲解天山对于维吾尔族人民的意义。(人文知识)

初步感受第一主题旋律的情绪表现：庄严神圣，优雅美丽等。(单遍)

2. 再听第一主题旋律，教师出示主题旋律乐谱并演唱，感受乐曲的拍子。(3/4)

再次感受第一主题旋律的情绪表现：庄严神圣，优雅美丽等。(单遍)

3. 让学生跟琴用"la"哼唱主题一，感受宽松的节奏、缓慢的速度。注意音准。

4. 跟着音乐哼唱主题一的旋律。

要求：唱出神圣庄严感。

二、学习感受A段的第二主题旋律，并根据情绪简单学习新疆舞蹈

1. 听A段第二主题旋律，听辨乐曲的拍子，初步感受乐曲情绪的变化。

提问:这段旋律与前一段旋律有何相同与不同的地方?

教师以简单的舞蹈动作使学生初步感受维吾尔族人民在天山脚下欢快舞蹈、喜迎春天的情景。

2. 以春天万物勃发为情境,学生学习简单的舞蹈动作,感受本乐段欢快的情绪。

3. 师生共舞。(音乐——第二主题,结合视频)

A段两个主题的对比

	节拍	情绪	节奏	描绘意境
A段第一主题	3/4拍	优美、舒缓	宽松	冰雪融化 大地复苏
A段第二主题	3/4拍	活泼、欢快、充满动感	密集	万物生长 春意盎然

分析 和本章第一节中的案例3所使用的教学方法不同,在这一教学片段中,在学习感受乐曲A段第一和第二主题旋律的教学过程中,教师运用了多元的方法,帮助学生记忆、理解主题旋律。

案例❷ 以下是欣赏乐曲《彩云追月》后的教学拓展部分:

【设计意图】

通过歌曲版本《彩云追月》的播放,让学生们感受不同的元素赋予音乐不一样的内涵,并学学此歌的演唱。

过渡语:如此美妙的乐曲旋律深深打动了词作者王付林,他主动为旋律配上歌词,于是便诞生了歌曲《彩云追月》,被一代又一代的人们传唱着。让我们细细听赏歌曲《彩云追月》,想想它表达了怎样的情感。

1. 播放歌曲《彩云追月》,学生回答问题。(思念、离愁、盼望亲人相见)

归纳:说得真好,歌曲描绘了作者思念远在台湾的亲人,盼望两岸早日统一的迫切心情,这也是我们全中国人民的共同心愿。让我们怀着这样的心愿再听一遍歌曲,找出第一段中你认为较难的乐句我们共同探讨。

2. 重点解决切分节奏、附点节奏、波音和前倚音的正确唱法。

3. 提示坐姿、击拍、气息等常规歌唱习惯。在老师的带领下,用柔美、连贯、圆润的声音演唱第一段。

4. 结合歌曲的内容,提示学生应唱出怎样的情绪。(思念)

5. 学生自己试着填唱第二段词,教师帮助解决"亲人啊亲人,我在盼望相见的明天"一句。

6. 完整演唱歌曲,要求第二段唱出迫切的心情。

(1)师：歌曲的第一段词描写了对亲人无限的思念，第二段词抒发了盼望与亲人早日团圆的迫切心情，把歌曲的情感推向了高潮。如果给你中强和中弱的力度记号，你会如何分配呢？（第一段mp、第二段mf）

(2)结合歌曲的情绪、速度设计不同的演唱方法来表现歌曲。

过渡句：一首经典的老歌寄托了人们多少深情的盼望，无论是乐曲还是歌曲，都被音乐艺术家们再度创作、传唱着，像课前我们欣赏到的就是葫芦丝版的《彩云追月》。今天老师还准备了其他版本的歌曲《彩云追月》，想一听为快吗？

① 欣赏老一辈歌唱家朱明瑛女士演唱的《彩云追月》，它堪称众曲中的经典之作。

② 欣赏超级女声版《彩云追月》，该曲融入现代音乐元素，高低声部同时进行，声音更丰富。

小结：这首歌曲具有典型的广东音乐元素。在中国的民族音乐中，广东音乐具有独特的地域特点，在我国广东、福建、台湾地区非常有名，在东南亚地区的华侨、华人地区也流传很广。广东音乐是我们中华民族音乐瑰宝中的奇葩，它给多年流落海外的游子送去了乡音的慰藉。《彩云追月》还有不少其他版本，有兴趣的同学课后可上网搜集，你将会有新的收获。总之，广阔的音乐天地任由你们尽情地探索，遨游。

分析 在这一欣赏环节后的延伸教学中，教师带领学生欣赏多种版本的歌曲《彩云追月》，进一步感知、记忆主旋律，理解作品的思想内涵及所表达的情感。

案例❸

以下是聆听《铃儿响叮当》的教学片段：

衔接语：小朋友乘着小雪橇在雪地上飞快地奔驰，玩得真开心啊。让我们也用动作表演的形式一起来感受乘雪橇的乐趣吧。听！马铃声又响起来啦，让我们抓紧缰绳出发吧。

一、律动表演

要求：学生能一个人或者两人一组表演乘雪橇的动作。（音乐和动作合拍）

衔接语：乘雪橇的感觉太棒啦。这段歌曲不仅活泼欢快，还富有很强的动感。

二、感受与练习

衔接语：瞧！圣诞老人也乘着雪橇来给我们送礼物啦！听听，圣诞老人带来了什么？

出示：小乐器（串铃：x x | x x |；双响筒：xx xx | xx xx |；三角铁：x - | x - |）（动画媒体）

提问：你知道这三样小乐器可以模仿什么声音吗？

串铃：马铃声；

双响筒：马蹄声；

三角铁：新年钟声。

1. 乐器演奏。

要求：能正确运用小乐器，按照不同乐器节奏跟着音乐节拍演奏。或用椅子作为打击乐器拍出马蹄声的节奏。

衔接语：马儿飞快地在雪地上奔跑，你追我赶，我忍不住要给它们喊"加油"。听一听，学会了让我们一起来做啦啦队。

方法：每一乐句后面用衬词"嘿"表示。

（1）老师表演。

（2）师生共同表演。

2. 哼唱旋律。

过渡语：小雪橇滑过雪地越过雪山，让我们用小手指跟着小雪橇的路线一起用"lu"哼唱这段熟悉的旋律。（媒体动画）

方法：视唱和跟唱相结合。

（1）用"lu"哼唱。

（2）唱唱名。

衔接语：填写上中文歌词。让我们一起来唱一唱。

（3）唱歌词。

分析　　如上教学片段中，教师通过律动表演和小乐器练习使学生感受主旋律，再进一步通过哼唱主旋律、唱唱名和唱歌词，层层递进地帮助学生感受歌曲的律动感和活泼欢快的情绪，加强学生对音乐形象的理解与表现。

要领提炼

综上，我们来归纳一下小学音乐教师在帮助学生把握歌曲主旋律时的教学要领：

1. 在相对完整的音乐欣赏过程和整体的音乐情感体验中，教师应该关注学生对音乐主题的记忆、辨别。要在教学过程中引导学生通过多种方法、途径对音乐主题进行感受、哼唱、视唱和记忆。

2. 学生听赏了一首音乐作品后，在其他场合听到该首作品时，应该能通过识辨它的主旋律，回忆并说出其作品名称、演奏乐器等知识。所以，教师要把听赏教学的重点集中到把握音乐作品的主旋律上。

3. 教师要通过主旋律的聆听环节，指导学生根据音乐要素和文化背景体验情感，理解作品中的音乐形象。

第三节　了解多元文化

问题呈现

新的教学理念向我们昭示了这样一个深层的含义：音乐作品蕴含了深刻的文化内涵，具有极高的文化价值。音乐课程内容的实施要以音乐文化为主干，注重挖掘、引导、组合教学内容的人文性，帮助学生形成多元文化观，从而达到传承音乐文化、拓宽艺术文化视野、提高音乐审美情趣的目的。

我们在课堂教学中要注意以下几点：

1. 要注重同一种类不同风格的音乐的听辨，如《摇篮曲》。
2. 除了了解世界各国的多元文化以外，要重视我国地方戏剧、民族曲调的听赏，使学生了解国粹、熟悉国粹、弘扬国粹。
3. 作品的作者和创作背景在教学中经常会被教师一带而过，其实了解这些，进而知道音乐家的小故事和一些代表作，能有效激发学生的兴趣，有助于聆听教学效能的提升。
4. 在欣赏音乐的同时，初步了解音乐产生的国家及其相关的人文风情也十分重要。
5. 在听赏舞曲时，可以让学生学跳和感受一些便于掌握的基本舞步，如小步舞曲等。

案例分析

案例 ❶　如下是一位教师在执教听赏歌曲《孤独的牧羊人》一课后的小结：

《孤独的牧羊人》可以称得上是一首被广泛传唱的名曲，同时，它又是深受人们喜爱的奥斯卡获奖影片《音乐之声》的插曲。作品具有比较深刻的音乐文化内涵，包括与影片相关的背景文化（影片的主题、故事内容、丰富的电影音乐素材等等）、与欧洲音乐民俗文化相关的音乐知识（如约德尔调——一种源自奥地利和瑞士山区的民歌素材，是以男子的假声模仿女子歌唱的小调）。我在课堂上通过聆听歌曲、欣赏影片、描绘故事、媒体协助、即兴讨论和表演等方法和途径，引导学生不知不觉地进入影片、歌曲所描绘的生动的故事情节，体验音乐的情绪、风格。

分析　教师力图通过综合多元的方法较为全面地向学生传递相关的文化背景知识，揭示歌曲背后蕴藏着的深厚的异国民族文化积淀，同时通过音乐活动开阔学生的音乐艺术视野，使学生了解不同的文化，潜移默化地提高审美情趣。

案例 ❷

以下是欣赏乐曲《土耳其进行曲》的教学片段：

(二) 欣赏《土耳其进行曲》。

1. 老师再请大家欣赏一首进行曲风格的乐曲《土耳其进行曲》。

播放钢琴独奏曲《土耳其进行曲》作为背景音乐，教师介绍莫扎特的生平和乐曲的创作背景。

莫扎特是奥地利音乐家，有"神童"之称。他的创作很丰富，一生创作了四十多部作品。由于他的音乐纯朴优美，具有明朗、乐观的气质，常常被誉为"永恒的阳光"。虽然他的生命只有三十五年，但却为后人留下了丰厚的音乐遗产。我们现在听到的这首《土耳其进行曲》是莫扎特《A大调钢琴奏鸣曲》中的第三乐章，由于乐曲的主旋律模仿了土耳其军乐明朗、雄壮的特点，再加上他在这段曲子前面标有"土耳其风"几个字，因而得名《土耳其进行曲》。

2. 听赏并哼唱乐曲的主旋律。

(1) 完整听赏钢琴独奏曲《土耳其进行曲》。

提问：① 乐曲的主旋律出现了几次？

② 乐曲是由什么乐器演奏的？演奏形式是什么？

③ 乐曲在情绪上有什么变化？

学生回答主旋律出现几次，媒体出现正确答案。

学生答出钢琴独奏曲，并了解钢琴的音色。(教师用钢琴弹奏乐曲的片段)

(2) 通过回答"乐曲情绪"导入分乐段听赏《土耳其进行曲》。(学生回答后教师出示媒体答案，学生边分段听边用手指来表现出三段不同的行进脚步，老师用不同的色块表现出不同的乐段。)

介绍：有专家曾经研究过莫扎特的音乐，发现他的音乐还具有治疗精神疾病的效果，而且莫扎特的音乐比较简单，总是让某一旋律多次重复出现，还是以我们大脑喜欢的模式重复。我们刚才听到的这首《土耳其进行曲》的旋律也是这样吗？

(3) 请你用笔记录下音乐的轨迹，主题A用○表示，主题B用△表示，主题C用⌒表示。

学生边听边做记号。

小结：我们一起看一看它的结构：△○⌒○△○。有谁发现它的规律？

它的主题A被不停地有规律地重复，我们叫它回旋曲式结构。

(4) 记忆乐曲主旋律，加深乐曲印象。

媒体：① 乐段——感受气势磅礴的行进脚步。(用蓝色色块)

② 乐段——幽默诙谐的旋律。(红色色块)

③ 乐段——轻盈流畅的旋律。(黄色色块)

(5) 复听钢琴独奏曲《土耳其进行曲》，再次感受不同乐段的情绪和不同的行进脚步。

要求：①请学生分组用色块把乐曲的趋势结构顺序排列出来。
②分组展示，教师讲解并出示正确答案。

> 说明：
> 　　通过听赏钢琴独奏曲《土耳其进行曲》，让学生感知乐曲的情绪与风格，了解音乐家莫扎特的简单生平及作品创作背景。

3. 拓展探究。
(1) 音乐游戏"听一听、选一选、做一做"。
游戏规则：听音乐选一选，听哪首乐曲是进行曲，在编号后打★。
(2) 游戏结束，学生交流，教师宣布答案并简单介绍。
(3) 教师小结：通过听赏不同风格的进行曲，使我们对进行曲有了进一步的了解。同一体裁的进行曲，由于表达的内容及主题不同，速度、风格和情绪也就不同，行进的脚步也会不同。我相信你们通过这堂课的学习，会用今天的学习方式在以后的各种音乐学习中了解到更多的音乐知识。

> 说明：
> 　　通过对不同风格进行曲的听辨和介绍，使学生初步知道，同样是进行曲，由于风格、内容及主题的不同，其情绪效果和行进的脚步也就不同，意在引起学生对进行曲体裁音乐作品的关注与兴趣。

分析　　教师由点带面，在听赏《土耳其进行曲》的同时，通过对不同风格进行曲的听辨和介绍，引发学生的学习兴趣，这是很好的做法。

案例 ❸　　以下是听赏《G大调小步舞曲》的完整的一课时的教学设计：

【课　　程】　音乐

【教　　材】　上海音乐出版社九年义务教育《音乐》四年级第一学期第一单元

【课　　题】　欣赏《G大调小步舞曲》

【教　　时】　第二教时

【年　　级】　四年级

【教学内容】　1. 复习：演唱歌曲《我们大家跳起来》。
2. 新授：欣赏乐曲《G大调小步舞曲》。

【拓展内容】　欣赏不同风格的舞曲。

【教材分析】　　《G大调小步舞曲》是德国音乐家贝多芬创作的一首经典名曲。"小步舞曲"原是流行于法国农村的一种民间舞蹈音乐,后来传入宫廷成为贵族的舞曲。小步舞曲大多采用3/4拍,中速,节奏平稳,风格单纯、简洁、轻巧、典雅、明快。这首《G大调小步舞曲》为复三部曲式结构:乐曲的第一部分主题婉转如歌,旋律优雅抒情;第二部分主题转变为轻快活泼,带有轻巧、跳跃的性质;第三部分为第一部分的完整再现,但演奏时每一乐段不再反复。

【学情分析】　　四年级学生已具备一定的音乐感知力和音乐表现力,在歌唱、律动和使用打击乐器方面也有一定的基础。本教学设计实施的班级学生聪明好学,善于思考,节奏感、乐感比较好,对于小步舞曲这一体裁的乐曲有所接触、了解。

【教学设计思路】　　本课的教学围绕学生体验、感受作品《G大调小步舞曲》的音乐情绪、音乐形象及舞曲风格展开。从复习歌曲《我们大家跳起来》引出"小步舞曲"。然后通过欣赏乐曲、哼唱旋律、配乐伴奏、情景表演等音乐活动,使学生进一步感知、体验《G大调小步舞曲》两个不同段落主题的情绪。再采用小组合作学习的形式,让学生根据自己的喜好及能力倾向选择表演方式合作展示,提升音乐综合表现能力,体现音乐课堂教学的综合性。最后为拓宽学生的音乐视野,加大课堂教学的欣赏量,选择一些不同体裁的舞曲让学生听辨并进行比较,体验不同舞曲的风格特点,满足学生的情感需求。

【教学目标简析】　　在欣赏《G大调小步舞曲》的教学过程中,通过听、唱、奏、演、编等多种音乐表现形式来感知、体验乐曲两个不同段落主题的情绪,发挥学生的想象力,用打击乐创编伴奏音型及肢体语言展现乐曲旋律的走向与起伏,更好地表现乐曲的内涵,进一步了解小步舞曲的风格特点。

【教学目标】　　1.情感态度价值观:感受乐曲婉转如歌和活泼跳跃两个不同段落主题的情绪,以合作互助的态度感知体验并进行音乐表演,分享学习过程中的快乐。

　　2.过程与方法:用感受体验、合作学习的方法,通过听、唱、奏、演、编等音乐实践活动进一步感受乐曲的情绪及风格特点。

　　3.知识与技能:掌握乐曲的速度、节奏、力度等特征;选择合适的打击乐器创编节奏型为乐曲伴奏,体现小步舞曲三拍子的强弱特点,并进行综合表演。

【教学重点】　　欣赏《G大调小步舞曲》,感知乐曲两个不同段落主题表现的情绪,感受小步舞曲三拍子的韵律感。

【教学难点】　　了解小步舞曲的风格特点,并用不同的形式进行音乐表演。

【教具准备】　　四年级第一学期配套音像资料、多媒体课件、打击乐器、钢琴。

【教学过程】　　一、导入:复习歌曲《我们大家跳起来》
1.视唱歌谱。
要求:注意连音和断音的唱法。

2. 有感情地演唱歌曲。

要求：声音优美柔和，带有弹性。

3. 提问。

（1）这首歌曲的旋律出自哪位作曲家？（巴赫）

（2）你对小步舞曲这一形式了解多少？（小步舞曲是一种三拍子的舞曲，原是法国的土风舞蹈，17世纪中叶，也就是大约1650年时传入宫廷，并在贵族社会流行，贵族们在聚会的时候用小步舞来表示礼仪和友好。）

> 说明：
>
> 歌曲《我们大家跳起来》是一首由巴赫"小步舞曲"改编的儿童歌曲。本环节为复习部分，通过学生演唱歌曲引出小步舞曲，为下面的乐曲欣赏做好铺垫。

二、欣赏《G大调小步舞曲》

1. 初听乐曲：初步感受乐曲的情绪。

提问：今天老师为同学们带来一首贝多芬作曲的《G大调小步舞曲》，请你们听听，这首乐曲的情绪是怎样的？想象一下，这首乐曲描绘的画面是怎样的？这首乐曲是几拍子的？（三拍子乐曲的特点是什么？）

2. 再听乐曲：分辨音乐段落，发展听觉思维。

3. 分段欣赏：乐曲的第一部分主题婉转如歌，旋律优雅抒情；第二部分主题转变为轻快活泼，带有轻巧、跳跃的性质。

（1）为乐曲分段：进一步感受乐曲两个不同段落主题的情绪、速度、节奏。

师：每一段的情绪是怎样的？在优美婉转的旋律中速度、节奏发生了什么变化？

（2）哼唱主题旋律。

要求：用"la"轻声哼唱，并随着音乐有感情地摇动身体，体现三拍子的韵律感。

> 说明：
>
> 学生在从熟悉乐曲主题到哼唱旋律的过程中，能听辨、感受乐曲两个不同主题的情绪，从而加深对乐曲的感知与理解。

4. 介绍作曲家。

贝多芬是世界上最伟大的音乐家之一，他出生于德国一个平民家庭，从小就显露出非凡的音乐才能。贝多芬年轻时就进行音乐创作，三十多岁开始耳聋，但他没有消极隐退，坚持自己的信念，用音乐为理想奋臂呐喊。他一生创作了许多不朽的作品，如《英雄》、《命运》、《田园》等交响曲，以及《悲怆》、《月光》、《热情》等钢琴曲，其中《第九交响曲》是贝多芬创作的顶峰。

5. 学跳小步舞。

（1）观看小步舞视频。

(2)学生交流小步舞的特点。

(3)学生合作,创编小步舞。

> 说明:
> 　　肢体语言是表现音乐的重要手段之一。通过肢体动作模仿表演能展露学生的个性,因为它是一种真实情感的流露。

6.综合表演:小组讨论,自由选择表演形式。

(1)选择合适的打击乐器创编节奏型为乐曲伴奏。

要求:根据打击乐器的不同声音特点为舞曲创编伴奏音型,体现三拍子乐曲的强弱规律。

(2)情景表演:跳跳小步舞。

要求:创设一定的情节,可以是双人舞、邀请舞等,体现小组的特色。

(3)填词配唱:可以用歌曲《我们大家跳起来》的歌词来配唱或用"la"来哼唱旋律。

要求:为主题旋律填词演唱,并随音乐舞蹈,用歌唱、律动感受音乐。

> 说明:
> 　　综合表演是整堂课内容的融合。通过小组合作的形式,学生积极讨论,根据喜好及能力倾向选择适合自己小组的表演形式,展露学生的个性,使其满足表现欲望,并加深对乐曲情绪、音乐形象的理解。

7.小组展示表演。

8.师生评价。

三、拓展:欣赏不同风格的舞曲

1.听辨欣赏。

(1)《小步舞曲》(巴赫)。

(2)《瞬间圆舞曲》(肖邦)。

> 说明:
> 　　选择一些适合学生欣赏的舞曲并加以比较,加深学生对小步舞曲风格特点的了解,并拓展学生的音乐视野,激发学生学习音乐的兴趣。

2.师生相互交流感受,教师进行适当的介绍。

四、小结

1.请学生谈谈感受:从这节课中学到了什么?享受了什么乐趣?

2.教师小结。

师:这节课我们欣赏了贝多芬的《G大调小步舞曲》,同学们都非常感兴趣,你们下课后可以上网查找一些采用小步舞曲形式创作的音乐作品与小伙伴们共同欣赏。

【**教学流程图**】

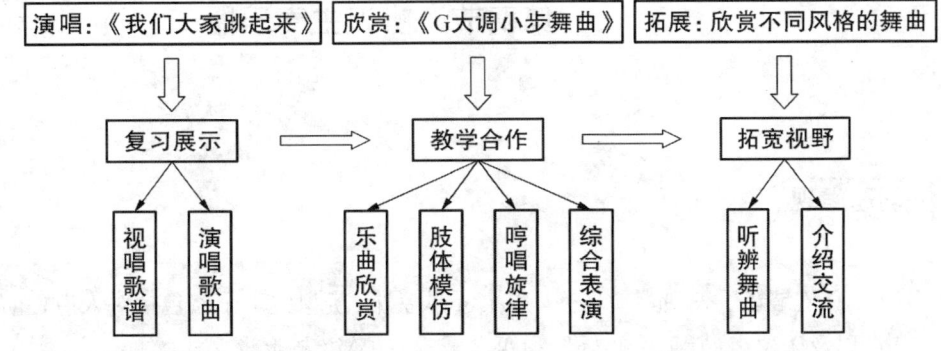

分析　教师从复习由小步舞曲改编的歌曲《我们大家跳起来》导入,紧紧围绕三拍子乐曲的强弱规律欣赏乐曲,并拓展到学跳小步舞,进而欣赏不同风格的舞曲。这一听赏教学过程较为完整,并能帮助学生掌握、了解音乐中的多元文化内涵。

要领提炼

综上,我们来归纳一下小学音乐教师在帮助学生了解音乐相关多元文化时的教学要领:

1. 聆听音乐,感知其音乐要素,记忆主旋律以及了解与音乐相关的文化和风格,是在欣赏教学中融会贯通一气呵成的,不用剥离分开教学。

2. 对音乐风格和流派的体验和学习,目的是增强学生对音乐文化多样性的接纳与包容意识,拓宽学生的音乐视野,提高学生的人文素养。

3. 对音乐人文的感受以及判断主要靠大量的比较聆听来积累,应提倡多听,整体听和局部听相结合。同时,还要结合作品,有机地让学生了解作曲家或表演艺术家所处的时代和社会环境,初步了解其世界观和艺术观,以及经历、性格、气质、所擅长的题材、惯用的体裁形式和表现手法等,以便加深学生对作品的理解。

第四节　辨识主奏乐器

问题呈现

音色是音乐表现要素之一。在音乐欣赏中,辨识主奏乐器包括对人声(童声、女声和男声)以及乐器声(常见民族乐器和西洋乐器)的感受与听辨。

小学阶段,要求学生掌握、了解的常见民族乐器有:二胡、木琴、琵琶、古筝、唢呐、笛子等;要求学生掌握、了解的常见西洋乐器有:大提琴、小提琴、钢琴、小号、圆号、单簧管等。

在具体教学中,需要引起我们关注的问题有:

1. 对人声音色的教学不够重视。

2. 教学停留在听辨音色上,不介绍乐器的外形特点、附属分类,或不请学生模拟其演奏方式。

3. 不能适当拓展介绍课时教学中或单元教学中重点介绍的主要演奏乐器的相关经典曲目,使学生获得相关知识积累。

具体该怎么做,我们可通过以下案例来学习。

案例分析

案例 ❶

以下是聆听与感受《那不勒斯舞曲》(小号独奏曲)的教学片段:

1. 初听乐曲《那不勒斯舞曲》。

提问:听了这首乐曲你们想干什么呢?(跳舞……)

　　　这是一首什么地方的舞曲?

2. 出示并解释乐曲名称。(媒体呈现《那不勒斯舞曲》)

那不勒斯是意大利南部的一个港口城市。那不勒斯舞曲即那不勒斯这个地方的一种舞曲。

3. 复听乐曲《那不勒斯舞曲》。

提问:共有几个乐段?(三个乐段)

　　　主要是由什么乐器演奏?

认识小号。(媒体呈现小号画面)

形状:由一根通常带一个或两个弯的长圆筒形金属管构成,金属管上有三个活塞键,管的终端呈喇叭形。

音色:强烈、明亮而锐利,极富光辉感。

演奏方式:演奏者右手在上控制小号的三个按键,左手在下托住小号。用

嘴唇抵住杯形号嘴通过气流振动而发出声音。(媒体演示)

教师小结：小号属于西洋乐器，是铜管乐器的一种。最早在军队中用来传递信号，17世纪以后成为管弦乐队合奏和独奏的乐器，是铜管族中的高音乐器，既可奏出嘹亮的号角声，也可奏出优美而富有歌唱性的旋律。

4. 简介作者与创作背景。

这首乐曲是由俄国浪漫派作曲家柴可夫斯基创作的。上节课我们在听赏《意大利随想曲》时，对柴可夫斯基的生平及音乐作品已经有所了解。今天向同学们介绍这首《那不勒斯舞曲》的创作由来。《那不勒斯舞曲》是柴可夫斯基根据在那不勒斯这个城市旅游居住时收集的当地民间音乐创作的，是著名芭蕾舞剧《天鹅湖》第三幕中的一个选段。这一幕讲述的是在王子成年的庆典上，来自各国的客人表演了各种风格的"性格舞蹈"。此曲为意大利南方那不勒斯风俗舞的音乐，这种风俗舞蹈的名字叫塔兰泰拉。

什么叫塔兰泰拉呢？传说很久以前意大利南部曾出现一种名为塔兰泰拉的毒蜘蛛，被它咬伤是很危险的。当地凡是被毒蜘蛛咬伤的人都采用一种很奇怪的方法来解毒。(提问学生是怎么解毒的。)他们用发狂似的跳舞来解毒，必须跳到筋疲力尽、大汗淋漓方能解毒。这种舞蹈就被称为塔兰泰拉舞。所以乐曲结尾速度越来越快。

分析　在听赏过程中教师意图使学生初步感受意大利风格舞曲的特点，简单了解西洋乐器小号的音色、外形、演奏方式，以及乐曲《那不勒斯舞曲》的创作背景。

案例 ❷

以下是初听乐曲《天鹅》的教学片段：

【设计意图】在乐曲《天鹅》的听赏过程中，使学生初步感受乐曲抒情、凄美的情绪；简单了解西洋乐器大提琴的音色、外形、演奏方式和作者圣-桑；同时结合音乐对天鹅性格的描述，让学生展开想象的思维空间。

1. 静听乐曲《天鹅》片段。(出示课题)

(1) 提问：这首乐曲给你一种怎样的感觉？为什么？(乐器的音色，旋律的走向，情绪等)

　　这首乐曲的情绪是怎样的？(优美、抒情、凄美)

　　这首乐曲的速度是怎样的？(缓慢)

(2) 揭示课题，介绍与回顾作者及欣赏过的作品。

① 揭示课题。

提问：这首乐曲让你联想到什么动物呢？(天鹅)(媒体揭示)

　　乐曲表现了天鹅怎样的性格？

衔接语：这首乐曲的作者是谁呢？其实啊我们早在二年级的时候就已经欣赏过他的作品了，我们一起来看看。（媒体出示）

② 回顾圣-桑及其作品。

提问：圣-桑你们熟悉吗？是哪个国家的？（法国。）我们在二年级的时候欣赏过他的什么作品？（《水族馆》。）其实《水族馆》和《天鹅》是同一部作品中的两首乐曲，是什么作品呢？（《动物狂欢节》。）《水族馆》是其中第七首乐曲，而《天鹅》是其中第十三首乐曲，也是《动物狂欢节》中唯一一首在圣-桑生前搬上过舞台正式演出的作品。

2. 完整欣赏乐曲《天鹅》。

(1) ① 提问：由哪些乐器演奏的？

这首乐曲是几几拍的？

请你哼唱乐曲中反复出现的旋律。（媒体展示学生哼唱的旋律）

② 全班哼唱主旋律。

(2) 认识大提琴。

提问：你们刚才哼唱的这句旋律是什么乐器演奏的？（大提琴）大提琴的声音你们觉得更接近于什么声音？（接近于人声）

① 外形：（教师手持大提琴介绍）大提琴属于西洋乐器中弦乐的一种。这是弓，大提琴共有四根琴弦，底端有一根支柱。

② 演奏方式：右手持弓，左手按弦。

③ 音色：浑厚、丰满。（老师演奏《天鹅》音乐片段）

④ 大提琴概括简介：大提琴是管弦乐队中必不可少的次中音或低音弦乐器，属提琴族乐器里的下中音乐器，音色浑厚丰满，适于演奏抒情的旋律，表达深沉而复杂的感情，也与低音提琴共同担负和声的低音声部。它也是为人们所喜爱的独奏乐器。

3. 简析大提琴与钢琴在乐曲中的作用。

(1) 欣赏乐曲《天鹅》片段，感受钢琴与大提琴演奏的区别。（老师钢琴弹奏第一乐段）

教师范奏：下面老师来弹奏一下，你们感觉一下钢琴演奏与大提琴演奏有什么不同。你更喜欢哪一种乐器演奏这首乐曲？

(2) 欣赏乐曲《天鹅》钢琴伴奏的旋律。

提问：钢琴仿佛是什么？（波浪）

大提琴仿佛是什么？（天鹅）

是什么演奏形式？（大提琴独奏）

圣-桑为什么要用大提琴来演奏《天鹅》这首乐曲呢？

4. 复听全曲。

提问：我们刚才哼唱过的旋律，在乐曲中与它相似的旋律出现过几次？

（听到旋律用手指表示，不是的地方握拳表示）

分析

教师在这一教学片段中,较为细致地介绍了《天鹅》这首乐曲的主奏乐器——大提琴(实物演示、外形、演奏方式、音色简介),并通过比较,使学生了解了大提琴与钢琴在这首乐曲中的作用。

案例 ❸

以下是听赏歌曲《吉祥三宝》的具体教学步骤:

【教学过程】

一、导入

1. 师:今天,我带来一首歌曲和大家一起分享。(播放《吉祥三宝》蒙古语版本片段)

要求:猜一下歌曲是用哪个少数民族的语言演唱的?

2. 出示课题《吉祥三宝》。

师简介歌曲背景:刚才我们听到的是由蒙古族歌手布仁巴雅尔作词作曲的歌曲《吉祥三宝》中的一段。这首歌2006年登上央视春晚后,被大众所喜爱,唯一让人稍感遗憾的是蒙语歌词很多人都听不懂,于是王宝将歌词译成了中文,让更多的歌迷了解了《吉祥三宝》表达的真切祝福。

> 说明:
> 本环节旨在通过听一听、猜一猜、讲一讲,帮助学生初步感知歌曲的蒙古民族风格特点,激发学生的学习热情与兴趣,为下面的环节做铺垫。

二、欣赏歌曲《吉祥三宝》

过渡语:就让我们共同欣赏由布仁巴雅尔和他的家人共同演绎的歌曲《吉祥三宝》吧。

(一)整体感受。

观看中央电视台春晚演出视频《吉祥三宝》。

思考:除了运用蒙古族语,歌曲中还有哪些方面体现了其民族风格?

(民族服饰、舞蹈……)

> 说明:
> 本环节通过视、听结合的方式,在学生整体感受歌曲情绪的同时,帮助学生进一步理解歌曲的风格特点。

(二)分段感受。

1. 引导学生听歌曲第一部分。

要求:节奏特点?伴奏乐器?

(1)师简单介绍马头琴。

师:马头琴有着梯形的琴身和雕刻成马头形的琴柄,音色圆润,婉转低回,是蒙古族人民喜爱的乐器。

（2）再听歌曲第一部分。

要求：跟着音乐节奏模仿骑马动作，听到马头琴的声音时做扬鞭的动作。

> 说明：
>   本环节旨在通过听、辨、看等方式，帮助学生认识蒙古族乐器马头琴；学生在跟着音乐律动的过程中，感受歌曲第一段如骑马般跳跃的节奏，激起学习兴趣。

★ 听音色

2. 引导学生欣赏歌曲第二部分。

（1）听赏歌曲第二部分。

思考：演唱形式？（一问一答式的演唱形式）

听辨人声音色特点，完成表格。

演 唱 者	音色特点
女儿	明亮、清脆
爸爸	粗犷、浑厚
妈妈	柔和、优美

> 说明：
>   本环节旨在聆听范唱，在完成表格的过程中，知道歌曲第二段一问一答式的演唱形式；复习不同人声音色特点的音乐知识；感受歌曲所表达的家庭成员间的温馨、和睦的情感。

★ 听内容

过渡语：年幼的女儿总有无数个问题想要从父母那里找到答案，慈爱的父亲从两人的对话中受到启发，创作了歌曲，作为礼物送给他的宝贝，也让每一个听到歌曲的人同样感受到这份家庭的温馨。

（2）出示歌谱，复听歌曲第二部分。

思考：歌曲中唱到的"吉祥三宝"分别是什么？（出示歌词）

师小结：太阳用自己的亮光照耀着月亮和星星，吉祥的一家需要相互支撑，彼此理解。花儿、叶子、果实为了对方的成长贡献着自己的能量，吉祥的一家就是对家人毫无保留的付出。

（3）提问：第三段歌词中为什么说"我们三个也是吉祥三宝"？

师小结：吉祥的一家是充满爱的一家，这份爱就像一根纽带，连结着每一位家庭成员，无论你在哪里，都能感受到来自家的温馨和美好。

（4）出示三段歌词，拍节奏，唱歌谱，找特点。

连续出现的八分音符，大量运用的同音反复，再现了父女对话时的温馨场面。

（5）模唱歌曲旋律。

请学生分别模仿爸爸、女儿、妈妈的声音，用"lu"模唱。

请男生和女生分角色配合读歌词。

分角色唱三段歌词。

（6）复听三段歌词。

思考：最能体现一家人彼此和睦、融洽的是哪一句？（我们三个就是吉祥如意的一家）

这一句的演唱方式？（合唱）

看着歌谱，听辨爸爸、妈妈、女儿所唱的旋律。

（7）师生合作演唱三段歌词。

说明：

本环节旨在通过听歌词内容，引导学生理解、感受歌词所表达的孩子和父母间的真挚情感；在模唱旋律的过程中，熟悉歌曲主题旋律；通过和老师、同伴分角色表现歌曲三段歌词，尝试模仿不同的人声音色，感悟家庭成员间"爱"的可贵。

3. 欣赏歌曲第三部分。

（1）边听边看歌谱。

思考：和歌曲第二部分比较，第三部分的情绪怎样？节奏是紧密还是宽松？

（2）师介绍：这段悠扬的旋律正是运用了蒙古族"长调"的旋律特点。由于工作关系，有一段时间布仁巴雅尔离开家独自在外工作。这里他运用长调自由、舒展的旋律表达了对家的眷恋。

（3）了解：蒙古族长调。

（4）模仿老师的蒙古舞动作，跟着音乐动一动，感受长调舒缓、自由的旋律特点。

说明：

本环节通过听辨、比较、律动感受歌曲第三部分悠扬、舒展、自由的旋律所表达的对"家"的眷恋；了解蒙古族长调的音乐特点，尝试用肢体将自己对音乐旋律的感受表现出来。

（三）完整聆听，用不同的形式表达对音乐的感受。

完整聆听歌曲。

要求：1. 听到第一部分时，边做骑马动作边用嘴模仿马蹄声；

2. 听到第二部分时，和同伴、老师分角色演唱；

3. 听到第三部分时，用动作将"长调"的特点表现出来。

说明：

本环节运用媒体范唱烘托歌曲的气氛，激发学生投入地将自己对音乐的感受用不同的形式表现出来。借助听赏、哼唱、律动的方式，自然地将对"温馨的家"的感受表达出来。

三、小结

1. 师：他们真是令人羡慕的一家。同学们，在你们的心中家是什么？

2. 师：家是一个充满爱的地方。爱是恒久忍耐，是给予；爱是凡事包容、凡事相信；爱是永不止息。让我们学会爱家人，爱身边的每一个人，让爱永驻我们的家。

分析

在"★听音色"、"★听内容"这两个教学环节中，教师运用听辨、唱旋律以及师生共同合作分角色模仿不同的人声音色等方式，最终揭示歌曲的主题：温馨的家庭之爱。

要领提炼

综上，我们来归纳一下小学音乐教师在欣赏课型中设计辨识主奏乐器时需要掌握的要领：

1. 在教学中除了听辨音色以外，还要具体介绍乐曲主奏乐器的外形特点、附属分类，并模拟其演奏方式，加深学生对该乐器的了解与感知。

2. 在听赏歌曲时，我们要让学生在听赏的过程中听辨出歌曲的人声分类。

3. 介绍主奏乐器这一教学内容，有的具有相对的独立性，可以进行专题教学。这类教学采用的方式要直观，可借助实物，也可借助多媒体声像俱全的特点进行全方位的介绍。

4. 应该结合音乐实践和具体音乐作品，有联系地感知和有区别地认识，通过听辨、对比、选择、图解等方法，使学生对主奏乐器和人声有一个较为完整的体验。

第五节　创编体验旋律

问题呈现

在欣赏教学中应培养学生的审美情感,包括音乐情感辨别力和音乐情感表现力,以及音乐情感理解力。

聆听音乐作品后,我们不仅可以将聆听感受的表达单一地停留在语言描述上,还可以启发学生用多种方式(肢体语言创编、编配合适的节奏型伴奏等等)自主参与音乐表现,开展适切的二度创编活动。

在教学中,我们经常会遇到如下问题:

1. 创编体验旋律的方式方法较为单一。在小学阶段,除了编配小乐器为听赏的歌曲或乐曲伴奏以外,常用的方法还有音乐人物形象的模仿、律动、造型、形体动作、舞蹈动作的创编,以及用绘画、线条、图示表达聆听感受等等。

2. 创编板块的教法设计要符合该年龄段学生音乐学习的特点,既不能过于低龄化,也不能太难。有的教师让小学生为乐曲或歌曲创编、添加旋律,这显然是超越了他们的认知水平。

3. 创编体验活动的设计不符合所听赏的主教材的音乐特点,只是流于形式,没有实际提高学生音乐学习的效果。

下面,我们通过案例学习来了解具体的方法。

案例分析

案例❶

以下是在聆听**歌曲**《草原牧歌》的基础上,教师运用创编合适的节奏型这一重点教学步骤,展开欣赏**乐曲**《草原牧歌》的教学环节:

1. 初听全曲。

(1)提问:主旋律重复了几次? 主要由哪些乐器演奏的?

(2)讨论:听赏歌曲与乐曲的不同感受。

2. 不同形式感受乐曲主旋律。

(1)再听主旋律。

(2)律动体验。

方法:用简单的蒙古舞动作对比感受旋律和情绪的变化。

(3)节奏练习。

方法:以小组为单位寻找身边的乐器,创编合适的伴奏音型。

　　　　　　　分组练习后进行交流、评价。
　　　　　　　相互合作,尝试多层次伴奏练习。
　　　　　　3. 综合练习、表演全曲。(风景视频)
　　　　　(1)师生交流,明确表演要求。
　　　　　(2)学生自由选择表演形式:歌唱、舞蹈、打击乐器伴奏。
　　　　　(3)根据选择组合练习。
　　　　　(4)综合表演。
　　　　　　方法:第一遍主旋律为乐曲配上打击乐伴奏。
　　　　　　　　　第二遍主旋律加上歌曲演唱。
　　　　　　　　　第三遍主旋律在前两项的基础上加上舞蹈。

【分析】 在上一教学环节的基础上来听赏教材中本乐曲的器乐版。对学生而言,感受音乐情绪、感知音乐形象已不是难事,因此重点落在了对乐曲的审美想象和创编表演上。同时也能以乐曲听赏为载体帮助学生获得音乐知识与技能,提高音乐综合表现能力。

【案例 ❷】 以下是教师运用数码钢琴辅助教学所设计的欣赏《风和雨》的活动步骤:

【课　　题】欣赏《风和雨》

【教　　材】九年义务教育课本《唱游》(上海音乐出版社)

【年　　级】小学一年级第一学期第三单元

【学习重点】感知声音有长短;感知"风"和"雨"的音乐形象。

【功能运用】音色选择功能、录音功能(单轨录音)、外接播放功能。

【活动步骤一】感知声音有长短

● 学习要点:学生能根据听到的音的长短,即兴用动作和线条表示。

● 功能运用:音色选择。

● 实施建议:

1. 选择音色组中可以表现长短不同音效的音色,让学生听辨。

> 功能操作说明:
> 　　课堂教学时也可选择同一种音色,用长按和短按琴键来演奏出长短不同的音效。也可让学生选择一种音色,在键盘上即兴弹奏,表现出声音的长和短。

2. 教师分别用两种音色即兴弹奏,学生用线条表示听到的声音的长短。

3. 师生合作，教师选择音色，个别学生即兴弹奏，其他学生根据听到的音的长短，即兴用动作表示出长或短。

4. 教师播放事先录制好的音乐，听着音乐，师生共同即兴做肢体律动表演，分别模仿听到的音的长或短。

> 功能操作说明：
> 　　课前使用单轨录音功能，使用长短不同的乐器音色，弹奏一首短小乐曲。

5. 以律动表演是否表现了声音的长短为评价点，师生共同评价、改进。

【活动步骤二】感知"风"和"雨"的音乐形象

● 学习要点：学生能用适当的符号表现聆听的音乐形象。

● 功能运用：外接播放功能。

● 实施建议：

1. 课前分别录入"风"和"雨"的主题音乐节选片段。

2. 上课可以根据需要，单播放一个片段，或连续播放两个片段。

3. 可将预录"风"和"雨"的音乐主题片段按一定的需要进行编排（风+雨+风；或雨+风+雨），以使教学的应用更加灵活。

> 功能操作说明：
> 　　将录入的音乐进行交替播放，教学时根据学生的课堂掌握情况加以变化使用。

【活动步骤三】分角色即兴创编肢体律动

● 学习要点：学生能聆听音乐，即兴表演"风"和"雨"。

女生用柔和连贯的动作模仿"风"，男生用活泼轻快的动作表演"雨"，根据听到的不同音乐片段即兴创编肢体律动，表现"风"和"雨"的音乐形象。

● 功能运用：外接音频播放功能、乐曲存储功能。

● 实施建议：

1. 课前节选"风"和"雨"的主题音乐片段，分别录入。

> 功能操作说明：
> 　　课前预录节选的音乐片段，以便课堂上使用。

2. 教学时两段主题可轮流交替出现，学生在听辨的基础上即兴创编肢体动作表演。

3. 男女生互相评价：肢体动作是否符合音乐的韵律感。

【活动步骤四】创编音乐小品"风和雨"

● 学习要点：完整聆听音乐，学生分角色综合表演音乐小品"风和雨"。

● 功能运用：录音功能、外接mp3播放功能。

● 实施建议:

1. 敲敲、打打身边的打击乐器,分别找出声音长短不同的乐器。
2. 按乐器的类别分组,即兴创编节奏型,为"风"或者"雨"伴奏。
3. 完整欣赏全曲,按听到的"风"和"雨"的主题出现的顺序,用打击乐器加肢体律动共同表演。
4. 以表演是否符合音乐韵律和音乐形象为依据评价、改进。

【分析】 在感知音乐形象的基础上,教师设计了分角色即兴做肢体律动表演和创编音乐小品的综合活动,使学生在活动中充分体验感受,并运用互相评价肢体动作是否符合音乐韵律的方法,不断改进提高。教法细腻可行。

案例 ❸

以下是欣赏《中国少年先锋队队歌》的完整教学内容:

【教材内容】
1. 欣赏:《中国少年先锋队队歌》第一段。
2. 拓展:队列行进、造型创编。

【内容分析】 本课为二年级第一学期第四单元"童年的歌"中的一节。教材歌曲《中国少年先锋队队歌》创作于1962年,由周郁辉作词,寄明作曲,原为儿童故事片《英雄小八路》的主题歌,是一首十分优秀的少儿歌曲。本课主要欣赏《中国少年先锋队队歌》的第一乐段。第一乐段节奏宽广,旋律起伏,表现了少先队员们宽阔的胸怀和远大的理想。歌曲《中国少年先锋队队歌》是一首2/4拍的歌曲,可采用象声词模仿打鼓"咚○咚○"的节奏练习以及行进中的踏步,掌握歌曲的节奏。

【教学目标】
1. 欣赏《中国少年先锋队队歌》第一段,感受歌曲雄壮、神气的进行曲风格,熟悉歌曲的旋律,体验歌曲中所蕴含的爱国情感,体会少先队员们宽阔的胸怀和远大的理想。
2. 通过聆听、踏步、队列、情景创设等多角度的音乐活动,能随着乐曲的节拍规律整齐地踏步及队列行进,并完整地演唱第一段歌词。
3. 学习演唱歌曲,用饱满、奋发向上的情绪来演唱歌曲。

【教学重点、难点】
1. 教学难点:
用律动、造型、歌唱等多种形式感受歌曲的韵律和情绪特点。
2. 教学重点:
在队列行进中感知2/4拍歌曲的强弱特点及歌曲表现的音乐形象。

【教学过程】 一、创设情境
天空多广阔呀,让我们自由地飞翔!(音乐结束。)让我们轻轻地在草地上坐下。
提问:刚才我们随着音乐翩翩起舞,你们的心情是怎样的?(愉快、开心)

说明：

　　学生感受进场音乐与《中国少年先锋队队歌》在歌曲的情绪上有明显的不同。

二、聆听歌曲——《中国少年先锋队队歌》

导入语：随着抒情优美的音乐，我们怀着高兴、快乐的心情，来到了音乐的殿堂。听，殿堂里传来了阵阵歌声。

1. 初听歌曲，揭示课题。（教师范唱）

情景导入：请你仔细听，这首歌曲与我们刚才飞进教室的那段乐曲给你的感觉一样吗？（播放歌曲）

提问：这首歌曲给我们带来的又是怎样的感受呢？（雄壮、神气、自豪）

　　　跟随老师把这首歌曲的名字读一读。（中国少年先锋队队歌）

2. 复听歌曲。

提问：（1）现在让我们再来听一听《中国少年先锋队队歌》，想一想，你可以用怎样的动作来表现这首歌曲呢？

（2）老师也有一个动作，你们看这样行不行？（表演踏步。）这个踏步的动作能不能表现这首歌曲的情绪呢？想不想跟着音乐踏步呢？

3. 学生跟着音乐踏步。（老师打鼓，打在强拍上）

提示：我们平时踏步是先起哪只脚的？

要求：耳朵听好音乐；脚步要控制得轻一点。

提问：（1）同学们，你们有没有看到老师是用什么为你们伴奏的？

（2）有没有仔细听我敲鼓的这一拍正好是在你们踏步的哪只脚上？

提示语：这是一首适合行进的二拍子歌曲。刚才老师敲鼓的鼓点和你们踏步时的左脚，正好都是在2/4拍的第一拍，也就是强拍上。所以我们的脚步才会更整齐，精神才会更饱满。

4. 学生模仿敲鼓的动作，小嘴模仿鼓声。（老师带领学生一起）

提问：你们想不想也来敲敲鼓呢？跟着音乐学学老师敲鼓的动作，小嘴来模仿鼓声（咚○咚○）。我们来试试看好吗？

5. 学生表演。（全体起立，让我们跟着音乐整齐地踏步）

提示：脚步要控制得轻，小耳朵要听好音乐，左脚踩在鼓点上。

说明：

　　通过踏步、队列及练习打鼓，复习相关的音乐知识，感受歌曲节奏的强弱特点。

6. 学习少先队的礼仪动作。

提问：请你们想一想，我们在踏步的时候，两手除了可以前后摆动以外，还能做哪些少先队的礼仪动作呢?

　　例如——

　　敬礼:抬头挺胸,五指并拢,右手高举过头顶。(精神饱满)

　　吹号:一只手叉腰,另一只手拿小号。

　　(补充少先队的礼仪动作:向着队旗宣誓、双手举着旗、打鼓。)

7. 即兴表演。

(1)展开想象,用动作即兴表演歌曲的音乐形象。

　　过渡语:现在请你们在这些礼仪动作中,选一个自己最喜欢的动作,跟着音乐一起来表演。

(2)跟"小老师"学学做做队列行进。

　　提示:同学们请你们现在就想好,学哪位小老师手上的动作。音乐响起请你们踏步走到小老师面前跟他学动作。

　　过渡语:你们学得真棒!掌声送给自己。

　　轻轻地回到座位上吧。

说明:

　　学生在感受音乐情绪的基础上,通过想象、联想进一步体验了歌曲所描绘的少先队员的音乐形象,使课堂音乐活动与学生生活经验紧密联系在一起。在伴随音乐的即兴表演中,师生、生生之间开展了互动、互学,初步体现了本课教学设计中对学生自主学习方式的隐性激发和自主学习能力的逐步培养。

三、合作学习、创作主题造型

1. 教师有感情地演唱,帮助学生理解歌词内容。

2. 教师舞蹈表演,激发学生的情感,引发他们的情景想象。

3. 师生交流,共同商议造型主题。

4. 分组合作学习,创作造型。

5. 展示、交流、评价各组的造型。

四、师生合作表演

要求:1. 黑色字体部分的学生双手打拍子。(老师表演)

2. 听到"鲜艳的红领巾飘扬在前胸"时全体起立。

3. 红色字体部分的学生在听到"不怕困难,不怕敌人,顽强学习,坚决斗争"时做造型。

4. 绿色字体部分的学生在听到"向着胜利勇敢前进,向着胜利勇敢前进,前进!向着胜利勇敢前进,我们是共产主义接班人"时踏步走向需向他(她)学习动作的小老师面前。

5. 我们跟着小老师用少先队的礼仪动作一起走队列。

说明：
　　师生共同用肢体语言和歌声表现《中国少年先锋队队歌》，进一步体会少先队员朝气蓬勃、积极向上的精神面貌，也表达我们向英雄人物学习的坚定决心。

五、故事欣赏、演唱歌曲

导入语：在革命年代有许许多多的烈士用自己的鲜血、生命为我们换取了幸福美满的生活。今天我就来为大家介绍其中的一位小英雄。

1. 小英雄王二小的故事。

（1）介绍歌曲的名字。(《歌唱二小放牛娃》)

（2）讲述王二小的故事。

2. 启发：正是因为王二小有不怕困难、与敌人斗争到底的精神，才能机智勇敢地把敌人带进八路军的埋伏圈。让我们用坚定有力的声音唱一唱这句："不怕困难，不怕敌人，顽强学习，坚决斗争。"

3. 看，胜利就在我们眼前："向着胜利勇敢前进，向着胜利勇敢前进，前进！向着胜利勇敢前进，我们是共产主义接班人。"

过渡语：作为新世纪的接班人，让我们再一次跟着音乐用饱满的情绪来唱一唱这首歌曲的第一段，表达我们心中的自豪与光荣。

说明：
　　通过讲述小英雄的故事感受歌曲的情感，用饱满、奋发向上的情绪来演唱歌曲，展现出少先队员朝气蓬勃、积极向上的精神风貌。

六、小结：今天我们欣赏了《中国少年先锋队队歌》，在雄壮、神气的音乐声中感受到了少先队员朝气蓬勃、积极向上的精神面貌，也表达了我们向英雄人物学习的坚定决心。最后让我们用今天学到的本领一起来表演。

【教学流程图】

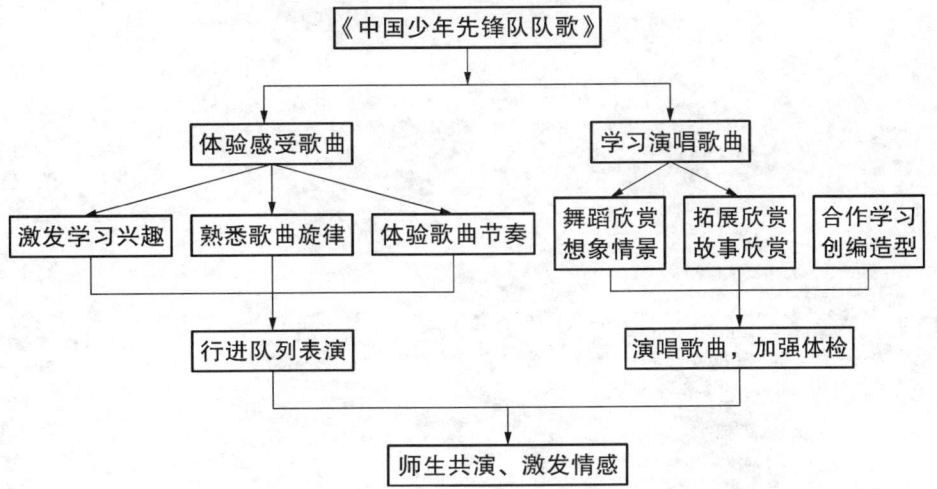

分 析

在教学中,教师始终突出"少先队员不怕困难,不怕敌人,顽强学习,坚决斗争"这一主题思想;教师充满感情的舞蹈更是使得歌曲形象栩栩如生,也激起了学生对歌曲情感的进一步理解。在这种深入的情感体验的基础上提出"向英雄人物学习",丰富并升华了歌曲思想感情的内涵。

随后的音乐活动,师生间通过充分交流来商议造型表演的主题,彰显了新型师生关系中的教学民主。学生在小组中选择不同的主题内容合作创编,既是自主与合作学习方式的体现,也是学生个性化音乐学习和集体性音乐表演的高度统一。同时,学生们认真创编、表演的造型也激励着他们学习"英雄人物"不怕困难、顽强奋斗的崇高精神。

要领提炼

综上,我们来归纳一下小学音乐教师在欣赏课中设计创编体验环节时需要掌握的要领:

1. 在课堂中让学生用语言文字表述、描绘聆听音乐作品后的感受,能使学生之间共享聆听感受,既有利于教学步骤层层深入地推进,也有利于使之转化为学生聆听音乐以及其他音乐学习领域的学习方法、经验。

2. 小学生的"赏"还未提升到"鉴赏"这一层次,只是对乐曲的较浅层次的感受、了解,借助动画、色彩、线条、创编等与音乐相通的潜在多元智能的启动,可以使学生内蕴的音乐感受得以外化,从而达到提升学生综合音乐素养的教学效果。

3. 我们所设计的听赏教学中的创编体验环节,要有利于学生音乐思维的发展,有利于学生形成对音乐的深刻印象,产生对音乐的共鸣。

第六节　适切复习听赏

问题呈现

在欣赏教学中，教师应尽量让学生与音乐作品产生情感上的共鸣，达到理解与交流，使陌生的、遥远的、不同国界的、时空分离的东西转变成较为熟悉的、能被学生理解的东西，拉近学生与音乐欣赏作品的距离。加强反复听赏是一种有效的途径，为此我们要注意以下问题：

1. 有的教师认为听过就是教过了，不需要复习听赏。因此不能在复习听赏的基础上承上启下，采用对比导入等方式展开新授歌曲或其他听赏等教学内容。

2. 小学生记忆能力的特点是需要反复再现，积累到一定程度才能不忘。不重视反复聆听就是没有遵循这一规律。

3. 不注重小学音乐学科低、中、高年级的新授和复习听赏活动之间的衔接。没有整理过所教的学生以前听了什么、现在听了什么、将要听些什么，以发现、归纳出它们之间的知识关联。

4. 我们在新授一个听赏的教学内容时应该会运用分段听赏等较为细致的教学方法，复习听赏应是对已听赏的教学内容的回顾和教学反馈，在一课时中所占的比例要适量，不能喧宾夺主。

在下面具体的案例分析中，让我们了解一些复习聆听的方法。

案例分析

案例 ❶

以下是复听乐曲《在钟表店里》片段、导入新授歌曲《洋娃娃和小熊跳舞》的教学环节：

一、复习导入

1. 听《在钟表店里》片段。

提问：（1）乐曲的名字？

（2）乐曲的情绪？

2. 分组拍节奏。

（1）分组自由练习。

（2）反馈展示，纠错提高。

（3）学生按教师给出的恒定的速度拍击，一组组加入，形成四声部节奏合奏。

四个节奏：① X　　X　｜
　　　　　② X X　X X｜
　　　　　③ X X　X 0｜
　　　　　④ X X　XXX｜

媒体出示：

3. 用节奏为《在钟表店里》的音乐伴奏。

教师弹奏《在钟表店里》主题片段，并喊口令，学生分组合奏。

> 说明：
> 　　此环节所拍的节奏为《洋娃娃和小熊跳舞》中的节奏难点，这是为歌曲新授中的难点节奏做铺垫。

二、记忆旋律

1. 分小组拍《洋娃娃和小熊跳舞》中的节奏。

（1）小组练习。

（2）四个小组合作节奏接龙。

媒体出示：

分析　在这一教学环节中,教师由复习聆听《在钟表店里》导入,简单回顾了乐曲的名称和情绪,紧接着通过摆钟、时钟、布谷钟、电子钟的节奏拍击,既反复复习聆听了乐曲的主旋律,又帮助学生掌握了将要新授的歌曲《洋娃娃和小熊跳舞》中的节奏难点:"前十六后八"、"八分休止符"等节奏。然后将这些节奏排列组合,成了歌曲《洋娃娃和小熊跳舞》的节奏谱,由此自然地过渡到新授歌曲的教学之中,衔接合理巧妙,教学效率较高。

案例 ❷　以下是新授歌曲《夜晚多美好》之前的复习听赏《阿细跳月》的教学片段:

一、复习与巩固

【设计意图】

此教学内容为上一课时的延续,本课时以复习提高为主,同时也为下一教学活动学唱《夜晚多美好》对比歌曲、乐曲的情绪做铺垫。

1. 听着音乐进教室。(《阿细跳月》)

提问:上节课我们共同欣赏了《阿细跳月》,它是哪个民族的音乐?这段乐曲描绘了怎样的夜晚?彝族人民共同在庆祝什么节日?气氛如何?

小结:彝族是具有悠久历史和古老文化的民族。彝族人民能歌善舞。他们在庆祝最隆重的节日火把节。到夜晚,人们举着火把,成群结队地巡游。

2. 辨识节拍。

提问:(1)这首民乐合奏分别用了哪些乐器?

(2)数一数,每小节有几拍?

归纳:5拍,彝族舞蹈节奏。大家学跳跳月舞。

3. 舞蹈表演《阿细跳月》。

衔接语:同学们,彝族的音乐舞蹈把我们带到了一个欢快热烈的夜晚。下面我们要听着音乐进入另一个夜色当中,这是怎样的夜晚美景呢?(播放乐曲《夜晚多美好》)

分析　教师通过复习聆听、对比音乐情绪导入新课,这是在音乐课堂教学中常用的方法。在这里要说明的是,复习听赏活动不仅可以用来导入新课,也可以是对上一节课中所学内容的加深和延伸。我们在教学中会发现,有些聆听的乐曲篇幅较长,在分段听赏后,有些教学环节在第一课时不一定能全部充分地完成,这样在第二课时复听时,就可以有所补充和完善。

案例 ❸　以下是欣赏《中华人民共和国国歌》的完整的教学过程。由于《中华人民共和国国歌》在很多版本的教材中会安排在低年级听赏后在中高年级复习聆听,所以复习欣赏也包括同一听赏内容在不同年级的不同层次要求。

【教学目标】　1. 能准确并满怀爱国激情地背唱《中华人民共和国国歌》，了解国歌的创作过程及历史沿革，记住国歌的词曲作者。

2. 能在欣赏国歌和聆听《走向复兴》的过程中，感受分析其节拍、节奏、旋律、结构等方面的共同特点。

【教学过程】　一、寻找国歌的身影

（一）聆听音乐片段《百年沉沦——起来》，听出国歌的音调。

【提问】仔细听听下面的音乐片段，你能否听出它的音调与哪首歌曲的哪一句旋律相似？

【播放】音乐片段《百年沉沦——起来》，教师在音调"$\underline{5}\ |\ 1\cdot\underline{1}\ |\ 3\cdot\underline{3}\ |\ 5-\ |$"出现时，用手随旋律上行挥动，提示学生。

【活动】学生听后说一说、哼一哼听出来的音调。

（二）聆听管弦乐《中华人民共和国国歌》，当音调"$\underline{5}\ |\ 1\cdot\underline{1}\ |\ 3\cdot\underline{3}\ |\ 5-\ |$"出现时，学生跟随教师用手划拍，哼唱音调。

【要求】坐姿要端正，精神要饱满。

二、感受国歌的力量

【提问】国歌，我们在每周的升旗仪式上都会听到、唱到，你在唱的时候是否想过：国歌究竟唱的是什么？要表达什么情感？你能背出它的歌词吗？

（一）引导学生从歌词中感受国歌的力量。

1. 学生在教师的引导下思考、交流。

2. 请个别学生背一背国歌的歌词，了解学生掌握的情况。

3. 通过提出问题，引起学生对国歌学习的关注。

4. 朗读歌词，找出歌曲的主题句。

【提问】你认为国歌中哪一句歌词最能表达中华民族的精神？请边朗读歌词边思考。

【活动】学生朗读歌词后交流回答，说出歌曲的主题句。

【课件展示】出示歌曲的主题句。

"$\frac{2}{4}\ \underline{1\cdot 3}\ \underline{5\ 5}\ |\ \underline{6\ 5}\ |$"
　　我们万众　一心

"$\underline{3\cdot 1}\ \overset{3}{\overline{\underline{5\ 5\ 5}}}\ |\ \underline{3\ 0}\ \underline{1\ 0}\ |\ \overset{>}{5}\ \overset{>}{1}\ |$"
　冒着　敌人的　炮　火　　前进！

（二）学唱主题句，从旋律中感受国歌的力量。

1. 学生在教师的琴声伴奏下唱一唱主题句。

【要求】坐姿要端正，精神要饱满。

2. 分析主题句的旋律，理解国歌的音乐表现手法。

（1）号角音调的力量。

【提问】在这一句中，基本上用的是哪几个音？

【小结】除了"6"出现过一次外,其余都是由"1、3、5"这三个音组成,它们成为这一句的"骨干音"。这三个音被称为"号角音调"(结合军队冲锋号和少先队鼓号加以形象说明),运用"号角音调"能给人以号召、鼓舞之感,与歌词"冒着敌人的炮火前进"相互呼应。

(2)出神入化的三连音、附点音符和休止符。

【提问】除了运用"号角音调"外,在节奏上有什么特点?

【观察】学生找出三连音、附点音符和休止符。

【体会】对比聆听教师范唱带三连音、附点音符、休止符的乐句与不带三连音、附点音符、休止符的乐句,准确掌握它们的不同之处。

① "$\frac{2}{4}$ 1. 3 5 5 | 6 5 |"
  我 们 万 众 一 心

  "3. 1 5̂5̂5̂ | 3 0 1 0 | 5̣ 1 |"(正)
  冒着 敌人的 炮 火 前进!

② "$\frac{2}{4}$ 1 3 5 5 | 6 5 |"
  我 们 万 众 一 心

  "3 1 5 5 5 | 3 1 | 5̣ 1 |"(误)
  冒着 敌人的 炮火 前进!

3. 唱好、唱准主题句,在歌声中体会号角音调的力量。

【要求】(1)提示学生注意区分三连音与"X XX"的节奏,唱出附点音符与休止符。

(2)调整歌唱的状态,逐步放开声音演唱。

(3)第一遍教师伴奏,第二遍教师指挥。

(三)学唱全歌,体会国歌的力量。

1. 学生唱完主题句后,谈谈演唱时的心情。

【提问】你在唱这一句的时候,有什么感觉?你的心情是怎样的?

2. 用饱满、自信的情绪唱好、唱准歌曲。

【导语】是的,无论你走到哪里,无论你在世界的任何一个地方,无论你正遇到什么艰难困苦,只要你听到这振奋人心的旋律,你就会感到自豪!让我们带着这种民族自豪,自信地、完整地演唱国歌。

【要求】(1)坐姿要端正,自信、有感情地演唱。

(2)针对学生情况,及时纠正歌曲中容易唱错的地方,尤其是三连音、附点音符和休止符。注意:"中华民族"四个字的重音记号要表现出其中的含义,"最"字要从弱拍起唱。

3. 聆听管弦乐合奏《中华人民共和国国歌》,说出主题句与前奏的关系。

【启发】前奏与歌曲中哪一句相似?在歌曲中起到什么作用?(听后交流)

【小结】前奏虽短,曲调却与主题句关系密切,是主题句的小变化,把"5 1"改成了"$\underbrace{5\,5\,\overset{3}{5}}\,\underbrace{5\,5\,\overset{3}{5}}\,|\,1$",这个改动使旋律显得更加庄严而富有号召力,同时将主音"1"移到强拍上,为歌曲的后半拍起唱做准备。

4. 再次跟着合唱版演唱歌曲,体会国歌的力量。

三、理解国歌的情感

(一)观看"南京大屠杀"图片,了解歌曲创作的背景。

【导语】一声响亮的号角"$1\cdot 3\ 5\ 5\ |\ 6\ 5\ |\ 3\cdot 1\ \overset{3}{5\,5\,5}\ |\ 3\ 0\ 1\ 0\ |$"号召着"我们万众一心,冒着敌人的炮火前进!",因为"中华民族到了最危险的时候"!

【活动】学生运用已有的历史知识交谈。

【小结】真不忍心让你们看这些血腥的照片,但历史不能回避,我们每一个中国人都应记住他们是我们的同胞!仅在"南京大屠杀"中就有30万同胞被杀害!

(二)从课本提供的相关信息中,知道国歌的历史沿革。

【课件】出示相关问题:_____年创作,词、曲作者是_____。原名叫_____,是电影《_____》插曲。_____年确定为代国歌,_____年定为《中华人民共和国国歌》。_____年赋予宪法地位。

【提问】你知道国歌是谁创作的吗?它的原名叫什么?是哪部电影的插曲?……请带着问题观看,你会找到答案的。

【活动】学生边看边交流。

四、唱出国歌的精神

(一)学生站立,高唱国歌。

【导语】国歌所产生的那种巨大的凝聚力,把每一个中国人都紧紧地联系在一起,在世界民族之林,中国创造着奇迹。现在,让我们全体起立,以饱满的精神、嘹亮的声音唱响国歌!

【体会】教师指挥,学生站立,在音乐伴奏中唱响国歌。

【要求】站姿沉稳、两眼平视、感情充沛、精神饱满。

(二)背唱国歌,展示评价。

【活动】小组展示,进行自我评价与相互评价。鼓励小组展示时,由学生指挥同学演唱。

五、沿着国歌的足迹

(一)聆听歌曲《走向复兴》,感受与《中华人民共和国国歌》相同的特点。

【导语】国歌雄壮高亢的旋律,激励着一代代的中华儿女为建设祖国、保卫祖国而拼搏!在当今,也有一首被誉为"新时代的义勇军进行曲"的歌曲,它体现了中华民族走向复兴、勇往直前的气概。请听歌曲《走向复兴》,想想它在哪些地方与国歌有着相同的特点。

【体会】聆听前,教师从节奏、风格、音调等方面提示学生。学生划拍聆听,教师指挥。听后交流。

【小结】歌曲多用附点节奏，进行曲风格，音调"5-i"的上行配以歌词"前进，前进，向前进"，与国歌一样，唱响了时代的最强音！

（二）学生站立，再次唱响国歌。

【导语】一首《走向复兴》，唱出了中华民族的气势与信心。让我们以这种气势与信心，唱响我们的《中华人民共和国国歌》！

【体会】全体学生起立，看教师指挥，唱响国歌。

分析

本教案设计者把握住了一条上好音乐课的根本规律，即基础教育中的音乐学习主要是情感——体验过程，而不是认知——逻辑过程。因此，无论在教学目标的拟定、教学策略的选择、教学媒体的使用，以及学习评价上，都要紧紧抓住通过音乐实践体验过程来提升情感、提高音乐的表现能力及欣赏水平的主线。例如，本课教材主题思想是通过爱国主义歌曲激发学生的爱国之情。但其所依托的载体主要不是对歌词——文字的诠释、地图——山川地貌的描绘、历史——历史事件的叙述，而是通过对作品中节拍、节奏、旋律等音乐要素的聆听、分析，通过歌唱、演奏等诸多音乐实践手段，加深情感体验，激发学生的爱国情怀。至于歌词，则重在词曲的融合，词意通过音乐来表达，地理、历史、创作背景的概要介绍，更是要通过音乐加以诠释。

课中五个教学环节环环相扣，教学紧紧围绕"国歌"这个中心，紧紧抓住"国歌"中的"号角音调"，兼顾其他要求。通过"音乐——情感——音乐"，"听与析——唱与析——再听、再思、再唱"，在欣赏及演唱水平提高的过程中，爱国情感自然升华。

要领提炼

综上，我们来归纳一下小学音乐课堂中复习听赏时需要掌握的要领：

1. 由于课时容量的要求，复习听赏要适切。可以是对主旋律的回顾，也可以是对作品感受的深化。和"读书百遍，其义自见"是一个道理，复习听赏就是为了让学生加强记忆听赏内容，进一步感知音乐形象。有的教师利用音乐课两分钟预备铃的时间，精选音乐片段让学生反复聆听，这也是很好的做法。

2. 复习听赏可以和新授内容相结合，通过对比聆听，切入正题。复习听赏的教学环节若设计得巧妙、恰当，可以使教学效率提高。

3. 我们可以尝试整理所使用的教材中的听赏曲目，并找出一些它们之间的共同点，如演奏乐器、曲式体裁、作者等。从中找到可以上下贯通的教学线索，让我们的教学由低到高逐步深入，重视衔接，从而不断拓宽学生的音乐视野，最大化地帮助学生积累欣赏曲目。

本章小结

对自然界和生活中的各种声音的感受与体验,对人声(童声、女声和男声)和乐器声(常见民族乐器和西洋乐器)的感受与听辨,对力度、速度、音色、节奏、节拍、旋律、调式、和声等音乐要素的聆听和体验,对音乐结构的感知,这些是感受与欣赏音乐首先必须具备的知识和能力,是保证歌唱、演奏、创作等学习活动顺利进行的基础和前提。

在这里,为大家归纳听赏音乐教学时需要关注的要点:

◆ 本章所介绍的音乐欣赏的教学方法,有的具有相对的独立性(如人声的分类及各种乐器的介绍),但更多的内容是交叉在一起的,是一个不可分割的有机整体。

◆ 教师在课堂聆听教学活动中要将音乐要素与音乐形象、音乐情感,风格流派与音乐文化相结合作分析,帮助学生理解音乐作品,指导学生感知音乐要素和音乐表现形式(乐器、人声、演奏形式等),使学生对音乐有一个完整的体验。

◆ 要鼓励学生对所听音乐表达独立的感受与见解,培养学生的想象力和创造力。

第三章

识记旋律　感知形象
——歌唱教学的把握

如何教会学生自然、自信、有表情、有感情地歌唱是这一章要呈示的主要内容。歌唱是人类最本能的音乐表现手段，也是表达情感的良好方式。因此，在音乐教学中，引导学生积极体验歌曲意境，理解歌词内涵，把握音乐特征，以自然的声音、自信的心态、自如的表情和丰富的感情进行歌曲演唱是教学的主要任务。同时，在演唱教学中，要求学生背唱一定数量的歌曲，包括我国民歌及戏曲片段等，积累必要的歌曲曲目，既有利于发展学生的音乐记忆力，又能满足其适应社会生活与情感交流的需要。在歌唱教学中，教师应有意识地帮助学生掌握一定的演唱基本技能，并能对自己或他人的演唱进行正确的评价，以促进演唱质量的提高。

第一节　培养歌唱习惯

问题呈现

歌唱教学是音乐课堂中重要的教学内容。在小学阶段，学生主要识记的是：字母注音和节奏相结合的字母注音谱、简谱和C大调（无升降号调）五线谱。主要学习的歌唱形式有：齐唱、轮唱和合唱。教师要指导学生学会运用自然和谐统一的音色、良好的音准、均衡的音量和整齐的速度演唱歌曲，感受歌曲中蕴含的情感和情绪，体验歌唱的愉悦感。

习惯的养成是歌唱教学的基石，我们需要关注如下容易忽略的问题：

1. 有的教师认为，歌唱时的姿势在小学低年级时一经教授学生就已经学会了。没有意识到歌唱时的坐姿、站姿、口型等习惯是教师在始终如一、坚持不懈的教学中不断加深学生记忆，使学生形成在进入歌唱活动时自然表现出来的一种定势。

2. 在发声方法教学时，没有特别关注学生歌唱时气息运用的方法指导，如在每个乐句演唱前自然地换气等等，导致学生的声音产生统一却"虚"的现象和结果。

3. 在集体演唱时，没有帮助学生群体如一个教学班，养成聆听前奏开口整齐地开始演唱、速度保持统一、音量调节均衡等集体歌唱的良好习惯。

4. 教师没有意识到有表情地演唱也是一种可以养成的歌唱习惯。在这一方面不着重使用一定的教学方法，或只能用语言进行提示，教学方法较为单一。

我们通过案例学习来了解具体的方法。

案例分析

案例❶

以下是一位教师从一年级起始课开始培养学生正确的坐姿和站姿的具体方法：

在小学阶段，从一年级的第一节起始课开始，我们就需要特别注重培养学生的正确唱姿，而且这一习惯将被师生共同沿用至以后的每一堂课中。

要使学生养成双脚平放、腰背挺起、双眼平视的歌唱习惯，可以用以下策略加以引导：

1. 儿歌法：此策略适用于低年级学龄段的学生。教师可用师生互动儿歌，如"师：小脚——生：放放平；师：小胸膛——生：挺起来；师：小眼睛——生：看老师"等，在课堂中反复"提醒"强化这一课堂常规。

2. 模仿游戏法：教师请学生做侧面的坐姿、站姿的示范。请学生群体玩玩"照镜子"的模仿游戏，让学生在比较模仿中反复巩固正确的姿势。

课堂观察实录：音乐游戏：学着做

教学过程	学情记录
1. 师生问好（问好歌）。 导入语：你是鸟宝宝，我是鸟老师，我们互相来问好。 出示小鸟嘴巴（教具），观察圆圆的口型。 提示：小鸟们说：妈妈，妈妈，我已经长大了，可以站在枝头上唱歌了。 （引导学生轻声高位发声） 说明：选择了 i 5 i 5 代替原先选用的 i 5 3 1 作为学生问好歌的开头，使学生的声音位置能始终保持高位，帮助学生初步掌握发声的方法。	一开始，学生的歌声不够统一，特别是唱"i"时，部分学生存在音唱不准的现象。教师用形象化的语言引导后，学生基本能用正确的口型轻声高位地唱问好歌。
2. 过渡语：小鸟宝宝们，今天鸟老师要请你们和我一起来做游戏，游戏的名字叫：学着做。 师：请你照我一起做。生：我就照你一起做。 教师坐在小椅子上，请学生模仿坐姿。正面：手、脚怎样放？侧面：看看谁像小松树，谁像小虾球？ 评价：学生互相评价，对做得好的学生予以奖励。	在没有进行这一游戏时，学生的坐姿较为随意，甚至有学生躺坐在椅子上。教师设计的游戏显然吸引了学生的视线，在模仿、比较、评价层层递进的过程中，逐渐地，每个学生均能做到坐姿正确。
3. 师：现在游戏要难一点了。（模仿猫、狗、鸭等小动物的动作） 提示：小猫走路轻轻、叫声轻轻。（模仿蛙等高位叫声） 请个别学生做小老师，其他学生学着做。（师：用响板帮助） 4. 师要求：配上音乐做一做，我们的动作一定会更漂亮。 学生按音乐节奏模仿小动物的动作。 说明："学着做"的游戏采用了由易到难、逐步深入的教学设计，并选用了学生在学前教育中已熟知的音乐，便于学生模仿学习。	有些学生喜欢大声地叫喊，模仿各种动物的叫声，教师逐步引导学生，使之能按节奏来模仿这些在幼儿园中已学习过的动作，进而随着音乐律动。

3. **旋律提示法**：到了中高年级，学生可能不再热衷于儿歌等课堂教学形式，这时就需要教师适当调整教学策略，如弹奏一段固定的音乐，用音乐的语言告诉学生要唱歌了，请坐端正，或是请用双手把书置于胸前；还可以用《小松树》等积极向上的音乐，提示学生往上"长一长"，看看谁长得最"茁壮"等多元的方式，不断内化坐姿、站姿的要领。

4. **讲明常理法**：高年级的学生，他们的认知水平已经上升到了一定的高度，教师可以简单地介绍正确的坐姿和站姿对歌唱的帮助以及对其身心发展的益处，以使学生能自觉地养成习惯，也促使整个教学班中的学生能互相影响，达成学习共识。

分析

众所周知,习惯是一个人在长期的生活或学习中形成的一种生理感官上的认同感。它是一个长期行为,并非一蹴而就的短期行为。对成人来说,习惯了的事情很难改变,那么对一个孩子来说,在他学习或生活的早期,尤其是在小学的入学阶段,养成良好的学习习惯就更为可贵了。因为这种习惯或者称为学生学习的定势,可能会一直影响着他的成长,甚至是人格、性格的养成并伴随一生。具体落实到我们所从教的音乐学科,更是学生修身养性、陶冶情操、提高审美情趣的主要课程。在学生的早期音乐学习经历中其音乐学习习惯的养成,必将为其今后艺术素养的积淀提供必要的"养料"和"吸收养料"的方法。

良好的歌唱习惯以及音乐课的坐姿是最基本的音乐学习习惯,需要一个养成的过程。在这一过程中,教师应用"模仿"的方法,帮助学生掌握这些学习习惯的要领,如唱歌时口型、端坐的方法等。在模仿的过程中,学生通过"学着做",结合唱游教学中的游戏的方法,逐步养成良好的音乐学习习惯。

案例 ❷

以下是在音乐教学中掌握气息、培养正确的咬字和发声的具体方法:

歌唱时一定要有气息支持的发声原动力,常用的课堂呼吸发声方法有以下这些:

1. 练吸气。最常用的方法是"闻鲜花",要求学生闻鲜花时想象意境,不出声,不耸肩,不让别人看出来,要自然平稳。

2. 练呼气。让学生站立时,两手叉腰,在吸气时感到腰部像皮球充气似的渐渐膨胀,再渐渐吐出,轻轻"吹灰尘"。

3. 练屏气。学生随着教师指挥的手势,以快吸或慢吸后立即保持(屏气),并在练唱各种音程或母音时锻炼呼吸,有控制地使用气息,成为"遥控音箱"。

4. 练断和连。常用的方法是"蚕宝宝吐丝",连音时使气流平稳又畅通无阻地吐出来(蚕宝宝吐丝均匀又不断),断音时像用剪刀剪断丝,能跟着教师的指挥均匀有节奏感地"吐丝",并将"连"和"断"用不同的方法组合起来进行练习。

歌唱通过对歌词咬字、吐字的发声与音乐旋律结合起来塑造音乐形象而产生感人的审美效果。这里需要指出的是小学生的发声器官与成人相比还不发达,表现为嘴唇无力、舌头不灵活,下颚不善于打开,口型不能正确到位。针对这些不足,教师可以设计一些简单的练声曲加以练习。如:单音反复练习。

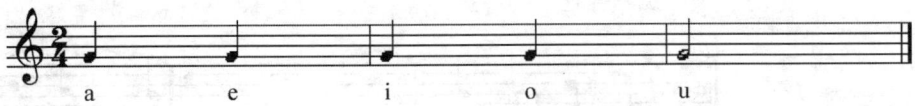

此条练声曲主要通过母音的练习来逐步纠正学生的口型。我们还可以用"bong"等来帮助学生找寻嘴唇有弹性的感受,用"la、da"等来训练舌头的灵活性,用"ga"等来打开下颚。要使学生歌唱时"字正腔圆"显然非一堂课之功,结合新课程的教学理念，我们还可因"课"制宜，设计出对整个教学设计和歌唱教学有利的练习方法，并融合在教学过程中，这样就可以避免为练声而练，进入缺乏兴趣导向和情感的误区。例如：我们在教授四年级第二学期第三单元中的歌曲《吹起我的小竹笛》时，就可以设计一首向上级进的"小竹笛"之歌，既能练习好"嘀哩"的气息与发声方法，又能让学生感觉饶有情趣。又如：在学唱一年级第一学期第三单元的《小树快长高》时，可以先用轻声高位的方法帮助学生有节奏地读读歌词，以掌握歌曲中每个字的吐音。

课堂观察实录：学唱歌曲：《上学》

教学过程	学情记录
1. 导入语：小鸟们，看到你们的动作这么漂亮，老师真喜欢你们。听说你们的歌声也很动听，你们在语文课上已经学习了歌曲《上学》中的歌词，唱给老师听一听，好吗？ 2. 师范唱两遍，请学生选择哪遍唱得好，说说为什么这样选择。	学生唱歌时喜欢大声地喊唱，经教师范唱，并请学生比较后，学生大部分能作出正确的选择。
3. 要求：学会坐姿——小眉毛抬起来——学会听前奏。 我们大家一起做一件事时要说"预备——开始"，唱歌前用音乐告诉你准备开始唱歌的，就叫前奏。	当教师讲解完前奏的作用时，学生能听完前奏后较整齐地开口歌唱。
4. 反复练唱歌曲，提醒学生咬字吐字的方法。 5. 跟着老师的动作练习歌表演。 6. 自由个体——好朋友组合造型。（师：拿着照相机选取好的组合鼓励） 结束语：我们像一只只小鸟，自由地飞翔，快乐地歌唱。在音乐课上，我们和老师成为了好朋友，和音乐成为了好朋友。今天的音乐课就上到这儿，让我们听着音乐，飞出音乐教室吧！ 说明：尝试运用一些简单有效且形象的方法，帮助学生知晓和掌握正确的歌唱姿势和方法。	教师要求学生用圆圆的口型注意歌唱时咬字吐字中的韵角"ao"，由于在学唱《师生问好歌》时已经有类似的口型，故学生很快就掌握了这一方法。 学生十分喜爱歌表演，但个别学生做了表演的动作后就忘记了还要歌唱，教师用歌声、动作始终带领着学生反复练习，学生在模仿的过程中逐渐能自如自信地表演。在教师的鼓励下，有几组学生还能进行简单的交流表演。

我们还可以利用简单的两声部练声曲帮助学生统一音色和呼吸。如下图谱：

统一音色

分析　在音乐课中，我们要注重引导学生倾听音乐，并且学着用音乐来表达自己的情感。另外，聆听完前奏后整齐地开口歌唱，以及歌唱时注意咬字吐字都是十分重要的，这些将为其今后的音乐学习做好铺垫。学习习惯的养成，关键在于教师的关注与反复强调，以帮助学生掌握其要领。

案例 ❸

以下是培养学生良好的节奏感和韵律感的具体方法：

节奏感与韵律感无疑就是我们常提及的学生感受、体验歌曲的能力。在歌唱教学中，我们可以用一些简单易操作的方法来帮助学生养成这两感：

1. 听辨拍号。当学生已认知某一拍号的歌曲的强弱旋律时，我们就可以要求他们用肢体或耳朵判断一首歌或一首乐曲的拍号。久而久之，他们在演唱这些歌曲时，就会不自觉地运用歌曲自然的强弱规律来演唱。

2. 有节奏地读歌词。

3. 画画旋律线。这是开发学生多元智能的方法，例如：在教学一年级第一学期第二课歌曲《我们爱国旗》时，第二乐句"迎着太阳高高升起"的旋律线宛若一面五星红旗缓缓上升，直至飘扬在旗杆顶部，音乐上行旋律的描绘如此形象生动和感性。让学生边画边唱，声音位置就可以保持。又如：四年级第一学期第一单元中的歌曲《火车快跑》的旋律线的前半部分平稳中有紧密的节奏烘托，好似一列火车疾行而过；后半部分起伏较大，有跳跃感的上行旋律较多，表现出了歌曲中蕴含的思母思乡的情感。

分析　学生在演唱歌曲时，往往不能表达出"渐强、渐弱、优美地、欢快地"等歌曲处理方式，这时就需要用形象化的语言帮助其理解，从音乐学习培养的角度而言，这就是初步的乐感的养成。再如，学生唱到高音时，常常出现音唱不到位的现象，教师如果说"用气息支持一下"或"这个音再唱高点"，学生不能够理解，更谈不上做到教师的要求。教师可结合所教的内容给予形象化的语言提示，比如"小鸟站在更高的枝头在唱歌"等等。

案例 ❹

以下是培养良好的齐唱能力的基本方法：

1. 会听前奏与间奏。在一年级的起始课上，我们就可以用形象化的语言告诉学生"前奏"的作用：是请学生做好歌唱的准备，并进入该歌曲的情绪中。反复练习听完前奏或间奏后整齐地开口歌唱，这是齐唱教学最重要的起步点。

2. 统一口型与呼吸。口型统一就会为音色统一提供依靠，小学生的歌唱口型可以在教师范唱中通过模仿练习来强化。例如：在学唱一首歌曲时，请学生先模仿教师的口型变化，不发出声音在心中与教师一同默唱，等掌握口型后再发声。在齐唱教学中一般以一个乐句为一个呼吸口，在歌唱中遇到较长的音时，也可教会学生"循环呼吸法"，即学生轮流换气等。

3. 轻声高位与音色统一。通过聆听童声齐唱，要使学生懂得大家一起唱同一旋律即齐唱等，要使学生知道轻声柔和的歌唱方法才能获得高位置的头声。"提起眉毛"、"面带微笑"、"打哈欠"等形象的说法，能帮助学生理解什么是"轻声高位"，同时也应注意童声齐唱的音色需自然明亮。

分析

用形象化的音乐的语言引导学生养成良好的音乐习惯，要在教学的细节上下功夫："用蚕宝宝吐丝"的方法帮助学生掌握乐句间的换气问题；讲解前奏的作用，让学生能够听完前奏后整齐地开口唱歌；注意咬字吐字等等。这些良好的歌唱习惯都需要教师帮助学生打下一个良好的基础，而"形象化"不脱离音乐本位的语言、媒体等多元教学方式，将帮助教师事半功倍地完成预设的教学目的。

要领提炼

综上，我们来归纳一下小学音乐教师在培养学生歌唱习惯时的教学要领：

1. 我们认为习惯是一种长期行为，是一种日积月累、水到渠成的行为模式。因此，任何一种习惯的最终养成都是在反复强化的过程中积淀形成的。教师在日常教学中，反复地不断地如此要求，就会使学生自然养成某种课堂学习音乐的习惯，甚至会影响其在课外学习或聆听音乐的习惯。

2. 很多教师认为培养学习习惯就是"做规矩"，只要能对学生严厉些就能达到教学目的。其实，我们一直需要强调的是在日常教学中让学生形成一种"音乐认同感"，而我们音乐学科"审美"、"育美"的特质也要求我们学科教师能够充分关注到这一点。因此，我们要培养学生对音乐学科的喜爱之情。这种"喜爱"的积极情感，将对学生的音乐学习起到关键性的作用，可以说"喜爱"其实也是一种音乐学习的内在的情感性习惯因素。

3. 在培养学生音乐学习习惯的同时，我们也应看到学生音乐学习中存在的差异，在音乐学习习惯养成中存在的差异。因此，就更需要我们因材施教，以提高整体效能。

第二节 提高识谱能力

问题呈现

在小学阶段，通过音乐课堂学习，我们要让学生主要掌握的音乐符号和识读乐谱能力有：一、二年级：认识无升降调号五线谱，识记常用音位；感知并唱准音高；认识小节、小节线、终止线；感知由单纯音符组成的节奏型，认识常用节奏符号，能识读简短节奏型。

三—五年级：知道无升降调号五线谱常识，了解相对应的简谱常识；认识全音符和二分、四分、八分、十六分音符及相对应的休止符；了解2/4、3/4、4/4、3/8、6/8拍拍号及其指挥图示，知道其含义；认识常用的力度、速度记号及其他音乐记号，了解其在音乐中的作用；识读常用节奏型及切分节奏型。

在三年级的课堂教学中，学生开始比较系统地学习简单的无升降调号五线谱，教师要帮助学生逐步摆脱在一、二年级教学活动中已经较为熟悉的依靠字母注音识谱的方式。四年级第二学期开始逐步学习简谱的基础知识。在实际教学中，往往会存在如下问题：

1. 教师过分依赖字母注音识谱的方式，在中高年级仍担心学生不能独立识谱。在无升降调号的音高识谱等方面缺乏切实可行的教学方法。

2. 教师把"识谱"简单地纳入较为枯燥的知识技能掌握的教学范畴，不能应用多元感官的同步使用促使学生在具体乐曲、歌曲的学习活动中掌握识谱的基本方法；不能由难化简、循序渐进地让学生的识谱学习呈现一种有趣味、无负担的学习状态。

3. 对常用休止符、常用音符、常用节奏型的教学方法缺乏由低年级到中高年级的衔接的研究，无法使学生形成音乐知识领域和思维的纵向联系。

我们通过案例分析来进一步学习。

案例分析

案例 ❶

以下是一组关于识谱教学的案例：

例1（一、二年级）：设计音乐情境，开展无声降调号自然音阶唱名的听音模唱。教师出示由2—3个唱名组成的若干组音符，请学生根据教师弹奏的唱名，找到相对应的一组音符，采用个别、小组或集体的形式，唱准唱名音高。

例2（三—五年级）：开展识读简谱的音乐活动。出示与五线谱唱名相应的简谱符号，设计游戏"音符对对碰"，听辨教师弹奏由2—3个单音构成的旋律，跟随钢琴唱准这些音符，并选择正确的简谱符号组成并再现这些旋律。

【分析】 从以上两则例子可以归纳,在识谱教学中常用的教学路径是:讲解→感知→运用→巩固。

案例 ❷

以下是以"玩——四分音符"为题的教学案例:

【教学设计思路】 本课通过律动、游戏、说话等多种教学形式,紧紧围绕对四分音符由感知到认知这一过程来展开教学。从开始律动进教室到《小雨沙沙》的歌曲复习结束,潜移默化地让学生感受四分音符的时值,让学生在"玩"中感受四分音符,掌握相关的音乐知识与技能。

【教学目标】
1. 通过各种音乐实践活动,激起学习音乐的兴趣,体验学校课堂音乐学习的愉悦与快乐,初步培养合作与创造能力。
2. 从兴趣出发,通过律动、游戏、说话等音乐实践活动,感受四分音符,并体验、表现四分音符的时值。

【教学重点、难点】
1. 重点:在音乐实践活动中正确感知、表现四分音符。
2. 难点:正确运用四分音符进行有节奏的说话的创编活动。

【教学准备】 多媒体、电子琴、响板。

【教学过程】

一、律动导入

学生在教师的带领下,随着歌曲《小树快长高》的伴奏旋律,律动进教室。

> 说明:
> 　　学生通过欢快的律动动作,感受小树长高的愉悦心情,激起音乐学习的兴趣,潜移默化地感受四分音符的时值。

二、复习歌曲

1. 学生演唱歌曲《小雨沙沙》。
2. 教师指导学生演唱歌曲《小雨沙沙》。
3. 再次演唱《小雨沙沙》。

> 说明:
> 　　歌曲的复习、指导、演唱,既是复习巩固,也是为下面四分音符的认知做好铺垫。

三、认知四分音符

1. 认知四分音符。(媒体出示音符)
2. 学生拍拍、说说,感受四分音符。
3. 找找四分音符。(媒体出示《小雨沙沙》的歌谱)

> 说明：
> 　　本环节通过媒体展示和节奏实践，引导学生从感知到认知四分音符，并初步掌握其节奏的运用。

4. 游戏。

（1）"走走停停"。（音乐《小雨沙沙》）

游戏方法与规则：

教师手举一个小牌子，牌子的正反两面分别画有一个四分音符和一个动画头像。教师会不时地翻动牌子。学生听着音乐，看到四分音符的画面做走的动作，看到动画头像则要停下，看谁走得好，停得及时。如果有同学没跟着音乐走或是看到动画头像没有停，就算输了。输了的同学坐在边上跟音乐节奏拍手为同学加油，拍得好的同学继续进行下一轮游戏。

① 教师示范。

② 学生一起游戏。

（2）"开火车"。（音乐《小树快长高》）

游戏方法与规则：

学生一边听着音乐，按着音乐的节拍做踩脚、拍手的动作，同时一边动脑筋，以开火车的形式，用四个字说说你感兴趣的事。一个同学接一个同学地说，不能脱拍，否则就算输了。

① 教师示范：柳树发芽；我爱唱歌；……

② 学生分组游戏。

③ 师生点评。

④ 全班合作。

> 说明：
> 　　本环节以音乐游戏学习的主要形式，以兴趣为出发点，让学生在音乐氛围中通过一系列的实践活动，正确体验、表现四分音符的时值。

四、小结

分析

在音乐教学中，只有让学生掌握了一定的歌唱音乐知识，才能使学生在规范的教学方法指引下，尽快地掌握歌曲学习的重点、难点，并通过相关知识的积累，为其今后的音乐学习奠定基石。

以上是一位教师设计的新授四分音符的课堂教学实践，教师结合学生的年龄特点，采用了在玩中学的方式，你也可以模仿这种方法试一试。

案例 ③

以下为突破歌曲教学节奏、旋律难点的具体方法:

1. 节奏难点的突破。

通常我们使用"听——辨——拍——奏——现"的节奏掌握五步法。

听:初步感知歌曲节奏的大概,可使用层层递进、逐步深入的方法来听,每听一遍,教师的要求都应提高和明确。**辨**:听辨相近的节奏,以把握所需要掌握的节奏的要领。如:在教唱三年级第一学期第四单元的《夜晚多美好》时,歌曲的最后一个乐句中出现了本首歌曲中的两个难点——附点节奏及连音线,教师可通过听辨两条节奏:

帮助学生在短时间内掌握难点节奏。这种练习对学生注意力的集中,及旋律感与节奏感的结合会有所促进。**拍、奏**:在使用课堂乐器(口琴等)的教学过程中,还可以通过教会学生演奏,来使学生耳、心、手、口、脑合一地掌握节奏。**现**:是否掌握节奏,需要教师运用策略使学生显性地表现与表达,以检验、反馈是否达到预期的教学构想。同上例,在《夜晚多美好》的最后一乐句节奏听辨后,请学生根据夜晚的景色,用节奏:

赞美夜景,从而使全体学生巩固节奏。如:个别学生创编

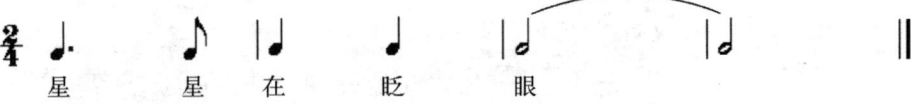

其他学生跟着齐读等。

2. 旋律难点的突破。

通常我们使用"感——谱——抽——情"四步法引导学生掌握旋律。

感:运用各种方法初步感知旋律的走向和特点,以及如何反复、模进等。

谱:尤其要强调的是由于新课程的设置,许多教师在课堂中不想或不敢让学生唱谱。其实我们有时不必"绕圈子"走路,唱谱是使学生正确感知旋律的捷径。当然,有的歌曲使用了除C大调以外的其他调性,教师也可以用唱字母注音的方法让学生试一试。有的学生因在课外学习过乐器,并不畏惧唱谱。我们可以用个别带动全体的分层教学法,并结合其他的教学手段,让学生知道唱谱并不枯燥也非难事。如:用师生接唱谱的教学方法,既可以使学生的学习负

担降低、减半,又能使学生注意力集中,跟着在心中向前流动的旋律线走向,与教师互动流畅地接唱旋律,达到熟悉歌曲旋律的教学目的。

抽:指先把歌曲中难唱的部分单独抽取出来用各种方法练习演唱。有的学生在练习一首新的歌曲时,喜欢从头至尾反复练习,听到或注意到有唱得不当的地方时,也不愿意停下来加以练习。其实,我们不难发现,当在演唱第一遍时被纠正,反复练习的难点往往在此后不会再成为整首歌曲演唱流畅正确的阻力。所以,我们可以"集中火力"首先攻克它。

情:我们在教学中,会感到难点不易教学,在思维定势中认为学生较难掌握,要通过理解知识技能的意识加以解决。其实,很多歌曲在反复聆听后,难点会不攻自破,这也类同于"书读百遍,其义自见"的道理。我们在有限的课堂教学中,用"情感"带动歌声,可能也会使"难点不难"。如:我们在教学三年级第一学期第三单元的《理发师》这首歌曲时,最高音 学生可能一时找不到准确的音位,于是就反复机械地练唱,结果往往事倍功半。如果我们运用情感启迪法,效果会更加显著。"唉"代表了理发师劳动成功时的喜悦、自豪和惊叹,引导学生用情绪感受带动歌声,可以达到良好的教学效果。

分析   在歌曲教学中,一首歌曲难点的设置角度不同:可能是歌曲中某一节奏或乐句,也可能是整首歌曲的情绪与意境的理解。教师应根据实际情况把握教学中的阻力,用适当的方法以求突破。

要领提炼

综上,我们来归纳一下小学音乐课堂中提高学生识谱能力教学中需要把握的要领:

1. 小学生以形象思维为主,要吸引学生的注意最重要的一点就是让枯燥的课堂、枯燥的音符变得活灵活现。识谱较为枯燥乏味,学生普遍不太感兴趣。课程标准提倡"用已经学会的歌曲学唱乐谱",这是一个很有效的方法。对于学生们来说,把熟悉的歌词变成乐谱,学生既有熟悉感,又有新鲜感,学习兴趣自然很高;同时用学会的歌曲学唱乐谱,学生有一定的基础和熟悉程度,学起来要轻松一些,对乐谱音准的把握也容易了许多。

2. 识谱教学对于各个学年段学生要求不同。在低年级常规课堂教学中,教师要由浅入深、循序渐进地为学生积累识谱知识。例如对一、二年级的学生,在教学中教师要注重向学生讲解最简单的音乐知识,弥补学生音乐知识的不足。如:小节、小节线、终止线等等。而在中高年级教学中,教师要转变固有教学思维,以读谱简化识谱,提高学生识谱能力。例如在读谱中寻找相同旋律的小节,缩短旋律;读谱中寻找旋律中的大、小音阶,简化旋律等。

3. 乐器演奏需要识谱，它同时也是识谱最有效的学习、检验方式。目前，课堂中学生演奏的乐器有口琴、竖笛、口风琴等。乐器的演奏必须经历视谱、背谱的过程，在视谱与背谱的不断循环中进一步提高学生的识谱能力。

4. 教师还可通过运用手势、琴声模唱的方法，让学生直观感知图形的变化运动而带来的音的高低、节奏、时值的变化，让音乐学习变得生动活泼、有趣且有实效，体现音乐体验的审美特征。

第三节　新授歌曲教学

问题呈现

在歌曲教学中，一首歌曲难点的设置角度不同：可能是歌曲中某一节奏或乐句，也可能是整首歌曲的情绪与意境的理解。教师应根据实际情况把握教学中的阻力，用适当的方法以求突破。我们可以一起来思考如下问题：

1. 教师在新授歌曲教学时急于求成，认为歌唱教学以唱为主，忽略了歌曲新授教学中的反复聆听，或者在聆听时"走过场"，没有结合如简介作者、创作背景等多元的教学复合性要求去展开聆听，不能使学生较为深入、全面地感知要学习的歌曲。

2. 总是让学生听教学配套媒体中的范唱，较少使用教师自身的范唱。特别是在对某个较难掌握的乐句的教学中，教师不对该乐句进行重点反复范唱，使学生难以模仿。

3. 在歌曲教学难点突破中，对如节奏、音准难点的教学方法仅仅是反复操练，没有符合音乐教学审美情趣的适宜的方法。

4. 伴奏对歌唱教学十分重要，好的伴奏可以引发学生的演唱激情，带动学生演唱时的流畅性。有的教师常常只使用媒体中的伴奏，不使用如初唱歌曲时教师单手弹奏主旋律为学生伴奏，或运用钢琴、电子琴等以较慢的速度为学生伴奏等方法。

5. 在初学歌曲后，有的教师在学生还没有较为熟练地掌握歌曲演唱时，急于开展歌曲的创编表演等，导致学生的学习效率反而降低。

在如下案例学习中，我们将掌握一些具体的方法。

案例分析

案例 ❶　在学唱歌曲《草原就是我的家》的课堂教学中，教师随着音乐《牧歌》深情地介绍：蒙古族是祖国大家庭中一个历史悠久、勤劳勇敢而又富于传奇色彩的民族，被誉为"草原骄子"。在草原上你经常会听到"塔赛奴"——"您好"这句话。这句朴实无华的语言表现出蒙古族人民热情好客、待人诚恳的传统美德……然后再请学生有感情地演唱所学歌曲，抒发歌中的"我"热爱家乡的情感。

分析　在教唱歌曲的同时，教师应能揭示歌曲内在的音乐情感和人文、教育内涵，引导学生理解内化，进一步激发学生对歌曲的情感共鸣，从而富有情感地演唱、表演歌曲。

常用的教学路径是：简介→理解→表现。

案例 ❷

以下是一位教师在新授歌曲教学时的大胆尝试：

无声录音机

有一段时间，我教中高年级的音乐课。有些教唱的歌曲篇幅较长，总觉得让孩子们反反复复地跟着钢琴伴奏练唱来记忆旋律比较枯燥，孩子们不会喜欢。我由歌曲接龙演唱想到了一个有趣的音乐游戏"无声录音机"。

初步学唱了一首歌曲的旋律或歌词后，我们开始玩这个音乐游戏。首先，我邀请一些自告奋勇者先来试一试，通过这个步骤教会孩子们游戏的方法与规则。请5—10名学生一字排开，教师给出恒定的速度和音高，大家就开始在心里默唱，音乐始终是向前流动的，就像录音机的磁带一直在走动。于是，我摇身一变，成了音量调节器，我用手触碰到哪位学生的肩，他就把正在心里吟唱着的谱子或歌词唱出声音来。我一放手，他又恢复在心里继续默唱。

讲明要求后，我让全班学生一起来尝试。这时候，教室里的气氛颇为紧张。学生们很认真地在心里唱，害怕跟不上大家的节奏。有的学生见我走近更是"抽筋"，我一碰他，他就如触了电一般一个激灵，这时我会鼓励提醒他旋律已经唱到了哪里，或者和他一起唱一唱，并且开玩笑说：哦，这个磁带有点卡壳，大家等一等。你们听，他唱得很好。

有的学生认为歌曲唱了一遍以后就会结束，我得意地告诉他们：歌曲会周而复始，会单曲循环。孩子们马上全神贯注，我心里暗暗乐开了花。到后来，有的学生还会"挤眉弄眼"吸引我过去"调高"他的"音量"，让他一展歌喉⋯⋯

有时候，真的只玩了两遍这个游戏，孩子们对节奏、音准、歌词的掌握就已经很熟练了。我经常看到孩子们下了课也在玩这个游戏，或分两组比赛，唱书中的歌曲和乐谱。还有同学为了在课堂游戏中所向披靡、成功自如地演唱，会在家中复习歌曲。这是多么可贵啊，我可真是"赚"到了呀！

分析　教师们无论教龄多长，都不要害怕尝试，因为"以学定教"的原则告诉我们，那些最有效、最受到孩子们喜爱的方法才是最好的教学方法。仔细想想，课堂中的很多问题都会因为困惑、难突破才会引起我们的思考，切实地寻求解决突破的良方。这个时候，我们的教学亮点就开始"崭露头角"了。

案例 ❸

以下是教师帮助学生理解音乐、唱好歌曲的具体案例：

懂

夏日，在苏州留园中听古琴演奏。演奏者技法娴熟，有时甚至眼不观琴，一首《平沙落雁》平缓流畅。听者多为游客，一曲终了，也不知是乐曲结束了，只顾拍照留念。亭外，太湖石多姿，古木参天。我在想，这个演奏者演奏的每首曲子皆为平平，没有起伏之感。或许是扩音设备精良，不用费力？或许是每天演奏这几首乐曲，已经熟得没有了激情？或许是根本不解曲子中所蕴涵的种种故事和意念？而听的观众更是过客，只为小憩，更是不懂得琴中的韵致。白居易在《对琴待月》中有吟：幽音待清景，唯是我心知。什么是琴心呢？什么又是知音呢？一定是懂得的人。不懂得的人能把一首曲子弹出来，但那只是弹出来而已，并不能传达其中的情致，更不能让听者心动。所以，音乐的美是一定要懂才可以感知，进而才能最终将之表现、表达出来。

为帮助学生理解音乐，我们可以从以下几方面着手：

其一，理解音乐的创作背景。

例如：这首出现在五年级教材中的《童年的摇篮曲》。

童年的摇篮曲

君 慧 词
阿 昌 曲

1=F 4/4 中速

歌曲是这样诞生的：一位五年级的学生即将要离开小学校园，她是多么依依不舍，校园中的一物一景那么亲切，令她留连。她写下了一首小诗，就是这首歌曲的歌词。音乐老师阿昌看了这首小诗十分感动，为它谱了曲，师生共同深情地把它演唱……

又例如：四年级教材中的歌曲《我们像快乐的小鸟》。

我们像快乐的小鸟

牧 歌 词
茅 地 曲

1=C 4/4 天真 活泼地

(f)
(1 1 1 7 6 0 | 7 7 7 6 5 0 | 2̇ 1 7 6 5 6 5 4 | 3 3 2 5 1 0) |

(mf)
5 5 6 5 4 4 | 3 4 3 4 5 — | 2 · 3 4 4 4 | 5 4 3 2 3 — |

1.我们 像快 乐的 小 鸟， 哼 着春天的 歌 谣；
2.我们 像快 乐的 小 鸟， 哼 着蓝天的 歌 谣；

5 5 6 5 3 | 1 1 7 1 6 — | 2̇ 1 7 6 5 6 5 4 | 3 3 2 5 1 0 |

惊醒了小 河，唱绿了小草， 惹 得 小蜜 蜂 嗡呀 嗡嗡叫。
惊醒了山 花，唱绿了禾苗， 惹 得 花蝴 蝶 齐呀 齐舞蹈。

(f)
| 1̇ · 5 1̇ · 5 | 1̇ 2̇ 3̇ — | 2̇ · 5 2̇ · 5 | 7 1̇ 2̇ — |

飞 呀飞 呀 飞 飞 飞， 跑 呀跑 呀 跑 跑 跑，
飞 呀飞 呀 飞 飞 飞， 跳 呀跳 呀 跳 跳 跳，

(f)
| 3 · 3 3 · 3 | 3 4 5 — | 4 · 3 4 · 3 | 2 4 — |

(mp)   (mf)
1 1 1 7 6 0 | 7 7 7 6 5 0 | 6 6 5 4 3 | 5 5 5 3 6 6 |

未来 太 远， 天空又太 高， 我们 的心事 只有 自己 知道，
世界 太 大， 我们又太 小， 美好 的追求 要靠 自己 寻找，

(f)   (f)
7 7 7 5 6 7 1̇ | 2̇ — — 0 | 7 7 7 5 6 7 2̇ | 1̇ — — 0 ‖

只有 自己 知 道， 只有 自己 知 道。
要靠 自己 寻 找， 要靠 自己 寻 找。

  谁能想到这首朝气蓬勃的歌曲是由一位耄耋老人所写的呢？它表现了老人对生命的赞美，对童年的向往和回忆。

  我们音乐教师只要平时多积累，就能在上课时把这些音乐背后的故事展现给学生，让他们懂得音乐的速度、情绪、节奏等特点与音乐创作背景之间的关联，学生就能较正确地演绎歌曲或较有效地聆听乐曲了。

  其二，用形象化的语言帮助学生理解、掌握歌曲的唱法。

萤 火 虫

夏 夜 里 谁 提 来 盏 盏 小 灯 笼，

歌曲《萤火虫》中的乐句断连交替，前半句要求演唱时气断声连，一种形象的说法是藕断丝连。为了使学生的声音位置保持较高位也有一种形象的说法：萤火虫始终提着小灯笼，请学生一边唱一边也提起手中的"小灯笼"。这样就能唱好"一盏一盏小灯笼"这一乐句：学生一边做上扬的提灯笼的动作，一边演唱上行乐句，声音连贯自然。

诸如此类有很多，不胜枚举。

歌曲《春雨》中的一个乐句"逗乐了小青蛙"音区较低，又配以切分节奏，学生较难唱好。教师启示：春雨贵如油，小青蛙咧开嘴笑了，也让我们一起笑一笑，乐一乐，唱一唱。因为笑了，学生的眉毛自然上提，声音位置就不会往下掉落。

歌曲《闪烁的小星》中，教师引导学生将"一闪一闪"唱得有弹性，就像小星星在眨眼睛一样。

闪烁的小星

法国民歌

《在遥远的森林里》是学生十分喜爱的一首学唱歌曲。歌曲中出现了猫头鹰与布谷鸟这两个音乐形象。教师可以引导学生在课堂学习中，在"森林"这一情境中，模拟体验音乐形象，来感知"森林是个美好的大家庭，动物们相亲相爱，和谐相处"的生命教育旨趣。

1. 教师启发：猫头鹰与布谷鸟见到好朋友来了，都非常高兴，互相亲切地打招呼，是多么友好。预期学生达成的学习效能：演唱"咕咕"声时口型圆，音准、节奏把握度好，声音统一自然。

2. 教师提示：猫头鹰与布谷鸟的歌声在森林里回荡。预期学生达成的学习效能：由学生讨论得出尾声渐弱的歌曲处理方式，并使歌曲演唱留有余韵。

3. 教师引导：猫头鹰与布谷鸟自由地栖息在各种高低不一的树枝上，和同伴、邻居聊天，和路过的游客打招呼。猫头鹰与布谷鸟是亲密的好朋友，会互相倾听对方的歌声。预期学生达成的学习效能：集体演唱时启口整齐，歌声和谐统一，并可分组（猫头鹰小组与布谷鸟小组）开展对唱及师生、生生间的交流评价活动。

分析 音乐教师在教唱一首歌曲之前，一定要对这首歌曲了然于胸。不是只会演唱就可以胜任教学了。在一定的熟练程度的积累下，我们需要一个质的飞升。自己懂才能帮助学生懂，我们所讲的音乐人文就蕴含在其中，等着我们打开心扉去领略。

案例 ④

请重点关注如下案例带波浪线的黑体字部分：

一、感受与聆听

关键设问：歌曲的速度和情绪是怎样的？你能听出哪些歌词内容？请根据歌词内容猜猜歌名是什么？

1. 初听歌曲录音。

提问：(1)情绪？（天真、活泼） (2)速度？（中速、稍快）

2. **复听教师范唱。**

提问：(1)内容？ (2)曲名？（揭示课题：《我们像快乐的小鸟》）

3. 朗读歌词。（媒体出示歌词，播放背景伴奏音乐）

4. 教师介绍歌曲背景。

二、学习与体验

(一)感受歌曲。

关键设问：歌曲分前后两部分，听一听，老师演唱这两部分时情绪有什么不同？

1. **教师范唱歌曲**，学生比较歌曲中的情绪变化。（前半段欢快、活泼；后半段热情、激昂。）

2. 学生用"lu"哼唱全曲。

(二)学唱歌曲前半段曲调。

1. **教师范唱前半段歌词。**

关键设问：曲调中哪种特殊的节奏刻画出了欢快活泼的小鸟形象？（切分节奏）

2. 师生对唱曲调。

3. 师生同唱曲调。

(三)学唱歌曲前半段歌词。

关键设问：你应该用怎样的力度和情感演唱歌词，从而表现怎样的小鸟形象？

1. **教师按节奏朗读歌词。**

2. 学生按节奏朗读歌词。

3. 有感情地演唱歌曲前半段歌词。

4. 用mp力度唱一唱。

5. 小结：歌曲中的切分节奏，表现了小鸟欢乐的心情；mp的力度，描绘了小鸟轻盈的身姿。

(四)学唱歌曲后半段。

关键设问：学唱歌曲后半段，想一想，小鸟遇到了什么困难？小鸟有没有克服困难的勇气和决心？

1. 学唱后半段第一句。

(1) **学生唱前半段，听教师唱后半段。**

提问：后半段哪一句描绘了小鸟振翅高飞的形象？哪种节奏最能表现小鸟

努力扇动翅膀、搏击蓝天的样子？

(2) 学生交流。

提问：这样描绘小鸟振翅高飞的句子，最适合用什么样的力度来歌唱？（f）

(3) 学生演唱。

2. 学唱后半段的后两句。

(1) 教师范唱，学生聆听。

(2) 学生唱唱这两句。

(3) 教师指导歌曲最后一句（特点：旋律相似）。

3. 后半段后两句的演唱。

(1) 教师范唱，学生评价。

(2) 媒体出示mp、mf、f的力度记号，学生为这两句配上合适的力度。

(3) 按照力度记号唱一唱这两句歌词。

(4) 小结归纳：后两句通过力度的变化，表现了小鸟望着高高的蓝天，从感到困难到下决心苦练飞翔本领，再到最后克服困难的心情变化。就像小朋友，现在虽小，但从小刻苦学习、练好本领，也终会有搏击蓝天、大显身手的一天。

4. 完整唱后半段。

三、演唱与表现

完整演唱全曲。

1. 学生完整演唱，用录音伴奏，老师边指挥边和学生一起唱。

2. 教师总结全课：今天我们学唱了歌曲《我们像快乐的小鸟》，此刻同学们或许还沉浸在实现未来理想的渴望之中，只要我们不畏艰险，不怕困难，再远的理想也必将从此刻起飞。

3. 表演唱，教师指挥。

前半段：男生唱；后半段：全体学生与教师一起唱。

分析　在学唱《我们像快乐的小鸟》的教学过程中，教师围绕每个环节设定的关键设问和教学线索反复运用范唱，达成预期的教学效能。

要领提炼

综上，我们来归纳一下小学音乐教师在歌曲新授教学中的实施要领：

1. 教师应在教学中重点关注班级整体音色的和谐与统一；引导学生用自然的状态、科学的方法进行歌唱。

2. 教师要找准歌唱教学中新授歌曲的教学难点并予以指导和帮助，并在这一过程中，为学生设计巩固、提高识谱能力的多元活动。

3. 教师要使用多种教学方法不断激发学生演唱的兴趣，从情感角度出发，关注学生对歌曲旋律及音乐要素的体验；引导学生恰当、真实地处理歌曲；允许学生依据特长选择表现歌曲的形式。

4. 歌曲新授教学中的反复聆听十分重要，它包括教师在教学过程中对较难演唱和易于唱错的乐句的反复范唱。教师范唱这一直观简单的教学方法在歌唱教学中具有实用性强的特点。

第四节 训练合唱技能

问题呈现

合唱是指两组以上歌唱者各按本组所担任的声部演唱同一首歌曲的一种声乐演唱形式。在小学音乐课堂学习中,合唱是必须掌握的一种歌唱形式和技能,而这一技能的掌握需要学生在集体学习中领悟和习得。有的教师认为合唱教学较难,其实我们只要能处理好以下问题,就能破解难题:

1. 低年级的齐唱练习能使学生在群体中声音和谐统一地歌唱,这为其中高年级掌握合唱技能奠定基础。学生在低年级的教学中形成的在歌唱中互相倾听、音准节奏准确等歌唱的良好习惯和基本技能的积累,是教师必须重视的教学部分。"和谐"是合唱教学中我们需要思考的关键点。

2. 在合唱教学中,教师经常会遇到这样的情形:学生分两个声部练习时,其音准节奏等都没有问题;但是两个声部合在一起时,学生就会出现音准等问题。简单地讲就是能分不能合,这是令很多教师困惑的问题。

3. 在训练合唱技能时,我们不能待遇到教材中的合唱歌曲才开展训练,在平时的师生问好、和声游戏、合唱练声、身势活动等音乐教学环节中,都应该有意识地培养、指导学生的合唱能力。

案例中运用的教学方法,将带给我们具体的启示。

案例分析

案例 ❶

如下是合唱教学中常用的具体方法:

1. 低声部先行。

在教学合唱时,教师和学生都会有低声部较难唱的定势心理。在低声部旋律较难掌握的情况下,我们在教学中可以尝试先全体学低声部的策略,再由教师担任高声部的演唱,与学生配合起来,然后逐步过渡到合唱教学,"先入为主"的低声部就"难而显易"了。

2. 学会互相倾听。

在齐唱教学中,我们要求学生有整体意识,在合唱教学中,就更需要培养学生的整体意识了。我们要求学生在演唱时互相倾听,能在倾听另一声部的情况下,不喊叫地准确唱出自己的声部,并能注意声部间音色的统一,使两个声部更和谐。学生在四年级第二学期时,在歌曲教学中接触、学习到了部分合唱的演唱形式。其实，我们还可以运用"难度下移"的方法，让学生学会互相倾听的合唱方法。如：每节课我们有常规的问好歌，我们可以运用先分后合的方法，让学生体验感受。持之以恒，学生一定会掌握这一方法。如下图所示：

3. 乐器协助演唱。

学生初学歌曲唱不准音，特别是起始音和跳跃较大的音，我们可以用乐器教学为辅助展开合唱教学。例如教师唱高声部，伴奏低声部；又例如会演奏口琴、口风琴等乐器的学生伴奏一个声部等等。方法很多，需要根据实际学情灵活运用。

分析　　这些都是解决合唱教学中能分不能合的可行的方法，我们可以在具体教学中灵活地使用以上一种或几种方法，达到预期的教学目标。

案例 ❷　　以下是新授歌曲《花蛤蟆》(第一课时)的教学设计：

【课　　程】　　小学音乐

【教　　材】　　选自上海音乐出版社

【内　　容】　　三年级第二学期第四单元"童趣"

【主要教学内容】　　1.《花蛤蟆》完整演唱。
2. 歌曲中装饰音的演唱和表现。

【教学目标】　　1. 情感态度与价值观：
用清脆明亮的声音演唱歌曲《花蛤蟆》，感受歌曲轻快活泼的情绪；体验农村儿童的天真无邪。
2. 知识与技能：
学会演唱与表现歌曲中的装饰音。
3. 过程与方法：
在模仿、聆听、形体动作表现的过程中学会演唱歌曲。

【教学重点】　　完整演唱歌曲《花蛤蟆》。

【教学难点】 歌曲中的装饰音（前倚音的演唱与动作体验）。

【教材分析】 《花蛤蟆》是小学三年级第二学期第四单元"童趣"中的一课。这是一首山东儿歌，歌曲运用了模仿、夸张的手法，并结合富有童趣的旋律，把儿童好奇、喜悦的心理状态描绘得淋漓尽致。

【教学过程与步骤】

一、组织教学

1. 师生问好。

2. 学生复习演唱歌曲《黄昏》。（轮唱形式）

师：美丽的黄昏，夕阳的余晖照在宁静的田野上，让我们一起来演唱歌曲《黄昏》。

> 说明：
> 　　学生轮唱歌曲《黄昏》，营造宁静、安详的田园氛围，为引出自然的蛙鸣声创设环境。

二、情景引入

1. 学生演唱歌曲《黄昏》。

引入音频——蛙鸣声。

师：在这田野中，你们听到了什么声音？

生：蛙鸣声。

2. 蛙鸣声的模仿。（师生即兴合作）

3. 出示乐谱。

学生分二声部演唱。

4. 加入装饰音。

师：你们发现了什么？

生：发现了小音符。

师：你们知道这些小音符有什么作用吗？

生：像装饰或是点缀的。

师：这些音符的名称叫"装饰音"，它为旁边的音增添了色彩。今天我们就来体验这些小小的音符。（揭示——装饰音）

> 说明:
>   这个环节主要从蛙鸣声入手,通过师生间模仿蛙鸣声、生生间合作演唱蛙鸣声、加入装饰音的表现,揭示本课主要认识和了解的音乐元素——装饰音在歌曲中的表现作用。

三、歌曲《花蛤蟆》重点乐段演唱

1. 重点乐段演唱。

师:小朋友,花蛤蟆的模样有什么特点?

学生回答预设:圆圆的肚子,大大的眼睛,像……

(教师根据学生的交流出示重点乐段)

出示重点乐段。

演唱步骤:

学生聆听——模仿演唱——装饰音的演唱——表演唱。

(教师引导学生用简单动作表示装饰音)

2. 教师紧接着范唱最后一部分。

师:蛤蟆们叫得多欢乐啊,它们蹦蹦跳跳的,那么你们听,歌曲中又添了几个装饰音?

学生听辨。(通过教师的动作提示)

教师引导学生听辨装饰音。

出示乐谱。

师:为什么歌曲中用了好几个装饰音?

学生演唱这一部分。

师：这么多的装饰音，表现了怎样的情景？

学生交流：表现蛤蟆们跳得更加欢快了；体现了它们争先恐后地跳着，急着要展现自己的本领……

> 说明：
>
> 本环节通过演唱装饰音、听辨装饰音感受歌曲活泼、俏皮的情绪。

四、完整聆听并演唱歌曲

师：这首歌曲的情绪如何？

生：活泼、欢快、跳跃。

师：这首歌曲用了大量的装饰音，同学们，你们觉得装饰音和蛤蟆们有什么关系呢？

学生交流。

教师预设：表现蛤蟆跳跃的动作。

学生完整演唱（第一遍）。

学生边唱边用跳跃动作表现（第二遍）。（教师引导学生用跳跃动作表现装饰音）

教师指导演唱。

> 说明：
>
> 这个环节在前两个环节基础上完整聆听与演唱，通过学生模仿蛤蟆的跳跃，感受装饰音的情绪特点，引导学生活泼、俏皮地演唱。

五、总结与拓展

师：本节课，我们学唱了歌曲《花蛤蟆》，装饰音在歌曲中起着什么作用呢？

学生总结。

教师总结：有了装饰音，更能体现歌曲的情绪，表现农村儿童的生活乐趣。

课外拓展：

师：装饰音在民歌中运用广泛，请同学们回去找一找，有没有我们学过的民歌可以加入这些可爱的装饰音？下次我们交流。

【教学流程】

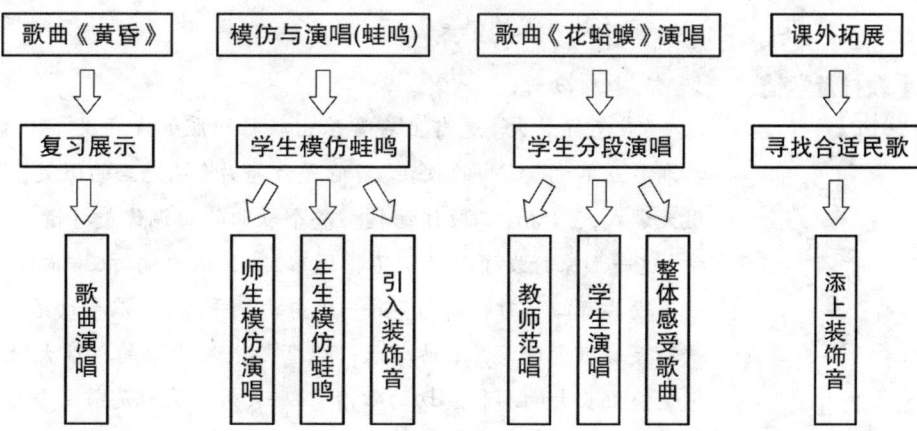

分析 本节课主要通过学生演唱山东儿歌《花蛤蟆》，展现歌曲俏皮活泼的情绪，感受农村儿童特有的天真无邪。并通过模仿蛤蟆有趣的鸣叫声，体验其中的童趣。使用了如下教学方法：

1. 结合蛤蟆的鸣叫声，引导学生二声部演唱。教师设计了简单的模仿蛙鸣的二声部情景练习曲，巩固二声部中"模仿"演唱的基本方法。

2. 运用先局部感知再整体感知的方法学唱歌曲。本节课中，教师先取其旋律的核心部分，通过学生对蛤蟆外形的了解结合歌曲演唱，引发学生的兴趣，然后再通过教师的范唱引导学生关注歌曲中的装饰音，这里的范唱不是整首歌曲，也是取其中的一部分。把握歌曲的核心旋律后，最后整体感受体验这首歌曲，可谓是水到渠成。

3. 不同环节体验装饰音的作用，启发学生运用。装饰音在民歌中运用比较广泛，这节课学生重点关注的就是青蛙鸣叫声中的前倚音（装饰音的一种）。教师分别从不同环节引导学生体验：首先是初步感受，知道什么是装饰音，体现在第二环节中，学生演唱二声部蛙鸣练习曲；随后请学生演唱装饰音，并且通过手部的简单动作来表现装饰音的效果；接着是学生听辨装饰音，通过教师的范唱学生感受到了装饰音在歌曲中起到的作用；最后是完整演唱歌曲，结合蛤蟆的特点，整体感受装饰音对于烘托蛤蟆形象的作用，引导学生通过跳跃的肢体动作表现。

案例 ❸ 以下是新授合唱歌曲《我怎样长大》的教学设计：

【课　　题】　成长的收获

【课　　型】　新授

【课　　时】　一课时

【教学内容】　唱：《我怎样长大》。
　　　　　　　练：《树叶沙沙》。
　　　　　　　赏：《烛光里的微笑》。

【教材及学情简析】

1. 教材分析：

《我怎样长大》选自上海音乐出版社出版的九年义务教育课本五年级第二学期第五单元"成长的收获"。它是故事片《烛光里的微笑》的主题曲。歌曲采用大调式，3/4拍，二段体结构。整个歌曲的曲调优美抒情，词意简练，它借"小树"这一形象抒发了孩子们不怕困难、不怕风吹雨打、幸福成长的真切情感。第一乐段共有四个对称乐句：第一乐句曲调平稳，并以亲切语气借物抒情，表现了孩子天真可爱的形象；第二乐句以弱起进入曲中的八度大跳，更凸显了孩子们希望快快长大的那种急切的心情；第三、第四乐句是前两个乐句的旋律模进。

第二乐段是歌曲的合唱部分，曲调舒展，与前段形成了对比。旋律基本以平行三度和声进行，特别是句中音程大跳，生动形象地表现了成长过程中坚韧不拔的精神面貌，突出了主题。最后歌曲的扩充部分，在重复了第四乐句后旋律更加平稳舒展，表现了"这样就会长大"的喜悦心情，抒发了成长中甜美幸福的情感。

2. 学情分析：

五年级的学生在小学音乐学习阶段已经对合唱有了初步的感受和认知，特别是教材中大量选用平行三度，如近期所学的歌曲《红蜻蜓》《故乡的小路》等。但是，《我怎样长大》这首歌曲教学中仍存在着诸如音准、气息的保持等教学难点，需要运用一定的方法加以突破。

【教学目标】

1. 学唱歌曲《我怎样长大》，体验成长的快乐，感受歌曲优美的旋律、和谐的声部所表现的孩子内心对成长的期盼、渴望和坚定的信念，体会歌曲所包含的美好的童真与理想。

2. 能用连贯的气息、自然的声音演唱歌曲《我怎样长大》，并初步唱好歌曲中两声部的乐句，体会声部间的相互配合。

3. 在生生、师生互动学习歌曲的过程中，通过练、听、唱、感等一系列的音乐教学活动，初步学习歌曲《我怎样长大》，并体会歌曲的情绪。

【教学重点】用连贯的气息、自然的声音演唱歌曲《我怎样长大》。

【教学难点】合唱部分的音准。

【教学准备】多媒体、钢琴。

【教学过程】

一、创设情境，激发兴趣——练《树叶沙沙》

【设计意图】通过学生已学的歌曲《小树快长高》导入情境，由浅入深地模仿树叶的沙沙声进行多声部趣味和声练习，为歌曲学唱环节的教学做好气息、节奏、音准等方面的铺垫。

1. 导入：教师演唱《小树快长高》片段。

2. 启发：有一棵小树很渴望长大，希望得到阳光雨露的滋润。你听！沙沙！它正在唱着欢乐的歌！

媒体出示：节奏一　X - - | X - - |
　　　　　　　　　　沙　　　　沙

节奏二　X X X | X X X | X - - | X - - |
　　　　沙沙沙　沙沙沙　沙　　　沙

节奏三　X - X | X · X X | X - - | X - - |
　　　　沙　沙　沙 沙沙沙　沙

提示：在演唱的过程中注意随时提醒学生声音的统一和平稳，以三度和声进行移调练声。

二、感受与体验——学唱歌曲《我怎样长大》

【设计意图】通过不同要求的欣赏活动,让学生充分感受歌曲旋律、节奏、情绪等特点,以练、听、唱、感等一系列的音乐教学活动,帮助学生尽快掌握歌曲旋律,从而初步学会歌曲《我怎样长大》。

过渡语:小树沙沙,快快长大,你听!它是怎样长大?

1. 初听歌曲《我怎样长大》。

要求:安静聆听优秀童声合唱版本。

2. 出示课题,简介词曲作者。

3. 复听歌曲。

提问:听听这首歌曲是几拍子的?歌曲的前后分别用了什么演唱形式?

4. 再次聆听歌曲。(教师范唱)

提问:歌曲的情绪是怎样的?

5. 师小结:前段节奏紧密,活泼欢快;合唱部分的旋律舒展、抒情,连续长音的使用,体现成长中坚韧不拔的精神面貌。今天我们就一起来学习这首歌曲。

(媒体出示歌谱,合唱部分出示低声部)

6. 学唱高声部旋律。

(1)全体学生跟着钢琴用"lu"哼唱高声部旋律。(教师单手伴奏)

要求:气息连贯、平稳。

(2)出示字母标音(原调1=F)。

要求:学生分层练习(用"lu"哼唱、唱五线谱、唱字母标音)。

(3)加入歌词完整练唱。

要求:唱准一字多音处。

7. 师生合作学习。

(1)全体学生演唱高声部,教师演唱低声部。

(2)低声部学生学唱旋律及歌词。

(3)教师指导:引导学生分辨两部旋律,在合作中培养他们的和声感觉。

① 学生尝试跟琴演唱低声部旋律。(教师弹单旋律)

② 静心聆听教师弹奏两声部和声。

引导学生学会听旋律的和声效果,并听出低声部旋律,培养他们辨别和声的能力。

③ 轻声演唱低声部旋律。

引导学生一定要轻声演唱,轻声唱有助于音准及声部的均衡统一。

④ 学生随琴演唱低声部的歌词。

⑤ 两声部初步尝试合作演唱。

8. 学生完整地有感情地演唱歌曲。

9. 小结:这首歌曲是故事片《烛光里的微笑》的主题曲。让我们一起来欣赏原音重现!同学们可以跟着音乐唱唱、听听,体会它的尾声是怎样抒发情感的。

三、拓展与延伸——歌曲的情感升华

【设计意图】欣赏影片片段,再次感受歌曲所要表现的情感,并感受歌曲尾声平行舒缓的旋律,体会歌曲所表达的成长中甜美幸福的情感。

1. 观看电影片段《烛光里的微笑》。
2. 学生说说听后感受。
3. 教师总结:愿我们像歌曲中所唱的那样,不畏成长中的困难,收获成长中的喜悦和果实。

分析　在这一教学设计中,教师运用了师生合作演唱,由教师担任较难演唱的低声部旋律的方法,然后通过聆听、尝试,逐步帮助学生掌握两声部的合唱。

要领提炼

综上,我们来归纳一下小学音乐学科中合唱教学的教学要领:

1. 合唱教学中我们可以使用"唱—奏"互动教学法,利用课堂器乐演奏教学与合唱训练相结合,使二者相互支持、配合,以帮助学生唱出准确、和谐的和声。

"唱—奏"的教学过程可分为"以唱带奏"、"以奏助唱"、"以奏优唱"三个阶段。"以唱带奏"就是通过学生准确地视唱,带动旋律的吹奏,达到合奏的目的。"以奏助唱"就是通过唱奏结合,帮助学生把握音准的稳定性。"以奏优唱"就是运用课堂乐器的伴奏,丰富合唱的效果,提高合唱的表现力和感染力。

2. 教师还能在教学中开展不同声部合作的辅助训练。可以先由教师奏或唱第二声部,与担任第一声部的学生合作;然后让第二声部的学生先轻声再逐渐放开声音跟教师一起唱,当教师感觉到第二声部唱得较有把握后,教师的奏唱随机地由大声转为小声,由完整地唱变为只在需要的片段甚至只是在某些音上"搀扶"他们一下;待达到这种"火候"时,再让学生将两个声部合起来,这样就"水到渠成"了。当然这些方法都应视学生的普遍实际水平决定取舍。

3. 在教师预计到学生两声部合作还没有相当把握时,最好不要急于直接将两声部合起来,然后再去反反复复"炒冷饭",那将会使他们失去信心和兴趣。在合唱中,许多学生怕受其他声部的干扰和牵制,捂着耳朵来唱或是隔离开来学,这都不是好办法。合唱的根本价值和意义正在于"合",要让学生学会互相倾听、互相配合,做到默契合作。

4. 教师可以尝试利用录音机向学生反馈合唱效果。每一个学生在合唱时,由于比较专注于唱和受自身所处位置的限制,对于合唱的总体效果和自己的歌声在其中的作用,不一定能听得十分清楚和准确。在合唱已经大体合成以后,教师为之录音,放给学生听后再让他们自己适当地评论,这对于提高学习兴趣和水平会起到促进的作用。

5. 在合唱教学中要注重听觉训练,可以用听辨、听唱单音、旋律音程、和声音程、旋律等方法来进行循序渐进的有效的训练。

第五节 进行歌曲处理

问题呈现

歌曲处理和表现是学生歌曲学习中的综合能力展现，它包括歌表演、用乐器为歌曲伴奏、变化演唱形式、变化力度或用载歌载舞的形式表达歌曲的情感、情境等等。在教学中，我们需要关注如下问题：

1. 一首歌曲有其总体的情绪特点，但我们在教学中，也应关注到歌曲中的不同乐段或乐句会发生情绪上的一些变化。因此在歌曲教学中，学生情感的激发比技能的学习更为重要。演唱时有力度、情绪等的变化，能使学生的演唱更为细腻，更具表现力。

2. 有的教师认为，在学生唱会歌曲后才能进行歌曲处理。但是学生初次学习演唱歌曲时形成的定势，其后较难改变。例如：一处地方一开始唱错，如不及时更正，在以后的教学中就较难纠正。因此，我们不主张使学生唱会歌曲后再考虑把歌曲唱好的教学方法，可以尝试提高教学效率，尽量使唱会、唱好同步。

3. 教师要思考如何在歌曲处理时，逐步帮助学生掌握一些具体可行的歌曲的处理方法，为其今后的音乐学习提供基础。例如：歌曲力度变化、衬词演唱、尾声处理等等。

如下案例将教会我们具体的教学方法。

案例分析

案例 ❶

在小学阶段，我们在课堂中通过教学活动，主要使学生感知、识记、理解的音乐要素有：**一、二年级：** 感知音的长短、强弱、快慢、高低；感知二拍子、三拍子韵律。**三—五年级：** 感知旋律结束音；感知调内相对音高；听辨二、三、四、六拍子音乐；听辨音乐中的要素及其变化；描述音乐旋律运动方向。

例如：结合学唱歌曲《顽皮的杜鹃》，认识顿音记号。出示顿音记号，认识其名称和外形，聆听、比较歌曲中有无顿音记号的乐句在唱法上及所表现情绪上的不同，感受顿音记号的作用，在教师指导下准确演唱。

分析 在进行歌曲处理时，我们需要揭示音乐要素，我们常用的教学路径是：感知→听辨→表达。

案例 ❷

某教师在歌曲《老爷爷赶鹅》中加入衬词和拍手,使歌曲演唱更富情趣:

导入语:同学们!你们好,上节课我们学唱了《老爷爷赶鹅》这首歌曲,下面一起来复习这首歌曲。

1. 完整齐唱歌曲《老爷爷赶鹅》。(老师钢琴伴奏)

要求:注意八分音符唱得短促,"嘎"字像竖起来的鹅蛋。

(媒体呈现歌曲《老爷爷赶鹅》歌谱)

老师:这首歌曲表现了老爷爷怎样的心情?

2. 再次齐唱歌曲。(老师配上节奏和衬词)

$$
\begin{array}{llll}
 & 0\ \underline{X\ X} & 0\ \underline{X\ X} & 0\ \underline{X\ X} \\
\underline{1\ 1}\ 1\ 2 \parallel : 3\ -\ |\ \underline{3\ 3}\ \underline{3\ 4}\ |\ 5\ -\ |\ \underline{5\ \dot{1}}\ \underline{5\ 4}\ |\ 3\ - \ |
\end{array}
$$

1. 有个 老爷 爷,(拍手) 进城 赶群 鹅,(拍手) 听到 有人 喊,(拍手)
2. (爷爷 回答) 说,(啊) 我的 老大 哥,(嗨) 给我 跳个 舞,(好的)

$$
\begin{array}{ll}
 & 0\ \underline{X\ X}\quad |1.\quad\quad |2. \\
\underline{3\ 3}\ \underline{3\ 2}\ |\ 1\ -\ |\ \underline{1\ 1}\ 1\ 2\ :\parallel\ \underline{3\ 2}\ \underline{3\ 2\ 1}\ :\parallel\ 0\ \underline{5\ 5}\ \underline{\dot{1}\ 0} \ |
\end{array}
$$

要买 一对 鹅, (拍手) 爷爷 回答 嘎嘎 老爷爷, 嘎嘎 嘎
送你 一对 鹅, (哦)

$$
\begin{array}{ll}
\quad\quad\quad\quad\quad\quad |1.\quad\quad\quad\quad |2. \\
\underline{3\ 2}\ \underline{3\ 2\ 1}\ |\ 0\ \underline{5\ 5}\ \underline{\dot{1}\ 0}\ |\ \underline{3\ 2}\ \underline{3\ 2\ 1}\ :\parallel\ 0\ \underline{5\ 5}\ \underline{\dot{1}\ 0}\ \parallel
\end{array}
$$

嘎嘎 赶群鹅, 嘎嘎 嘎 嘎嘎 老爷爷, 嘎嘎 嘎。

3. 男女生对唱。

分 析

教师在复习歌曲《老爷爷赶鹅》中要求学生用不同的演唱形式来体验、演绎歌曲欢快、活泼的情绪,并点明、指导歌曲中的八分音符——鹅的叫声"嘎"的教学难点。

案例 ❸

以下是进行歌曲处理时常用的一些方法:

1. 理解歌词。

教师可运用听(感受)、问(提问)、议(发言)等多种方式帮助学生理解一些生涩的歌词和歌词中蕴含的情感因素,以达到帮助学生体会歌曲情绪的教学目标。

2. 变化处理。

一首歌曲,由于情感的变化,曲调上也会有相应变化。如:一年级第一学期的歌曲《音乐是好朋友》中以衬词"啦"为主的第二乐句,就可以唱得有弹性,略活泼,既不影响整首歌的优美情绪,也能表现出音乐特有的变化。又如:四年

级第二学期的歌曲《叶儿船》第一乐句"一片树叶两头尖"可以应用音断气连的唱法，表现出与其后歌曲高潮部分连贯的旋律的情绪对比，使歌曲演唱更富有情趣和表现力。

3. 再现情境。

小学阶段我们所教的歌曲中很多富有一定的情境和故事，如《小红帽》等，教师亦可通过再现情境，为歌曲情绪的把握起到推波助澜的教学作用。例如：在歌曲《箫》中有一个鲜活的人物——小宝宝，当他拿到箫并学会吹时，高兴愉快的心情在歌曲中得到了充分的体现。学生如能把自己当作歌曲中的"小宝宝"，就能在特定的情境中，演绎好歌曲。

4. 力度把握。

整首歌曲的情绪往往与力度变化有关，可以教会学生使用"低弱——高强"的方法，即：唱到低音时收一收音量，唱到高音时，放一放力度。然而，这一方法也不是绝对的，而且收放之间的变化界限的痕迹不宜太明显，教师可运用钢琴伴奏、对比演唱等课堂教学方法来帮助学生体会歌曲力度，并表现出应有的情绪。

分析 以上这些歌曲处理的方法可以有助于表现出歌曲特有的情绪特点和情感内涵。同样，我们可以视实际情况选择使用一种或多种并用。

案例 ❹ 以下是学唱歌曲《摇啊摇》的教学环节：

一、导入与聆听

1. 导入：同学们，我们刚才听的这首通俗管弦乐曲《小狗与口哨》是美国作曲家普莱亚根据自己小时候的故事创编的，非常有趣好听，是吗？其实，（转用上海方言）在阿拉上海也有许多好听的歌曲和好白相的弄堂游戏。侬看——

2. 老上海、新上海的简介。（媒体显示画面）

3. 律动。

要求：电子琴播放歌曲《摇啊摇》的旋律（滚动形式），学生在教师的启发和引领下，和着音乐的节拍，做各种自己想象和喜欢的动作。

二、再听与感受

1. 教师范唱歌曲《摇啊摇》。（用上海方言演唱）

要求：吸引学生注意力，引起学生学唱欲望。

2. 讲解歌词，介绍歌曲的体裁——上海童谣，展示歌谱。

要求：帮助学生听懂上海方言和理解词意。

3. 教师再次范唱歌曲《摇啊摇》。（用上海方言演唱）

要求：请学生边看歌谱边听老师演唱。

说明：

　　通过老上海、新上海的画面简介，及用上海方言演唱上海童谣《摇啊摇》和上海方言的学习，渗透了赞家乡、爱家乡的思想教育；歌曲旋律的反复出现，有助于学生熟悉和记忆歌曲旋律，感受歌曲旋律的欢快情绪，为紧接着的歌曲学唱做情感和记忆铺垫。

三、学唱与理解

1. 用"lu"模唱。

要求：唱两遍。边画旋律线（媒体在歌谱的音符下面出现走动的旋律线）边模唱，让学生直观地感知旋律的高低走向。

说明：

　　教师要注意学生演唱姿势、发声方法、音准、节奏等技能的练习，为其后歌曲学唱做技能铺垫。

2. 学生初唱歌曲。

要求：学生基本能较为连贯地唱出歌曲。

3. 逐句学唱。

方法：教师根据歌词的含义，通过情感启发，引导学生从音乐形象上感悟演唱的技能，帮助学生学习和唱会歌曲。

"啊"的弱音演唱：教师可通过自身两种不同的演唱让学生听辨，也可通过摇船的比喻启发学生。

第一个"外婆桥"的"外"是本歌中最高的一个音位。（提示：要到外婆家的喜悦心情）

"桥"是本歌中演唱时值最长的一个音。（提示：你老远就看见外婆的家了）

第二个外婆的"外"。（提示：外婆看见你就抱你、亲你）

好宝宝的"好"是七度（上）大跳。（提示：外婆喜欢地叫你什么？）

一只馒头的"一"是五度（下）大跳；一块糕的"糕"是七度（上）大跳，且一字两音。

以上都需教师通过情感一一启发。

说明：

　　既是纠错，也是歌曲的情感处理及演唱技能的"授"与"学"。

4. 完整练唱歌曲。（2—3遍）

要求：唱准音高、节奏，声音甜美，富有情感。

四、拓展与演唱

1. 教师导入语：

宝宝你到了外婆家，除了歌词里演唱的这些，你还会干什么？

2.播放摇滚版的《摇啊摇》旋律。(教师自己改编的版本)

教师启发：听着这个音乐，你想干什么？为什么？

让学生跟着音乐唱一唱，动一动，感受摇滚乐的情绪。

教师导入语：在外婆家玩累了，宝宝你应该回家了。

3.播放视频《摇啊摇》。(一年级新教材配套课件)

第一遍请学生边听边看，第二遍请学生边听边看边唱，结尾处教师唱。

提问：为什么最后要将"摇啊摇，摇啊摇，摇到外婆桥"唱两遍，而且越唱越弱？

> 说明：
> 　　主要是对歌曲的熟悉与巩固，同时也渗透了不同的演唱或演奏所产生的不同情绪效果，更是课堂气氛的营造及学生情绪的调动，使学生感觉生活与音乐学习的快乐。

分析　　以上学唱歌曲《摇啊摇》的教学环节，包含教师帮助学生理解歌曲情感、情绪，并进而表达的教学方法，特别是教师改编成了摇滚版的《摇啊摇》，帮助学生体验情绪的变化，改变了传统的教法，值得借鉴。

案例⑤　　以下是歌曲学唱时尾声处理的一些具体方法：

1.后缀动词及衬词。

例如：教材中一年级第一学期的歌曲《我们爱国旗》最后加入了"敬礼!"的动词，我们也可以运用这样的方法增加歌曲的情趣。如：二年级第二学期的歌曲《只怕不抵抗》，最后可加入"冲啊!"的动词；在二年级第一学期歌曲《猜冬猜》后加入"猜冬里猜"的念白等。同样，在歌曲结尾加入感叹的衬词也能使歌曲演唱在高昂的情绪中结束，如"哟"(《布依娃娃爱唱歌》等)、"嘿"(《请来看看我们的村庄》、《在欢乐的节日里》等)。当然这里需说明的是这一方法不仅可以运用于歌曲尾声，在歌曲中也可以加入适当的动词或衬词，同样会得到很好的演唱效果，如在《只怕不抵抗》中"一刀斩汉奸"后加入"嗨"，"一枪打东洋"后加入"啪"等等。

2.调整速度与力度。

在课堂上，我们常用"渐强、渐弱"的方式处理歌曲的结束句，使歌曲更有结束感，但是许多歌曲特别是情绪热烈、欢快、活泼的歌曲，我们也可以采用不变化速度、强度的教学策略，以适应学生的学情和情感体验。以四年级第二学期歌曲《箫》为例，歌曲的最后一句为：

如果学生感知、想象的情景为箫声悠扬、回荡远方，可以采用渐弱渐慢的收尾方式；但学生的感知联想是小宝宝学会箫后很自豪，越吹越有激情时，可作mf力度处理。每个人对音乐的感知程度和角度都不同，又所谓"教无定法"，要求教师在课堂中不抹杀学生的音乐个性，适时调整力度记号的运用方法，以适应课堂教学的需求。

分析　　在歌曲教学中，我们发现学生唱好歌曲的尾声，就能起到画龙点睛的作用。可运用以上四种策略帮助学生唱好尾声。它们同样需要教师因材施教，根据歌曲自身的特点合理使用。

要领提炼

综上，我们来归纳一下小学音乐课堂中进行歌曲处理教学时的要领：

1. 教师应在教学中重点关注：歌曲表演形式要符合歌曲的情绪特点和风格；声音表现方法要符合学生学龄，并在该年段学生已学已知的音乐知识范畴之内。

2. 歌曲处理教学中速度的快慢、力度的强弱，应根据歌曲内容的要求。在处理歌曲的速度时，首先要从歌曲的内容需要出发，一般歌谱中均有标明。如无，则应根据歌曲情绪需要加以确定。

3. 美学家叔本华认为："音乐决不同于其他艺术，其他艺术不过是观念的复写，观念不过是意志的对象化而已。音乐则是意志本身的复写，这就是音乐为什么特别能够有力地透入人心的原因。"叔本华的这一论述，指出了音乐与感情的本质关系。唱歌教学就应该把"情感"渗透到歌曲之中。歌曲中常常标有"欢快跳跃"、"坚定有力"、"优美抒情"、"喜悦热情"等表情术语，这就是每首歌曲的特定的情绪。在教学中我们要注重引导学生在理解歌曲的基础上表现这些表情记号。

4. 歌曲的演唱形式有很多：齐唱、合唱、对唱、领唱、独唱等。这些不同的演唱方式，要依据歌曲内容的需要和曲调的特点来处理。

5. 高潮是一首歌曲中情感最集中、最引人、最精彩的地方，它或居中或在结尾。结束的处理有以下几种常用的方法：渐慢渐弱结束法、渐强结束法、高八度结束法等。

6. 演唱歌曲，实际是在对歌曲进行二度创作。因此要准确地理解作者的创作意图，了解歌曲所体现的艺术形象。通过这样的教学，使学生能有声有色、有情有韵地唱歌，既唱出歌曲的感情，得到美的享受，更能表达出歌词的意义，以达到教学目的。

第六节　合理复习歌曲

问题呈现

我们通常把复习歌曲设定为反复地练唱，直至唱会唱熟歌曲。其实在歌曲复习的教学环节中，还有很多值得我们关注的问题：

1. 音乐学科课程标准要求学生每学年能背唱4至6首在教材中所学唱的歌曲。如果教师不着重歌曲复习就会导致无法达成这一基本的教学要求和目标。

2. 在复习歌曲的教学中除了反复练唱，使学生熟练掌握乃至记住歌曲旋律和歌词外，在教学设计中不应使每次复习歌曲演唱的教学步骤都呈现平行的状态，而应逐步深入，从而使学生在复习演唱歌曲时比初学时唱得更好，更富有情感。

3. 为了提高每节音乐课的教学效益，教师不仅需要思虑如何复习提高演唱，还需要巧妙地将本节课中的新授内容加以合理的组合，使歌曲复习环节具有"双倍"的教学收益。

让我们一起浏览以下案例，学习复习歌曲的具体方法。

案例分析

案例 ❶

以下是复习演唱歌曲《圆圆和弯弯》的教学步骤：

复习演唱歌曲《圆圆和弯弯》

（一）导入。

师：溜溜圆的月儿亮堂堂，
　　像面镜子挂天上，
　　照得见，村村寨寨粮满仓，
　　照得见，满园瓜果飘清香。

让我们一起来唱唱这首《圆圆和弯弯》，感受这丰收的季节。

（媒体出示单元词）

（二）复习歌曲。

1. 完整演唱歌曲。

师：同学们唱得很认真，丰收的果实多不多啊？难怪农民们使劲地吆喝着："啰……哎……"

（老师范唱高潮部分，把渐强渐弱形象地表现出来，用丰收的果实多又多来突出衬词部分的含义）

2. 学生唱衬词部分，把渐强渐弱的感觉唱出来。

```
6 1 - 3 2 | 2 - - 6 | 1 2 - 1 2 | 1 6 - -|
啰        哎       哎        啰
```

3. 重点练习切分节奏。

```
5 5 6 1 1 6 6 |
圆 圆  的 粮 囤
```

> 说明：
> 可以让个别学生唱，让会唱的学生纠正、指导不会唱的学生。

4. 练习休止符。

师：老师跟你们对唱第一行，我唱第一、第三小节，请你们唱第二、第四小节。（引出休止符的作用）

师：农民们看着满园的果实，高兴得声音都哽咽了。听：圆圆的橘，圆圆的柑……

> 说明：
> 形象地指出休止符的作用，停顿是因为太激动了。

5. 谈感受。

师：丰收时人们的心情怎样？你觉得应该怎么唱？
（情感的迸发，要用连贯的气息来演唱，两小节中间换气）

6. 再次完整演唱。

分析 这一复习部分的教学较为细致，复习并唱好衬词、切分音、休止符和纠错，使这一复习环节朴实而具有课堂实效。完整演唱——部分演唱——完整演唱的教学设计，能使学生在复习的基础上提高演唱技巧，进而唱好歌曲。

案例 ❷ 以下是复习歌曲《钟声》的教学环节：

1. 学生反馈，教师指导。

（1）钟声、节拍韵律感、口型、呼吸处理。

师："这首歌曲是几拍子的？它的强弱规律是什么？"学生交流。

师："你们瞧，老师唱时口型圆圆的，所以我的声音才像黄鹂鸟那么清脆、动听。请你们念念看——注意咯，我们不仅按节奏来念，而且要带上呼吸。"

教师带上伴奏唱部分歌词乐句。

（2）力度变化处理。

师："钟声仿佛在我们面前飘荡，从远处来，又飘向远方，你想一想，可以用

怎样的力度记号来表现呢?"(ppt)

教师范唱,学生交流。(出示:渐强渐弱)

请一组试唱,师生互动评价。全体唱。

(他们唱时注意声音从远处到近处,从近处再到远处。教师指导)

(3)结尾意境处理"钟声余音缭绕、远去"。

个别学生哼唱最后乐句,全体唱。

(4)加入小铃伴奏。(多媒体提示2小节一次)

师:"为了丰富歌曲的表现力,请你选择符合歌曲意境的小乐器,你会选择什么小乐器?"

师:"请你按照小铃的提示来演奏一下。"(ppt)

2. 表现歌曲:加入装饰音、律动、小乐器表现。(加入前奏、尾奏)

师:"我们完整地演唱一下,既要唱出3/4拍的韵律感,又要唱出钟声的飘荡起伏感。"

学生演唱。

分 析

教师引导启发学生从念歌词的咬字发声、节拍的韵律感、乐句的连绵起伏、尾声意境的处理多层次多角度层层深入地歌唱,为唱好歌曲打下基础。同时为了丰富歌曲的表现力,用律动、小乐器伴奏、装饰音来表现歌曲,引导学生体会歌曲的意境美,并有感情歌唱。

教师的教学没有停留在扁平化的设计中,如反复用同样的方法练习歌曲等,而是体现了由浅入深的教学方式。另外,复习歌曲教学需要承上启下,教师通过设问"这首歌曲是几拍子的?它的强弱规律是什么?",帮助学生巩固上一节课所学。

案例❸

以下是复习歌曲《让我们荡起双桨》,进而初步学唱歌曲《一把雨伞圆溜溜》的一节课的完整的教学设计:

【课　　题】　五年级第二学期第五单元"成长的收获"

【教材版本】　选自上海音乐出版社出版的九年义务教育课本

【教学内容】　初步学唱歌曲《一把雨伞圆溜溜》

【教学任务分析】　1. 教材简析。

歌曲《一把雨伞圆溜溜》是一首创作于1990年代初的儿童歌曲,情绪活泼欢快,2/4拍。歌曲中以附点八分音符为主要节奏型,表现出三个小伙伴"嘻嘻哈哈"、快乐的音乐形象。而切分节奏在歌曲中表现出小朋友们在雨中共伞行走、嬉戏、玩耍的情趣。口语化的歌词和下滑音的巧妙运用,更是表现了一种诙谐的童趣,生动刻画了孩子们在雨中欢笑的情形。

通过歌曲的学唱,意在使学生初步知道歌曲中的切分、附点节奏、音程大跳等音乐要素在表现歌曲情绪以及刻画音乐形象中的作用,使学生通过演唱抒发自己的内心情怀,引导其懂得"热爱生活,珍惜友情"。

2. 学情分析。

本次所执教的五年级学生,喜爱音乐,对于音准、节奏等知识技能已有一定的掌握。部分学生通过课余时间学习乐器,有较强烈的音乐表演欲望,已具有一定的音乐表现能力。

鉴于以上的学情分析,本课力求使学生在感知作品音乐要素的基础上,能初步表现歌曲情绪,表达内心情感,体会乐观向上的人生态度。

【教学目标】　1. 积极参与演唱歌曲《一把雨伞圆溜溜》,体验歌曲活泼欢快的情绪特点和少年儿童充满童真、乐观向上的精神面貌;愿意积极参与集体歌唱活动,分享音乐活动的快乐。

2. 正确表达歌曲中的附点节奏和连续切分节奏;能用较好的音准和气息控制演唱歌曲。

3. 学唱歌曲《一把雨伞圆溜溜》,在聆听范唱、朗读歌词、师生对唱、交流评价中感知音乐要素在表现歌曲情绪中的作用,运用其准确而有感情地演唱,表现音乐形象,感悟情感内涵。

【教学重难点】　1. 教学重点:初步学会准确而有感情地演唱歌曲。

2. 教学难点:正确运用歌曲中的节奏、歌曲整体韵律等音乐要素,表现歌曲情感。

【教学过程】　一、复习与巩固

关键设问:歌曲的情绪是怎样的?为什么作者用这样的速度和情绪来作曲?

1. 哼唱歌曲《让我们荡起双桨》的旋律。

让我们荡起双桨

乔羽 词
刘炽 曲

$1=\flat E \quad \frac{2}{4}$

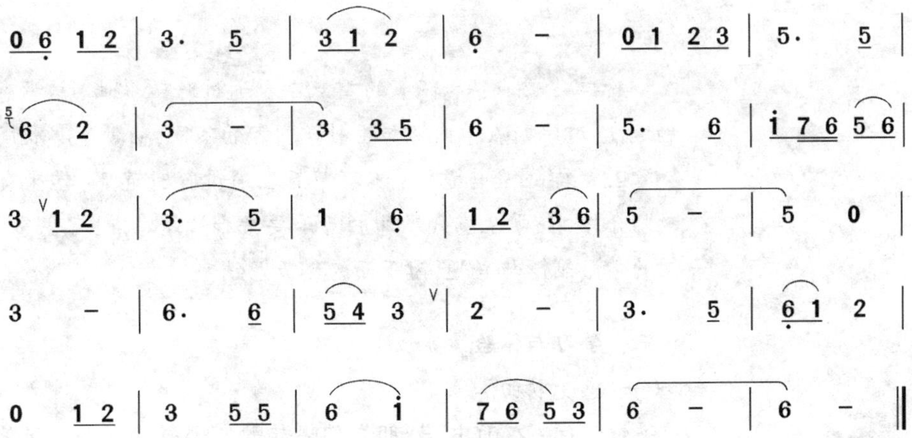

2. 聆听歌曲《让我们荡起双桨》。

让我们荡起双桨

乔 羽 词
刘 炽 曲

$1=♭E \quad \dfrac{2}{4}$ 稍快 优美、热情

```
0 6 1 2 | 3. 5 | 3 1 2 | 6 - | 0 1 2 3 | 5. 5 |
让我们 荡 起 双    桨，    小船儿 推 开

6 - | 3 - 3 5 | 5. 6 | 1 7 6 5 6 |
波  浪，  海面 倒 映 着 美丽的白

3 1 2 | 3. 5 | 1 6 | 1 2 3 6 | 5 - | 5 0 |
塔，四周 环  绕 着 绿树 红 墙。

3 - | 6. 6 | 5 4 3 | 2 - | 3. 5 | 6 1 2 |
小  船 儿 轻轻 飘  荡   在  水 中，

0 1 2 | 3 5 5 | 6 1 | 7 6 5 3 | 6 - |
迎面 吹 来了 凉  爽 的 风。
```

3. 跟着录音齐唱歌曲《让我们荡起双桨》。

二、感受与聆听

关键设问：歌曲的速度和情绪是怎样的？你能听出哪些歌词内容？

1. 初听歌曲录音。

提问：(1)情绪？ (2)速度？

2. 复听教师范唱。

提问：(1)内容？ (2)曲名？

3. 朗读歌词。(媒体出示歌词，播放背景伴奏音乐)

4. 词作者介绍。

> 说明：
> 1. 学习要点：本环节的重点在于通过聆听歌曲，初步感知歌曲的情绪和速度，对比副教学内容与主教学内容的不同，初步了解歌词的内容大意。
> 2. 教学策略与意图：本环节旨在通过聆听范唱、学生交流、朗读歌词、教师介绍，使学生感知歌曲的音乐要素和情绪特点，了解歌词大意，激发学生的学习热情与兴趣，为下面的环节做铺垫。

三、学习与体验

(一)感受歌曲。

关键设问：在雨中，好朋友们唱起歌。哪句歌词唱出了他们的快乐？又是

哪一种特别的节奏模仿了雨水的"滴滴嗒嗒"？

  1.教师范唱歌曲,学生讨论。(后半段的第一句"啦啦啦";节奏:附点节奏。)

  2.学生齐唱此乐句。

> 说明:
>   1.学习要点:本环节进一步加深对歌曲整体旋律的记忆,为歌曲的学习做好铺垫。
>   2.教学策略与意图:本环节旨在通过聆听理解歌词,感受歌曲中小朋友的乐观,通过哼唱【方法与策略】进一步记忆歌曲的旋律,在交流的过程中感受音乐形象【能力】。通过教师归纳,引导学生初步明白歌曲的寓意:小伙伴团结友爱,共渡难关【情感态度】。

 (二)学唱歌曲前四乐句曲调。

  1.教师范唱前四句歌词。

 关键设问:作者在乐句之间用了什么音乐符号来连接?哪种节奏生动地刻画了小朋友在雨中行走时同步走的样子?

  2.学生唱唱这四句。(一位学生敲击小铃代表乐句间的休止符)

  3.教师指导最后连续切分节奏的乐句。

一把雨伞圆溜溜

杨霞丹 词
桑 陆 曲

 (三)学唱前半段歌词。

 关键设问:你应该用怎样的情感演唱歌词?

  1.教师按节奏朗读歌词。

  2.学生按节奏朗读歌词。

  3.有感情地演唱歌曲前半段歌词。

  4.小结:休止符串联起了一句又一句,而连续切分节奏的出现,表现小朋友们雨中行走的样子,展现了他们的活力。

说明：

  1. 学习要点：本环节旨在要求学生准确把握乐句中的节奏、音准，有感情地演唱歌曲前半部分。

  2. 教学策略与意图：通过聆听范唱、模唱、朗读歌词，在反复演唱的过程中，能为歌曲前半部分配上合适的情绪演唱。

（四）学唱后半段。

关键设问：雨下得很大，伞下的小朋友唱起了歌，脸上露出了怎样的神情？他们有没有下定走出风雨的信心呢？

1. 学唱后半段。

（1）学生齐唱前半段，教师独唱后半段。

（2）学生交流。

（3）学生演唱。

（4）教师指导乐句中的下滑音（嘻嘻哈哈）。

2. 学唱后半段的后两句。

（1）教师范唱，学生聆听。

（2）学生唱唱这两句。

（3）小结归纳：歌曲中的下滑音表现了小朋友在风雨中走路时的快乐。最后一句的力度渐强将歌曲推向高潮，表现了小朋友不怕困难，友谊带来的快乐使他们在雨中大步前进。

3. 完整唱后半段。

说明：

  1. 学习要点：本环节旨在要求学生把握歌曲中的音乐要素，演唱歌曲后半段。

  2. 教学策略与意图：通过师生接唱、师生互评等方式学唱歌曲后半段。

一把雨伞圆溜溜

杨霞丹　词
桑　陆　曲

四、完整演唱全曲

1. 全体齐唱歌曲,用录音伴奏。

2. 老师总结全课:今天我们学唱了歌曲《一把雨伞圆溜溜》。在雨中,三个伙伴同撑一把伞,大步向前走,感受友谊带来的快乐,就像我们小朋友懂团结,珍惜友情,齐心协力,再大的困难也不怕。

3. 表演唱,老师指挥。

第一遍老师独唱前半段,全体学生齐唱后半段;第二遍男生齐唱前半段,女生齐唱后半段;第三遍全体学生齐唱,老师独唱尾声。

> 说明:
> 1. 学习要点:本环节重点是在学唱歌曲的基础上,综合运用各种演唱形式,巩固已有的学习成果,有感情地完整演唱歌曲。
> 2. 教学策略与意图:旨在运用录音伴奏,烘托歌曲的情绪,激发学生情感投入地演唱。在演唱过程中自然地把歌曲中的"成长的寓意"借助音乐的情感要素融入歌曲中。

【教学流程图】

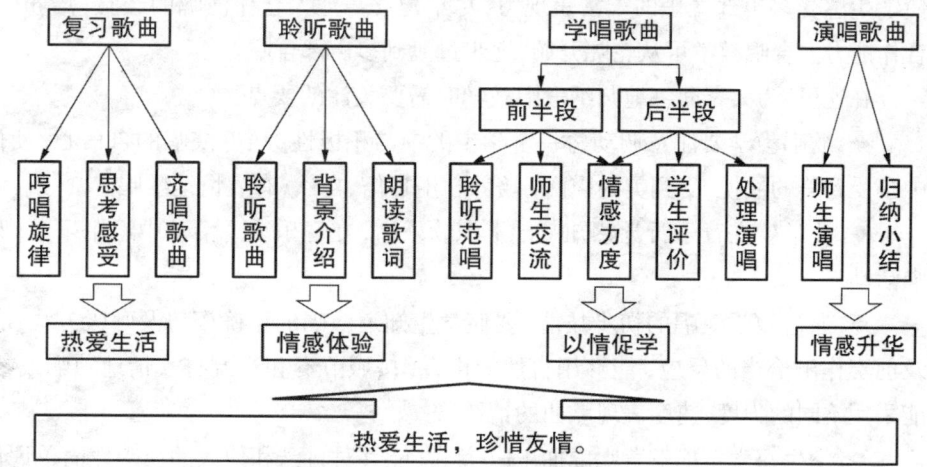

分析　在以上案例中，教师以两首歌曲的情绪对比为切入点，在复习歌曲《让我们荡起双桨》的同时导入初步学唱歌曲《一把雨伞圆溜溜》的教学主要内容。在教学中教师运用了关键设问、学生讨论等方法帮助学生复习歌曲和学习新授歌曲，并运用形象化的语言引导学生理解歌曲的情感，使唱会歌曲和唱好歌曲同步。

要领提炼

综上，我们来归纳一下在小学音乐课堂教学中复习歌曲教学的要领：

1. 《诗·大序》中所述："言之不足，故嗟叹之。嗟叹之不足，故咏歌之。咏歌之不足，不知手之舞之足之蹈之也。"以动作为源可以使学生准确地回忆起所要复习的歌曲的旋律和歌词。除了律动、歌表演以外，我们还能运用旋律线等多种方式帮助学生记忆、背唱歌曲。

2. 复习歌曲的教学设计不能是单一地反复地练唱，应在复习歌曲的同时复习巩固上一课时乃至之前所学的音乐知识，如歌曲的拍号、节奏、创作背景等等。复习歌曲的教学策略也应是多元、综合的。

3. 复习歌曲时使用方法的难易取舍，还是要根据学生的具体学情而定，有时同一个学校的同一年级不同教学班的学生对歌曲的掌握程度也不同，需要教师及时调整复习的方法。

4. 复习歌曲教学的关键在于学生能通过复习这一教学步骤，唱好歌曲，与之前的演唱相比较有不同程度的进步。

本章小结

演唱歌曲是小学音乐教学的基本内容，也是学生最易于接受和乐于参与的表现形式。歌唱技能的练习，应结合演唱实践活动，创设与歌曲表现内容相适应的教学情景，激发学生富有情感地歌唱，以情带声，声情并茂。注意学生变声期的嗓音保护，避免喊唱。要重视和加强合唱教学，使学生感受多声部音乐的丰富表现力，尽早建立与他人合作演唱的经验，培养群体意识及协调、合作能力。合唱教学可从轮唱开始，逐步过渡到多声部合唱。

在这里，为大家简练地归纳歌唱教学时需要关注的要点：

◆ 歌唱教学要注意调动每一个学生的参与积极性，培养演唱的自信心，使他们在歌唱表现中享受到美的愉悦，受到美的熏陶；培养学生自信、自然、有表情地歌唱。

◆ 让学生在音乐听觉感知基础上识读乐谱，在音乐表现活动中运用乐谱；乐于参与各种演唱活动。

◆ 通过教学演唱的初步技能，要使学生知道演唱的正确姿势及呼吸方法；能够对指挥动作及前奏作出恰当的反应；能够用自然的声音，按照节奏和音调有表情地独唱或参与齐唱、合唱；能采用不同的力度、速度表现歌曲的情绪。

◆ 学生每学年能够背唱歌曲4—6首，并能够对自己和他人的演唱作简单评价。

第四章

多元介入　动态调整
——音乐活动的孕育

音乐教学是音乐艺术的实践过程。作为普及性的音乐课堂教学，要使学生通过音乐的技能实践来感知音乐的基础知识，体验音乐审美的基本过程与方法，感受音乐的情感魅力与人文价值。音乐教学中要强调学生的艺术实践活动，积极引导学生参与演唱、演奏、聆听、综合性艺术表演和即兴创编等各项音乐活动，将其作为学生走进音乐、获得音乐审美体验的基本途径。通过音乐艺术实践，有效提高学生的音乐素养，增强学生音乐表现的自信心，培养学生良好的合作意识、团队精神和创作能力。本章将从五个方面对音乐实践活动的形式与策略进行描述，为学习者提供参考。

第一节　参与形体律动

问题呈现

　　律动艺术性较强，直观形象，生动活泼，以其优美的旋律，高低起伏的音节、快慢有序的节奏，丰富、形象、动人的音乐语言，深受孩子们的喜爱。在音乐课中，因地制宜地运用律动，可以使学生全身心地投入到音乐的美好意境中，将抽象的听觉艺术与视觉、运动觉有机地联系在一起，让学生们充分地动起来，从传统的、被动的听课座位上"解放"出来，是还原一个生动活泼的音乐课堂，使音乐真正渗透到孩子们的心里去的有效途径。在进行教学设计的时候，不少教师会创设不同的情境，将一些音乐实践活动，特别是一些形体律动融合到教学活动中。

　　在进行类似的教学设计、实践活动时，我们会看到这样一些问题：

　　1. 小学音乐教师不是舞蹈演员，舞蹈、形体律动、编舞的能力较弱。（当然有些教师的舞蹈水平高些，能给学生带来美的享受，更好地陶冶学生的情操。）很多音乐教师由于自身的能力不足，在教学中对舞蹈、律动很不重视，甚至可以说是轻视，当课堂上需要学生即兴表演时，他们不能进行有效的引导、帮助。

　　2. 在一些低年级的音乐课上，老师非常鼓励学生进行律动，但课堂上哪些环节可以"动"、"动"在一节课中应当占多大的比例才合适是值得思考的。

　　3. 教师在课堂教学设计和实践中，要尝试将形体律动和教学内容更紧密地结合在一起，要考虑如何让学生的"动"更好地为掌握教学内容、实现教学目标服务。

　　下面就让我们通过案例来了解。

案例分析

案例 ❶

　　在教材中有不少民族音乐作品，在学习、感受这些富有民族特色的作品时，不少老师在教学中会让学生学学具有典型性的民族舞蹈动作。

　　以下是《草原就是我的家》教学设计（片段）：

　　1. 观看课件，体验民俗。（背景音乐：《草原就是我的家》）

　　师：蒙古族地区每年七八月间都举行隆重的那达慕大会。现在让我们一起去看一看他们在干什么。

　　生：摔跤、射箭、赛马。

　　2. 动作创编与声音创编同时进行。

　　师示范简单的骑马舞动作：

○ 基本手形：平手、叉腰手、挥鞭手、双手勒马。
○ 基本动作：硬腕、勒马挥鞭、耸肩、雄鹰展翅。
○ 基本舞步：走马步、跑马步。

请同学们模仿骑马舞动作，跟着音乐动一动。

3. 请几位同学自己创编、设计摔跤、射箭的动作演一演，同时为动作配音响（象声词）。

4. 为动作找相应的节奏。

四个动作分别为：挤奶、摔跤、射箭、赛马。

节奏为歌曲《草原就是我的家》中的基本节奏：

XX XX   XXXX X   X. X

5. 出示课件的四幅画面（摔跤、射箭、赛马、挤奶）。师选不同的画面，全体学生做出相应的声势表演。

（表演时，用《草原就是我的家》旋律伴奏，让学生和着音乐节拍做出表演的同时，感受歌曲的情绪和形象。）

分析　　课堂上教师创设蒙古族那达慕大会的情景进行教学，引发学生的好奇心，使他们产生兴趣，积极参与，并能产生相关的联想、想象。借助观看蒙古族那达慕大会的课件，教师示范简单的骑马舞动作，让学生通过模仿摔跤、挤奶、射箭、赛马等动作来体验民俗的同时，将歌曲中的基本节奏纳入律动表演中，解决了歌曲节奏上的难点。而在体验民俗、节奏练习及即兴创编时都使用了《草原就是我的家》为背景音乐，使学生在不知不觉中反复感受、体验歌曲的风格特征，提前熟悉歌曲的旋律，为下面的歌曲教学做准备。

案例❷　　同样一个教学内容，同样运用了律动的教学策略，但是却产生了不同的效果，我们来看看一位青年教师用同一个内容在不同班级的教学实践：

这是一堂普通的音乐课，授课内容是一年级《长鼻子》，这堂课主要是让学生聆听音乐，通过律动表演来感受乐曲《大象》和《小象》的不同速度和情绪。

师："小朋友，你能用动作来模仿大象吗？"

话音刚落，大部分小朋友都很自然地抓住大象长鼻子的特征，用手来模仿；也有个别男孩子双手朝地，手脚并用地扮演大象走路。这时，我开始播放两段音乐（《大象》和管弦乐《小象》），让小朋友听着音乐进行律动，并且能够用动作来区分两段音乐的速度和情绪。当播放乐曲《大象》的时候，音乐速度缓慢，小朋友很自然地放慢动作进行表演；音乐切换到管弦乐曲《小象》时，小朋友们的动作速度和情绪都发生了变化，大家都很愉快地甩着手臂模仿小象，更有男生高兴地满地乱爬。好嘛,有一个带头,个别的几个调皮鬼就跟着学样。一不小心两个小朋友还撞在一起,摔了个四脚朝天,结果惹得其他小朋友都没有心思表演,大笑的大笑,说话的说话……

这时,即便是我很生气地站在那里小朋友们也没有意识到,大家都沉浸在那场闹剧中,直到我把音乐关了才安静下来。我狠狠地批评了捣乱的学生,那些孩子不吭声了,头一耷拉地站在原地,后来我再进行律动时发现他们怎么也不肯参加活动了。

课后,我回到办公室里冷静地想了一下,本来是想让学生从律动中区别两首音乐作品,感受作品情绪和速度的变化,结果却因为学生无规律地律动乱了场,我想最大的原因是没有在律动前把要求交待清楚,才会导致学生由着性子进行表演。

授课内容还是欣赏《大象》和《小象》,另一个班上课。

这次,我先请小朋友坐在位子上分别聆听了作品《大象》和《小象》,感受过程中,我发现有许多小朋友都能够跟着音乐进行简单的身体律动。在律动过程中我及时地表扬了小朋友会听音乐,并积极鼓励他们的表演。

然后我带领小朋友以故事的形式进行表演:象妈妈带着一群小象到郊外游玩。它们来到了一片森林,来到了小河边,小象们欢快地玩耍:有的在互相嬉戏,有的在喷水,有的在喝水……不知不觉,太阳落山,象妈妈呼唤小象回家喽! 音乐从《大象》到《小象》,最后又回到了《大象》,这样不仅激发了学生的表演兴趣,而且也让学生能够在有序的表演中体验两首音乐作品不同的速度和情绪。

分析　　在观看以上案例时,你是否也深有同感?课堂上的律动目的是唤起学生对音乐教学内容的注意力,提高学生学习兴趣。教师在设计律动活动时,既要根据学生的年段特点、生活经验等来设计简单、易学、易理解的动作,又要对学生的每一次律动提出明确的要求,在学生律动的过程中及时评价、引导,才能使课堂教学"动而不乱"、"活而有序"。

案例❸　　集体舞、队列表演,也是音乐课堂教学中经常运用的教学方法。选用教材中的音乐编排集体舞的方法适用于各个年龄段的学生。值得注意的是:要选用适合该年龄段学生的动作表现能力和情绪表达的舞蹈元素构成集体舞,在舞蹈中培养学生的集体观念和团结友爱的精神。

以下是以《洋娃娃和小熊跳舞》为伴奏音乐编排的集体舞:

洋娃娃和小熊跳舞

[波兰] M·卡楚尔宾娜 词曲
李国英 编舞

1=D 2/4

（1 1 1 1 1 1）| [1] 1 2 3 4 | 5 5 5 4 3 | 4 4 4 3 2 |
　　　　　　　　洋娃 娃和　小熊跳 舞　　跳呀跳 呀

| 1 3 5 0 | [5] 1 2 3 4 | 5 5 5 4 3 | 4 4 4 3 2 | 1 3 1 0 |
一二一，　他们在跳　圆圈舞呀，　跳呀跳 呀　一二一，

[9] | 6 6 6 5 4 | 5 5 5 4 3 | 4 4 4 3 2 | 1 3 5 0 |
　　小熊小　熊　点点头 呀　点点头 呀　一二一，

[13] | 6 6 6 5 4 | 5 5 5 4 3 | 4 4 4 3 2 | 1 3 1 0 |
　　小洋娃　娃　笑起来 呀　笑呀笑 呀　哈哈哈。

[17] （6 6 6 5 4 | 5 5 5 4 3 | 4 4 4 3 2 | 1 3 1 0）‖

具体方法和动作要领：

全班学生排成里外两个圆圈，两人一对，逆时针方向站立。外圈学生为小熊，里圈为洋娃娃。

前奏：外圈学生右手叉腰，里圈学生左手叉腰，同时外圈学生的左手和里圈学生的右手相握（互握内手）。眼睛对看，互相问好，点头四次（一拍一次）。

[1—2]小节：眼看前方，左（右）脚开始向前做八次小跑步，同时互握的手向前上方举起。（见图4-1）

[3—4]小节：继续小跑步前进，相握的手经下方摆至后方。（见图4-2）

图4-1　　　　　　　　　图4-2

[5—8]小节：动作同[1—4]小节。最后面对面站立。

[9—16]小节：外圈学生两脚分开站立，屈膝，膝盖稍向外，抬头挺胸，小嘴

巴嘟起,两手做吹喇叭动作。每两小节向左转90°,同时左脚开始原地踏四步(一拍一步),上身向左右摇摆。里圈学生左手叉腰,右手拉裙子,面对外圈学生,左脚开始用小跑步,围着外圈移动,共360°。

[17—18]小节:里、外圈学生面对面。外圈学生两脚分开站立,两膝稍屈,两臂屈肘举在胸前。腕关节放松,手指向下,左脚开始原地踏跳四次(每拍一次),同时身体向左右摇摆,似小熊状。里圈学生两手提裙(或在两侧翘起),用小跑步依逆时针方向侧移动一个位置与新朋友相遇。(见图4-3)

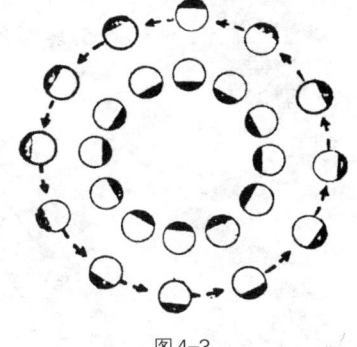

图4-3

[19—20]小节:动作同前奏。

分析　　集体舞、队列表演是适合于每一个年龄段学生的形体律动表演,而且这样的律动形式不仅关注学生个体的学习,更多地关注了生生间合作能力的培养。在活动与合作中学生需要不断协调,平衡个人与整体的关系。关注合作伙伴,关注集体,注重与同伴用眼神、手势、动作、表情、语言等来交流,有助于学生养成沟通、合作的能力。

案例 ❹

让我们看看形体律动在欣赏教学中的作用。

加伏特舞曲

【教学目标】
1. 聆听《加伏特舞曲》,感受、体验、参与表现乐曲,逐步培养听音乐的兴趣和习惯。了解加伏特舞曲,感受乐曲活泼明快的情绪。

2. 在听听、画画、动动、唱唱的过程中,熟悉音乐主题,能根据不同的主题以不同的方式参与乐曲的表现。

3. 认识小提琴,能感受、分辨小提琴的音色。

【教学重点】听赏乐曲《加伏特舞曲》,能随乐曲进行律动表现,感受乐曲中音高、情绪的变化。感受音乐的曲式结构。

【教学难点】通过身体的律动帮助学生理解、区分、记忆三个主题旋律。

【教学过程】(一)聆听乐曲第一乐段。

1. 设问导入。

师:孩子们,音乐是我们的好朋友,在生活中无处不在。当你听到音乐时,你会做些什么?

2. 聆听乐曲第一乐段,模仿老师动作,随乐律动。

动作设计:每一句1—4拍踮脚四次,5—7拍拍手三次。

动作要领:整齐、轻巧。

3. 聆听音乐,学生随乐参与表现。(动作与前面相同)

4. 启发学生创编动作,随乐参与表现。

设计与表现要求:将拍手的动作改成其他动作,并当小老师,教会其他同学。

5. 聆听第一乐段,老师在黑板上画出第一乐段的图谱。

第一乐段图谱:

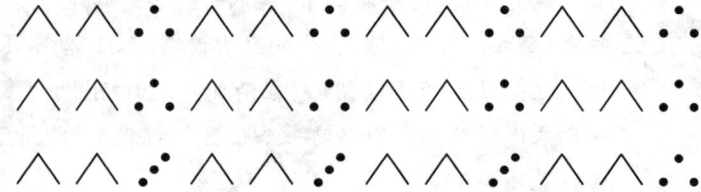

6. 学生用自己创编的动作随乐参与表现。

7. 分析图谱,指出每乐句最后三个音的音高变化规律,学生模仿老师用动作表现出音的高低。如:"低、高、低"用拍腿、拍手、拍腿表现;"低、中、高"用拍腿、拍胯、拍手表示。

(二)整体聆听乐曲。

1. 乐曲简介,并导入整体听赏乐曲。

师:这是一段有着轻松、跳跃的节奏的舞曲,叫做"加伏特舞曲"(出示图片),加伏特舞起源于法国。这首《加伏特舞曲》分为三个乐段,我们刚才听到的只是第一乐段,现在我们完整地听一听,听到熟悉的旋律时,我们做跺脚、拍手的动作,不熟悉的旋律你可以随音乐节奏动一动,或者随老师画一画。

2. 整体聆听乐曲,学生随乐参与表现,老师随乐画出第二乐段、第三乐段的图谱。

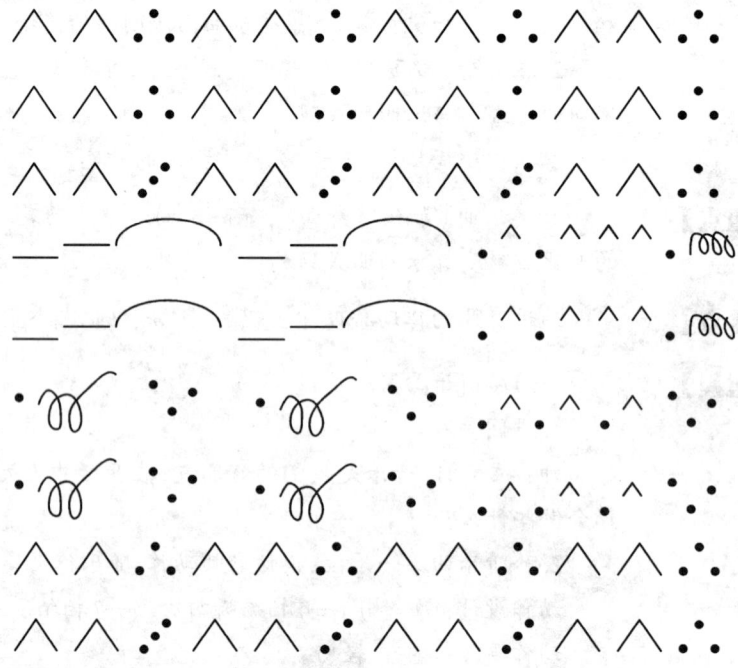

3. 分析乐曲结构，找出第一乐段和第三乐段的异同。

4. 出示第三乐段乐谱，随琴声唱一唱乐谱。

（三）聆听欣赏乐曲第二乐段。

1. 对比聆听第一乐段和第二乐段。设问：第二乐段的情绪相比第一乐段发生了怎样的变化？（旋律更加优美和舒展）

2. 创编能表现音乐特点的宫廷舞动作，随乐表现。（可以模仿老师的表演动作参与表现）

（四）再次聆听欣赏全曲。

1. 简要介绍演奏乐器小提琴。

（出示小提琴的图片或实物）展示小提琴，让学生观看小提琴的演奏姿势，感受小提琴的音色特点。

2. 完整聆听《加伏特舞曲》。第一乐段用声势动作参与表现；第二乐段用舞蹈动作参与表现；第三乐段随乐哼唱旋律。

（五）小结全课。

今天我们欣赏的乐曲是小提琴演奏的《加伏特舞曲》。加伏特舞是法国的一种古老的民间舞，它流传至今，今天还传到了我们的音乐课堂上。希望同学们回去能继续和你的小伙伴、你的爸爸妈妈分享这些好听的音乐，让音乐陪伴着我们快乐学习，快乐生活。

分析　　通过身体的律动，可以更好地帮助学生区分和记忆乐曲的三个主题旋律。通过多元的活动，学生的听觉、动觉、视觉都被激发出来，整个欣赏过程变得有趣。

案例 5　　有时律动也可以运用在一节课的不同环节中，起到组织教学的作用，让我们来看这位老师的做法。

学生在刚开始上课时，常常注意力不是十分集中，虽然铃声响起，他们仍然"我行我素"，似乎意犹未尽。于是，任凭老师横拍竖拍，嗓门提高八度，收效还是甚微。这正应了一句古话："万事开头难。"的确，课前组织是一个老大难问题。如何能够尽快地把学生的"玩心"收回来，正是每位从教人员挖空心思想要解决的问题。我认为此时运用简单的律动，不仅可以迅速地拉近师生关系，巧妙地将学生的注意力吸引到课堂教学中来，而且还可以起到承前启后、回顾旧知的作用。如，在上课开始五分钟的时间里让学生自愿到讲台前带领大家一起做律动，或利用他们对集体律动的兴趣进行有效的课堂调控都是不错的办法。这样的课前律动能充分调动学生学习的积极性、主动性、创造性，让学生在自由轻松的氛围中，做自己喜爱的动作，从中感受音乐的快乐。

对于小学生来说，爱动、爱模仿、爱表现是他们明显的年龄特点。学生常常自觉不自觉地就开始跟音乐或节奏做有规律的简单模仿动作了，因此从动作特点上来说，选择日常生活中的形象或动作进行模仿表演，必会深受学生的喜爱。通过模仿，学生拓宽了思维空间，改善了思维方法。而且，大量的模仿感性经验为学生提高音乐表现和音乐创造的能力奠定了坚实的基础，并给他们提供了很好的体验和感受的机会，让他们拥有了一把进入音乐殿堂的金钥匙。

除了在课前准备环节，在课堂的其他环节也可以通过让学生参与律动来组织教学。如：随着音乐神气而整齐地走进教室，跟着音乐学小鸟"飞"回自己的座位，当学生在课堂上过于兴奋时，让学生随着老师拍手的指令摆放造型等，都可以协助教师更好地来把控课堂。

| 分 析 |

无论是课前的律动，还是课中的律动，教师都可以赋予这些律动一些功能性的作用。在律动设计时，教师可以根据音乐的特点，设计比较简单、容易完成的动作。在完成律动时，既关注律动与音乐的结合，又兼顾对学生兴趣的激发，使形体律动成为课堂教学的一大辅助手段。

| 要领提炼 |

下面，我们来归纳一下小学音乐教师在指导学生参与形体律动时的教学要领：

1. 形体律动不等同于舞蹈，它比较直观形象，生动活泼。它以优美的旋律，高低起伏的音节，快慢有序的节奏，丰富、形象、动人的音乐语言，深受孩子们的喜爱。强调从音乐入手，让学生聆听音乐，引导学生通过身体接触音乐的各个要素。因此教师在设计和指导学生进行形体律动时，要因地制宜地运用律动引导学生接触到音乐的各个要素，达到身体各部分动作与音乐协调统一。表现音乐的节奏疏密、旋律起伏及情绪变化的规律，将抽象的听觉艺术与视觉、运动觉有机地联系在一起，让学生们充分地动起来，不仅用听觉去感受音乐，同时用全部身心去感受音乐。

2. 在进行律动教学时，老师应避免喧宾夺主的情况出现。律动教学是为音乐课堂教学服务的，是为更有效地实现教学目标的一种手段。有老师比较盲目地认为音乐课要有活跃的课堂气氛，因而频繁地运用律动，忽略了教学目标本身。一节课热热闹闹下来，却并没有为实现教学目标起到任何作用，偏离了教学本身。

3. 音乐教学中任何体态律动都是以音乐为基础，通过身体表现音乐中的各个元素的。所以，以音乐为本进行律动设计是基本的原则。为了在教学中能更准确地抓住音乐的特点，把握音乐的基本内涵，教师平时应注重音乐的积累，不断提升自身的音乐修养。尤其是在民族音乐教学方面，一定要把握民族音乐的特点，抓住民族风格的元素，展开律动教学。

如**新疆维吾尔族**舞蹈的特点是：情绪热情洋溢，动作柔美细腻，善于运用身体各部位（头部、颈部、手腕等）进行舞蹈，舞步灵巧多变且韵味独特。

○ 基本手形：男孩：五指自然张开；女孩：五指自然微曲，中指伸出靠近拇指，手指尖向上压腕立掌。

○ 基本动作：转腕、搭指、翻压腕、托帽位、提裙位、移颈。

○ 基本舞步：垫步、进退步、错步。

藏族民间舞蹈种类繁多，风格鲜明，其中流传最广、最具有代表性的有"堆谐"（汉语：踢踏）、"卓"（汉语：锅庄）、"叶"（也叫"谐"，汉语：弦子）等。藏族服装的长袖和脚上的靴子成为藏族舞蹈中不可或缺的上肢动作和舞步要素。

○ 基本手形：五指自然伸直，握袖时四指略向手掌心弯曲。

○ 基本动作：双手扶髋位、单臂袖位、前后摆臂、双摆袖。

○ 基本舞步：平步、靠步、三步一靠、退踏步（踢踏类舞步）。

"泼水节"、"象脚鼓舞"、"孔雀舞"等都是**傣族**人民文化生活的代表。其中，孔雀舞是广为人们喜爱的傣族舞蹈。

○ 基本手形：掌型：四指并拢，拇指张开并努力上翘，形成大虎口掌。

冠型：食指和拇指弯曲并相对形成一个"O"型，其余三个手指张开并伸直。

○ 基本舞姿：三道弯（指肢体曲线）、展翅、抱翅。

○ 基本舞步：平步、碎踮步。

秧歌是**汉族**具有代表性的一种民间音乐舞蹈形式。由于汉族遍布中国，因此各地的秧歌都具有地域性特征，有不同的舞蹈表现形式。如：腰系红绸的"陕北秧歌"、双手持绢的"东北秧歌"等等。

一般扭秧歌舞选用陕北秧歌（又称解放秧歌）中的基本舞步和动作，配以富有中国民族调式风格的锣鼓音乐，欢快热烈、朴实奔放。其动作特点是：两臂甩动较大，昂头挺胸，以脚跟迈步扭起来，步伐稳健。

○ 基本动作：双摆臂、上下侧摆。

○ 基本舞步：秧歌平扭步、秧歌十字步。（如图4-4）

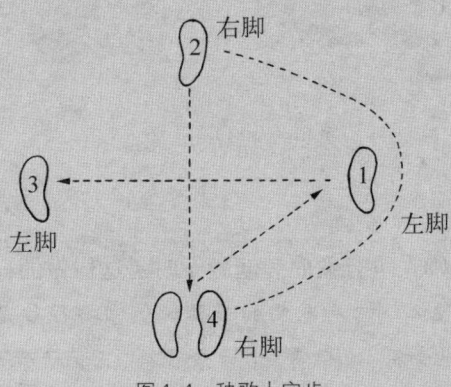

图4-4 秧歌十字步

4. 在设计、指导形体律动时，要关注学生身心发展的特点，采用循序渐进的教学方法，由浅入深，由易到难。这样能保持小学生主动参与律动的热情，既不会因为过于简单而感到枯燥乏味，又不会因为太复杂而缩手缩脚。

第二节　交流歌曲表演

问题呈现

歌表演也可以理解为将"体态律动"适当地运用在歌唱教学中的一种教学方式。歌表演融思想性和趣味性、音乐性和舞蹈性于一体，是最简易的音乐和舞蹈的综合艺术形式，也是学生最易接受的一种表现方式，它把无形的声音同无声的形态动作结合在一起，能充分调动学生的积极性，有利于他们的身心得到全面发展。

对不同年级的学生，歌表演应采取不同的教学手法。如：低年级学生识字不多，在学习唱歌时掌握歌词有一定的困难，教师可以根据歌词内容，设计优美而又确切表达歌曲情感的表演动作，来帮助学生理解和记忆歌词，并在理解、记忆歌词的基础上，以形象生动、优美的歌舞动作进行演唱，使演唱更富有情感的表达性。到了中高年级，歌表演的教学方法就要及时调整。

那么在交流歌曲表演的实际教学中，会存在哪些问题呢？

1. 对于低年级学生来说，运用歌表演的方式可以帮助他们记忆歌词，那么对于感受节拍特点、解决掌握节奏难点，歌表演是否能起到同样的作用呢？

2. 一些教师在进行歌表演教学时，往往没能把握好歌唱和表演之间的平衡。在歌表演时，到底应该是以歌为主呢，还是以表演为主？

3. 低年级学生好动，喜欢歌表演的形式，但随着年龄增长，到了中高年级，学生开始害羞，不愿动，那么这时歌表演是否还是一个很好的教学手段？在鼓励、指导学生进行歌曲表演时，如何把握好这个表演的度？

4. 教师如何来设计简单而有效的歌曲表演？

让我们通过案例来学习。

案例分析

案例❶

一位教师在进行歌曲表演教学时是这样做的：

在歌唱教学中，对歌曲的节奏时值掌握往往是一个难点，例如歌曲中的切分节奏、附点音符、休止符、十六分音符、三拍子节奏等，学生在学唱的过程中总是不到位，或者不能在短时间内掌握，这时教师可以结合体态律动，在律动、表演的过程中帮助学生感受时值的长短，掌握节奏的变化。

歌曲表演帮助学生掌握休止符。我们常常可以看到一些低年级的儿童歌曲中运用休止符来表现歌曲活泼的情绪或动物的叫声等，如歌曲《跳呀，快来跳舞》、《玩具进行曲》、《布谷鸟》等。对低年级的大多数学生来说要在演唱歌曲时表现出这些休止符是难点。这时教师就可以设计或让学生设计歌曲出现休止符时进行的简单律动，如拍手、跺脚、用双手拢在嘴边模仿布谷鸟在歌唱的动作等。用动作来填充休止符的时值，会达到意想不到的效果。

歌曲表演帮助学生掌握节奏难点，如切分节奏、附点节奏等。在新授歌曲时，如何帮助学生比较轻松地掌握一些节奏难点往往是需要老师们苦思冥想的。加入简单的动作进行表演，有助于对节奏难点的突破。如：歌曲《只怕不抵抗》中出现了三句"只怕不抵抗"，但这三句歌词相同，节奏却不同。这时，教师可以设计三个不同的动作，在附点音符出现时手部做一个"大"动作，来提示学生这个音要唱得长一些。切分节奏也是同样，在音符时值长的地方加入简单的动作，让学生通过肢体动作，感受音符时值的长短，解决演唱中的节奏难点。

歌曲表演感受不同节拍的特点。我们教材中的歌曲主要是二拍子、三拍子、四拍子和六拍子的。在实际教学中，我们可以看到，学生对于节奏感较明显的二拍子比较容易掌握，而对于像三拍子这样的歌曲，学生，特别是低年级学生，感受、把握其韵律感的能力还不够。在教学中，教师可以结合一些简单的动作，如原地移动重心，再加上一些手部的动作，来帮助学生体验三拍子的强弱规律。或可以结合音乐在强拍时做"蹲"、"踏"、"拍手"等动作，在弱拍时做"踮脚尖"、"叉腰"等动作，让学生在律动的过程中体验三拍子节奏的强弱关系，并迅速强化这种节奏规律。

【分 析】 歌曲表演也是一种教学辅助手段，它不仅能帮助学生理解、记忆歌词内容，而且在歌曲教学中对旋律、节拍、节奏上的难点突破也起到了良好的作用。因此，如何利用好歌曲中的表演环节以更好地达到教学目标，是教师们在课前需要进行充分的思考和设计的。

案例 ❷

在一节课中，歌唱与表演之间到底哪个是主要环节？歌表演时到底是以歌为主还是以表演为主？让我们来看下面这份教学设计案例：

《闪烁的小星》教案设计

【课　　型】　新授课

【教学目标】　1. 感受歌曲所表现的星光闪烁的夜晚意境，体会歌曲轻快、活泼、跳跃的音乐情绪，激发学习的兴趣。

2. 在唱唱、演演、画画、敲敲的过程中运用欣赏、演示、创作、游戏等方法学习歌曲，表现音乐形象。

3. 学习跳音、连音相结合的音乐表现特点，学会用小乐器为歌曲伴奏，培养学生创编动作的能力。

【教学重点】　学唱歌曲《闪烁的小星》,体验、表现歌曲。

【教学难点】　学习歌曲连音、跳音相结合的表现方法。

【教具准备】　音响资料、钢琴、课件、小乐器。

【教学过程】

一、教学准备

1. 律动进教室。

随《音的强弱》做踏步叉腰和双摆手的律动。

2. 造型。

3. 师生问好。

4. "跟星星做个约会"——导入新课。

观赏星光闪烁画面,说说这是一天中的什么时候。(夜晚)

设计说明:

　　星光闪烁的夜晚给我们以无限的遐想,教师以带领同学们去和星星做个约会提示学生回忆学过的表现小星星的歌曲,引入新课。

二、"星星音乐学校"——学唱歌曲《闪烁的小星》

1. 学唱歌曲。

(1) 回忆幼儿歌曲《小星星》。

(2) 跟琴唱歌曲第一段。

(3) 教师演唱歌曲第二段。

(4) 出示歌谱,试着找找相同的旋律。

(5) 学唱歌曲第二段。

2. 感受歌曲。

(1) 看图听音乐范唱,用手指画一画。

(用点和线表现出旋律的连断对比)

(2) 提问:歌曲情绪是怎样的?(活泼、跳跃)

(3) 学习跳音、连音相结合的演唱方法。

3. 表现歌曲。

(1) 歌曲处理。

(2) 创编动作表现音乐意境。

原地双脚分开左右摆动身体,表现出歌曲二拍子的律动感。手部的动作请学生自己设计,要求能将歌曲活泼、跳跃的情绪表现出来。

(3) 用轻快、明亮的声音演唱歌曲。

(4) 与同伴合作,边唱边加入动作进行歌表演。

设计说明:

　　学生幼儿园阶段学唱过歌曲第一段,教师用"为歌曲编了第二段"引导学生重点学唱这段内容。通过"把音乐画出来"学习歌曲跳音、连音两种基本处理方法，再通过提示学生"怎样把星星挂天上？星星怎样眨眼睛？乌鸦怎样回家？"等内容创编歌曲动作，营造意境，加强对歌曲的理解和表现。

三、"星星音乐厅"——拓展表演

1. 指导学生小组排练。
(1) 小乐器组。
(2) 动作表演组。
(3) 造型组。
(4) 歌唱组。
2. 个别组展示。
3. 师生合作综合表演。

设计说明：

在分组排练时，要求小乐器组按不同乐器特点编配歌曲伴奏；要求动作表演组对前面动作创编环节的学习成果加以巩固；要求造型组组合表现月亮船和不同部位闪烁的星星造型；要求歌唱组用正确的发声方法演唱歌曲，声音明亮、统一。

四、结束约会

1. 课堂小结。
师：和星星做个约会，同学们觉得快乐吗？让我们和星星说再见！
2. 师生再见。
3. 听英文版《闪烁的小星》走出教室。

分析　对于低年级学生来说，在歌唱教学中加入表演的环节，符合孩子们好动的天性，同时，学生在对动作的模仿、创编、记忆的过程中，加深了对歌词的理解和对旋律、情绪的感受。值得注意的是，在进行歌表演的时候，还是应该以歌曲演唱为主，表演为辅。不能因为过于强调表演，而放松对学生演唱声音、节奏、音准的要求；相反，恰当的肢体动作应该成为帮助学生更好地演唱歌曲的阶梯。

案例 ❸　为歌曲创编简单的动作进行歌表演是低年级音乐教学中经常运用的教学策略，以下是为一年级歌唱教学内容《上学》编配的歌表演：

《上 学》

1=F 2/4 欢快地　　　　　　　　　　　　上海中小学音乐教材编写组词曲

[1]　　　　　　　　　　　　　　　　　[5]
3 5 3 2 | 3 2 1 | 6̣ 1 1 6̣ | 5̣ - | 2 1 2 3 | 5 5 5 3 |
小鸟 唧唧 叫， 夸我 起得 早， 背上 我的 小书 包，

　　　　　　　　　　[9]　　　　　　　　　　　　　　　　　[13]
6̣ 1 3 1 | 2 - | 5 3 | 1 2 3 | 2 1 6̣ | 2 1 6̣ | 2 1 2 3 |
快快 上学 校， 见了 老 师 敬个 礼， 敬个 礼， 见了 同

5 · 3 | 6̣ 1 3 2 | 1 - ‖
学， 问 声 好。

具体方法和动作要领：

全班学生排成两个半圆，将老师围在正中间。

前奏：学生们双手叉腰，头随节奏左右摆动（一拍一次）。

[1—2]小节：眼看前方，双脚并拢，两膝稍屈，左右手的大拇指、食指指尖并拢，其余手指弯曲，似小鸟嘴巴状。头随节拍左右摆动（一拍一次）。

[3—4]小节：先双脚并拢，两手放在胸前，后两臂屈肘举在胸前，左右手大拇指翘起。

[5—6]小节：双脚并拢，两臂屈肘，呈背书包状，头随节奏左右摆动（一拍一次）。

[7—8]小节：双脚并拢，左右臂前后摆动。

[9—10]小节：双脚并拢，两手从腰间向外打开。

[11—12]小节：双脚并拢，右手呈敬礼姿势，头朝右摆动；左手呈敬礼姿势，头朝左摆动（两拍一次）。

[13—14]小节：动作同[9—10]小节。

[15—16]小节：双脚并拢，两手五指张开，在胸前左右摆动，头随节奏摆动（一拍一次）。

分析　　歌表演中运用的动作要简单、生动、活泼、形象，教师在启发引导学生为歌曲创编律动动作时，可以遵循这些原则：根据节拍创编律动；根据歌词创编律动；根据情境创编律动；利用衬词创编律动。歌表演可以帮助学生理解和记忆歌词，加强舞蹈动作与音乐协调配合的表现能力。结合歌曲学习，学生可以边唱边跳，通过表演提高他们的想象力和表现力，使歌曲内容和表演动作紧密结合。

要领提炼

对歌曲表演教学,我们可以提炼出哪些要领呢?

1. 在歌唱教学中恰当地运用"体态律动"这一教学形式可以让学生在动中学、玩中学、乐中学,可以激发学生的学习兴趣。音乐和肢体的结合,有助于发展学生的创新思维,因此在教学中要引导学生参与到动作的创编中来。

2. 歌表演要以歌为主,演为次,在教学中应做到动、静交替。动作不宜过大,应以不影响歌唱为限度,将重点放在歌曲的艺术处理上。

3. 要根据学生的年龄层次来设计不同的歌表演。低年级学生的歌表演可以帮助把原本抽象的学习内容变得更加形象,因此在设计动作时,适合简单而形象、有趣的动作;中高年级学生表演的动作除了表现歌词内容之外,也可以用来表现歌曲节奏的特点、旋律的韵律感等,帮助学生更多地体验、表现音乐本身的魅力。

4. 在歌表演环节要多鼓励学生进行即兴创作,这样的教学在有利于提高课堂教学质量、实现教学目标和促进学生发展的前提下,还要使教学内容与该课密切相关,可以有所延伸。学生在活动过程中不仅可以灵活自由地表达情感,发展敏捷的思维及快速应变能力,同时还能开阔知识视野,丰富日常生活经验。

第三节　引导跟唱练习

问题呈现

任何一个人,在学习歌唱的最初阶段都是通过模仿、跟唱的方式学习的,可以说跟唱是人类学习歌唱时最普通也最有效的方式之一。唱歌是表现音乐的重要方式,是音乐教学中的重要内容,也是学生最易于接受和乐于参与的表现形式。但是,在实际中我们可以看到,一些学生在交流演唱课外的流行歌曲时,无论歌曲的节奏、音高变化多么复杂,他们在演唱时总是充满自信,歌曲的表达也十分流畅;相反,一些音乐课上的歌曲,在节奏或音高变化上稍微难了一些,学生在学唱时就会产生畏难情绪。当年,在完全不识谱的状态下,仅仅依靠卡拉OK和随身听,一遍又一遍,重复、重复、再重复地聆听与跟唱,我们在不知不觉中学会了很多歌曲并能自信和自如地开口歌唱,而今天,学生在课堂上却害怕张开口来演唱,这是为什么呢?

长期以来,学校音乐教学的唱歌训练很难摆脱专业音乐学习的传统思路。成人化的范唱、千篇一律的音色要求、专业深奥的发声技巧要求,让学生感觉到音乐课堂的唱歌如此烦、难、土。这种模式化、单一化的唱歌教学方式让学生产生了厌烦情绪。因此,学生爱音乐,却不爱音乐课;爱唱歌,却不爱唱教材上的歌曲。如此现象普遍存在。

那么,我们如何从最根本的跟唱练习入手,来激发学生对学习歌唱的兴趣,帮助学生学会歌唱呢?在教学中我们要注意这些问题:

1. 现在一些音乐课"花样"越来越多,手段越来越"先进",互动也越来越多,但歌声却越来越少,唱歌教学离我们越来越远。其实,歌唱本身就是一种互动性、实践性较强的活动,教师要能恰当地设计歌唱教学的互动教学环节,提升跟唱练习的有效性。

2. 在教学中要改变过去"不学歌谱不能唱歌"的现象,歌谱的学习方式可以灵活多变,既有五线谱,也有简谱,低年级还可以出现节奏+字母或柯尔文手势的教学辅助手段,为学生的学唱提供不同的阶梯。

3. 针对不同年段的学生采用不同的教学策略。如:对于低年级学生可以通过游戏律动、模仿演唱来学会歌唱,改变学生在演唱中可能存在的过度使用胸声发声的方法,把胸声喊叫的习惯转变为用头声演唱,使低年级学生能平稳柔和地唱。对于中高年级学生,可以采用多种手段帮助学生学会从简单的合唱(卡农训练、轮唱)起步,逐步掌握合唱的能力。

让我们通过案例来学习。

案例分析

案例 ①

让我们来看看下面这位教师是如何教会二年级学生学唱歌曲《萤火虫》的。

【教材内容】 新授歌曲《萤火虫》。

【教学目标】 1. 学唱歌曲《萤火虫》，感受歌曲优美、抒情的旋律，感知萤火虫轻盈可爱的音乐形象，知道萤火虫是人类的好朋友。

2. 初步学唱歌曲《萤火虫》，尝试用"连、断"的方法演唱，并能进行简单的歌表演。

3. 在听听、唱唱、跳跳、小乐器演奏等音乐实践活动中，体验三拍子音乐带来的美感。

【教学重、难点】 重点：初步学唱歌曲，体验三拍子音乐的美感。

难点：指导学生以连、断相结合的唱法演唱歌曲。

【教学准备】 钢琴、录音机、小乐器、媒体等。

【教学过程】 一、组织教学

【设计意图】简单的《师生问好歌》，既是常规的礼貌教育，也是对歌唱习惯的培养。

师生问好。

二、新授歌曲《萤火虫》

(一) 导入。

【设计意图】用情景导入的方式引出新歌《萤火虫》。既为新歌学习做好铺垫，又激发了学生的学习兴趣，帮助学生感受萤火虫的形象。

导入语：美丽的夏夜里，是谁提着小灯笼照亮天空？

说说萤火虫。

师生交流。

(二) 感受体验。

【设计意图】通过聆听、拍节奏、即兴的肢体模仿、律动、小乐器伴奏等实践活动，让学生充分体验歌曲三拍子的韵律，感受萤火虫可爱、轻盈的形象，为歌曲学唱做好铺垫。

出示课题《萤火虫》。

1. 初听歌曲。

分别提问：歌曲情绪是怎样的？（第一遍音乐）

这是一首几拍子的歌曲？（第二遍音乐）

要求：学生安静地聆听。（媒体播放教材音乐）

板书：优美、宁静

3/4

2. 复听歌曲。

提问：这是一首3/4拍的歌曲，我们可以用什么形式表现出来呢？

要求：能用不同方式拍出或者用小乐器演奏出三拍子强弱弱的规律。(媒体播放教材音乐)

方法：(1)拍节奏。

(2)小乐器演奏。

出示：手：X 0 0 │   手：X 0 0 │

　　　腿：0 X X │   肩：0 X X │

提问：看看老师是怎样来表现的？

出示：三角铁：X 0 0 │

提问：还可以用什么乐器来演奏出萤火虫的轻盈、可爱？

出示：乐器图片；(　　)：0 X X │

师生交流。

3. 再听歌曲。

提问：看老师表演一遍，看看动作有什么变化？

要求：能感受出歌曲的跳跃和连贯，尝试模仿表演。

(三)学唱歌曲。

【设计意图】在学唱歌曲《萤火虫》的过程中，通过跟旋律线哼唱、有节奏地朗读歌词、对口型演唱等多种形式的练习，解决歌曲学习中的音准问题。利用教师自身的示范引导学生用连、断相结合的方法演唱歌曲，突破歌曲中的难点，表现萤火虫的轻盈可爱。

1. 熟悉旋律。

方法：视唱和跟唱相结合。

(1)用"lu"哼唱。

(2)唱唱名。

2. 熟悉歌词。

要求：有节奏高位置朗读歌词。

3. 唱歌词。

(1)对口型演唱。

(2)轻声唱。

(3)师生接龙唱。

(4)学生完整唱。

【难点指导】通过老师范唱，引导学生通过听辨比较歌曲里红色和黄色的部分演唱方法有什么不同。演唱时老师用手指点一点、连一连，帮助学生用断、连方法学唱。

情景预设：

★情景一：有几个乐句旋律起伏较大，学生学唱时音高没唱到位。

提示语：小灯笼像天上的星星，唱的时候声音位置挂得高一点。

★情景二：学生在歌唱时每句最后一个字没唱足三拍。

解决方案：老师可以用手势来提示小朋友。

(四)交流表演,互动评价。

【设计意图】在唱、跳、奏综合表演过程中相互评价,巩固本节课所学的内容,发挥学生的音乐表现能力和伙伴的合作能力,并从中得到愉悦。

1. 集体表演唱。

顺序:(1)全体歌唱。

(2)舞蹈+乐器。

衔接语：让我们分小组比一比,看谁表演得最棒。

2. 分组表演。

要求：选择自己喜欢的方式参与表演。

3. 相互评价。

评价内容:(1)能用跳跃及优美的动作来表演。(5分)

(2)能用跳跃、连贯的声音有感情地演唱歌曲。(5分)

(3)能用小乐器正确演奏歌曲。(5分)

三、拓展欣赏

【设计意图】欣赏伊能静演唱的《萤火虫》,拓宽学生的音乐视野。感悟爱的奉献是美好的,充分体现两纲教育精神。

1. 简单介绍伊能静。

2. 聆听《萤火虫》。

3. 师生相互交流。

四、总结

分析

在《萤火虫》一课中,教师从感受歌曲情绪入手,引导学生通过肢体律动感受三拍子的韵律特点,运用视唱和跟唱相结合的方法,帮助学生一步步掌握歌曲的音高、节奏。此外,对歌曲难点部分的情景预设又能帮助教师在课堂上处理好学生在演唱时的突发状况。教学过程中,方法多样且达到了歌唱教学的有效性。

案例 ❷

再来看看下面这位教师是如何利用音乐知识的学习辅助歌曲新授环节的。

【教材内容】 新授歌曲《小雨沙沙》。

【教学目标】 1. 能积极参与演唱歌曲《小雨沙沙》,体验歌曲活泼亲切的情绪。

2. 认识四分音符、八分音符,能用儿歌准确表现四分音符、八分音符。

3. 在音乐体验过程中感受小种子在春雨中快乐地发芽长大的音乐形象,并乐于和小伙伴合作交流表演。

【教学重点】通过各项音乐活动,让学生学会歌曲《小雨沙沙》,并能用活泼欢快的情绪和优美统一的音色演唱。

【教学难点】歌曲中容易混淆的歌词。

【教学准备】自制多媒体课件、电钢琴、响板、沙球。

【教学过程】

一、组织教学

1. 律动:《上学》。

2. 师生问好。

二、玩:四分音符、八分音符

【设计意图】通过四分音符、八分音符的拍奏以及加入儿歌的朗诵,感受音有长有短。

1. 出示:一个四分音符"da"

方法:拍一拍感受"da"的节奏。

2. 出示:两个四分音符

方法:(1)拍一拍。

(2)加上两个字的词语说一说。

3. 出示:一个八分音符"ti"。

4. 出示:X X | XX XX |

方法:读读节奏 da　da | titi　titi |

【设计意图】通过合作拍奏体验四分音符和八分音符的时值长短。

师生合作,教师拍奏 X X,学生拍奏 XX　XX,再互换。

5. 出示:X X | X X | XX X | XX X |

方法:(1)师生合作拍奏,一人两小节,再互换。

(2)加入歌词:"小雨,小雨,沙沙沙,沙沙沙。种子,种子,在说话,在说话。"按节奏念一念。

三、歌曲新授《小雨沙沙》

1. 初听。

(1)导入:小雨小雨沙沙沙,种子种子在说话。你们看这些小音符飞上了五线谱就变成了一首好听的歌曲了。让我们一起来听一听小雨是怎样唱歌的。

(2)出示歌曲全谱。

学生模唱,从C—♭E。

出示:5　5 | 5 5 0 | 5 5 | 5 5 0 |
　　　　　沙 沙 沙 沙　　沙 沙 沙 沙

2. 第二次听。

【设计意图】感受开头结尾处两句旋律相同但演唱方法不同的乐句,指导学生准确地演唱。

（1）请小朋友们听一听,当你听到 5　5｜5 5 0｜5 5｜5 5 0 的旋律时做小雨的动作。

（2）比较有反复记号和没有反复记号的雨的乐句,唱一唱。

3. 第三次听：教师范唱。

【设计意图】帮助学生熟悉歌曲旋律以及歌词,弄清楚容易混淆的歌词。

（1）教师范唱。

提问：请小朋友们听一听,歌曲中谁在说话？说了些什么？

（2）学生回答,复述歌词。

（3）通过做动作,区分"唉呀呀"、"唉哟哟"。

（4）给歌曲取一个名字。（《小雨沙沙》）

4. 出示歌谱,学习歌词。

（1）师生合作一人一句念歌词。

（2）提示结尾处的反复记号。

5. 跟钢琴演唱。

【设计意图】通过师生合作的方法,让学生通过对老师的模仿来解决演唱的音色、节奏、顺序等难点。

（1）师生合作（教师唱一、三句,学生接唱歌曲的二、四句）。

（2）生生合作（学生分组,一组唱一、三句,一组唱二、四句）。

6. 歌曲处理。

提示：哪里可以唱得跳跃一些？哪里可以唱得连贯一点,长一点？

四、跟伴奏音乐完整演唱

五、加上小乐器伴奏

1. 教师示范。

2. 学生演奏。

3. 和小伙伴合作表演。

六、小结。

分析　　将音乐知识——认识四分音符和八分音符与歌曲新授结合起来,将歌曲中的歌词单独拿出来按节奏朗读,既可以帮助学生强化新学的知识点,又可以帮助学生记忆歌曲旋律。教唱环节中,师生互动、跟唱使得学生在听教师的范唱、模仿教师演唱的过程中,简化歌曲学习中的难点；生生互动又有助于教师及时发现学生在演唱过程中出现的问题,并适时给予指导和纠正。

案例③　　随着学生年龄的增长,教师在引导学生跟唱练习时,教学方法也要有相应的转变。让我们来看以下案例。

【教学内容】　歌曲《勤快人和懒人》

【教学目标】　1. 在学唱歌曲《勤快人和懒人》的过程中，感受歌曲风趣、幽默的情绪特点，同时对"快乐劳动"的主题有所体验，树立热爱劳动、热爱生活的基本的人生态度。

2. 初步学会演唱歌曲《勤快人和懒人》，尝试用诙谐、幽默的语气和语调表现歌曲的情绪。

3. 在感受体验，即兴表演，自主学习，听唱结合，生生、师生互学等教学活动中，学会歌曲《勤快人和懒人》的部分旋律以及歌词。

【教学重点】　学会歌曲《勤快人和懒人》的部分旋律以及歌词。

【教学难点】　歌曲中两句"有的炒菜、有的煮饭、有的在蒸馒头"的音准，以及吐字要清晰。

【教学过程】　一、聆听与感受——歌曲《勤快人和懒人》

【设计意图】使学生感受歌曲活泼、欢快、风趣的情绪，熟悉歌曲的旋律，激起学唱的欲望。

导入（轻声播放《勤快人和懒人》伴奏）：同学们，你们最擅长的劳动是什么呀？

1. 初听歌曲《勤快人和懒人》第一段。

要求：安静聆听。

提问：歌曲是几拍子的？情绪又是怎样的呢？

2. 复听歌曲第一段。（老师范唱）

提问：你能听出这首歌曲中的劳动地点在哪里吗？

3. 揭示课题《勤快人和懒人》及词曲作者。

4. 观看《疯狂的厨房交响曲》。

二、习得与练习——歌曲《勤快人和懒人》

【设计意图】在学唱歌曲《勤快人和懒人》的过程中，学习和复习相关音乐知识，练习节奏拍击等相关技能。

1. 学生边听边模仿厨房的情景，进行即兴表演。

勤快人和懒人

美　国　童谣
汪爱丽　改编

（1）出示节奏谱。

提问：视谱思考歌曲的节奏规律。（八分音符和四分音符的组合）

节奏的创作有什么特点？（第一乐句一、二小节同三、四小节重复，第二乐句同第三乐句重复）

（2）用象声词"嚓嚓"（炒菜声）和"咚咚"（切菜声）念歌曲的节奏。

（3）听歌曲伴奏表演。

2. 视唱歌谱。

（1）出示歌谱。

勤快人和懒人

美　国　童谣
汪爱丽　改编

（2）听辨第二、三乐句最后一小节音高。

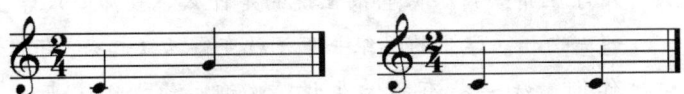

（3）师生对唱第二、三乐句（有困难的学生用"lu"哼唱，能力强的学生唱歌谱）。

（4）视唱全曲曲谱（三遍）。

要求：① 视谱快的学生跟老师看谱唱，视谱慢的学生用"lu"哼唱（慢速）。

② 用"lu"齐唱（慢速）。（表现懒人的工作节奏）

③ 用"lu"齐唱（快速）。（表现勤快人的工作节奏）

3. 学唱歌曲。

（1）出示歌词。

（2）有感情地朗读两段歌词。（注意请学生用轻声高位的方式朗读歌词）

（3）学唱歌曲。

要求：基本流畅，音准，吐字清晰。

轻声齐唱。

（4）用速度变化表现两段歌词不同的内容。

第一段快速，第二段慢速。

亮声齐唱。

三、拓展

观察校园一角，分小组为歌曲自编歌词。

四、小结

分析　　本课的歌唱教学环节运用了多种方法帮助学生循序渐进地掌握歌曲节奏及音高上的难点。三年级学生相比一二年级学生，已经积累了一些音乐知识。在歌唱教学时，教师可以设计从拍节奏、肢体律动到听辨旋律、划旋律线等不同的教学方法来引导学生参与到歌曲的学唱中。通过在反复听赏的过程中熟悉歌曲旋律，达到跟唱的目的。运用多种方式简化歌曲的难点，让学生学得更加轻松，唱得更加自信。

案例 ❹

　　有时，运用合理而恰当的导入方式，也有助于引导学生参与歌唱练习。

　　一年级教材《两只小象》一课，一位教师就是以"趣味节奏"来导入新课的。教师首先创设"小象来电报"的情景，对小朋友们说："今天，小象从动物园里给我们一年级的小朋友发电报啦，我们一起来收听，看谁接听的电报最准确！"此时学生充满了好奇心和兴趣。于是，教师在每一小组第一个同学的小手上拍击出歌曲的基本节奏：X X　X X ｜ X X　X - ｜。接下来，学生一个接一个传递这个节奏，节奏传递完毕后，教师请每组最后一个学生将收到的节奏拍一拍，并请学生猜一猜小象电报里说的是什么。教师要求学生按前面的节奏发挥想象说一句话。学生的思维一下子就变得活跃起来，有的学生说："小朋　友　们 ｜你们　好~。"有的学生说："欢迎　你　们 ｜来做　客~。"教师顺势导入新课："小朋友们，让我们也邀请小象来我们班做客，好吗？让我们一起说：欢迎　小　象 ｜来做　客~。看！两只小象唱着欢快的歌来到我们班了！"教师同时出示课题《两只小象》。

　　在教学二年级的歌曲《理发师》时，可以让学生在初步完整地感受歌曲旋律之后再次欣赏歌曲。同时跟着老师用肢体语言来模仿理发、剪发、梳发、喷水的动作和节奏。

剪刀　　2/4　咔嚓　咔嚓 ｜ 咔嚓　咔嚓 ｜
梳子　　2/4　唰唰　　 ｜ 唰唰　　 ｜
吹风机　2/4　呜　—　 ｜ 呜　—　 ｜
喷水　　2/4　沙　沙沙 ｜ 沙　沙沙 ｜

　　学生跟着歌曲的伴奏音乐，可以自由选择自己喜欢的节奏加上动作，模仿理发师的各种动作。对于节奏感强和有较好合作能力的班级来说，教师还可以有意将四条节奏分别请四个小组逐一加入进行拍奏，形成多声部的节奏练习。这样练习的目的是通过多种游戏手段，让学生参与音乐活动并贯穿于课堂的歌唱教学之中。同时，通过特有的节奏为歌曲伴奏，在学唱的过程中，帮助学生提高节奏感和协调合作的能力。

分析　从以上例子我们可以看到，教师通过创设"小象来电报"的游戏，不但使学生掌握了歌曲的基本节奏，为学习新歌做好了铺垫，而且充分激发了学生学习新歌的兴趣，生动、有趣地导入到新课。而作为歌曲导入的节奏游戏，可以帮助学生在律动中把握歌曲二拍子的节奏感，熟悉歌曲的旋律，为接下来的学唱做铺垫。

案例 ❺　运用有趣、多变的练声曲吸引学生跟唱也是教学中经常被运用的方法。

在练声曲的选择上，要注意到各个年龄段学生嗓音的音域和特点：低年级学生声带脆嫩，不宜用胸声来唱歌，而且发声训练一般都要排在每节课的开头时间，不宜过长。选择方法如下：

1. 选用教唱的歌曲作为练声曲，用该歌曲的情绪配以母音进行练习。假如是一首活泼的歌曲，可以用轻巧灵活的练声曲去发声；假如是一首抒情曲，可以用甜美而流畅的练声曲去发声。

2. 选用的练声曲与教唱歌曲特点统一。在一首练习断音、跳音的练声曲之后，选一首较轻快跳跃的曲目让学生试唱，找出其中有代表性的乐句，使学生感觉它的歌唱性，用这种感觉再回去练声，这样做很容易使学生保持全身心的投入，达到良好的演唱状态，进而更好地表达歌曲本身的情感。

3. 选用同一练声曲变换不同的情绪。具体包括改变练声曲的节奏、连、跳音，速度、力度的对比等，而这些又都是表现歌曲情感的奠基石。由此训练学生对歌曲的处理。

4. 选用一些模仿生活情景的练声曲，这样学生会更感兴趣。如：火车叫u——，小猫吃鱼ü——等等。选用的练声曲最好同教唱的歌曲结合起来，做到有的放矢。

分析　发声练习是歌唱教学中必不可少的环节，设计有趣、多变的练声曲，有助于激发学生演唱的兴趣。学生在乐此不疲的练习中，提升了自己的歌唱的能力，为歌曲情感的表达打好基础。

案例 ❻　在进行歌唱教学时，运用简单的手部律动也能帮助学生理解歌曲，找准音高，提升学生的识谱能力。我们来看下面这位老师的做法。

在学习美国歌曲 *Do-Re-Mi* 之前，我先教学生用柯尔文手势（见图4-5）来表

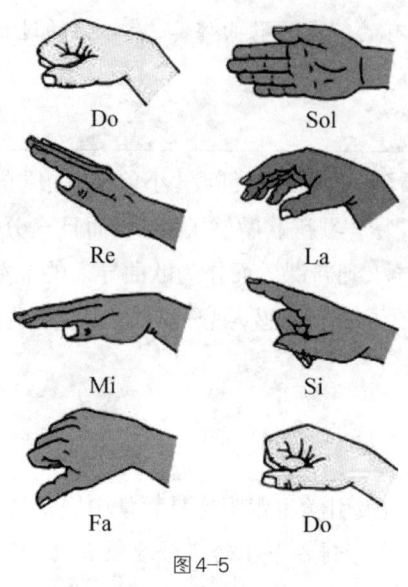

图4-5

达 Do 到 Si 七个基本音阶的高低,既形象,又生动,使学生轻而易举地体验到抽象的音高。而且用七个不同的手势表示,使学生兴趣大大提升。这样再学习本来有点难度的英文歌曲也容易了。

在教歌曲时,我把学生分为七个组,七组同学分别做各自代表音的手势,再加上学生对歌词的理解,对七句词的身体律动的表演,学生在形象的律动中欢快歌唱。这样通过手势与身体律动的结合来演唱歌曲,使学生的学习积极性大大提升,更增强了学生对歌曲的情感体验能力和对音乐的表现能力。

此外,在"跟着琴声唱唱做做"的跟唱练习中,运用柯尔文手势将听觉、动觉、视觉相结合,可以帮助学生掌握音的高低。在歌曲教唱中,为歌曲加入顽固伴奏;在一首歌曲中找出骨干音,进行由低到高的排列并唱一唱;听辨老师弹奏的音组,用柯尔文手势表达出来并唱一唱。低年级学生在掌握歌曲演唱后,加入简单的轮唱形式;中高年级学生逐步进行由加入单音开始的合唱等等。

分析

当今国际流行的三大音乐教育柯达伊音乐教学法、奥尔夫音乐教学法及达尔克罗兹音乐教学法都有关于提高学生综合素养的教育理念。达尔克罗兹更是认为:音乐本身离不开律动,而律动和人体本身的运动有密切的联系,因此,单纯地教音乐、学音乐而不结合身体的运动,至少是孤立的,不全面的。针对这一点,达尔克罗兹提出了"体态律动学"的教学法。本案例中,利用柯尔文"手势语",用七个不同的手势表示音节中七个不同音的唱名,利用手部的律动,帮助学生更加直观地识谱,提高他们的视唱能力,又增强了他们对音乐作品本身的情感体验。

要注意的是,无论是柯达伊教学法,还是奥尔夫、达尔克罗兹教学法,其运用都要结合本国学生的学情、学生的年段特点等。哪些教学策略能在课堂歌唱教学中最简单而有效地帮助学生掌握歌唱的技巧、表达歌曲的情感,哪些教学策略就是值得借鉴和实施的。

要领提炼

让我们看看在小学音乐教学中,实施引导跟唱练习时的要领:

1. 歌唱教学中,教师要关注音乐作品的完整性,特别是在进行教学重、难点突破时。不能因为要进行听唱或跟唱的训练,就将音乐肢解成支离破碎的节奏、音符以及短小主题乐句,让学生反复学习。这样做不仅失去了对音乐的完整体验,同时也肢解破坏了学生学习音乐的兴趣,并不能达到良好的教学效果。

2. 教师良好的示范能达到意想不到的效果。在范唱时,教师必须要以真实的情感和饱满的精神状态投入歌曲的意境,唤起学生的情感,更好地促进他们对歌曲意境的理解。让学生在教师直观生动的范唱中,在模仿的基础上发挥其主动性、想象力和创造力,进一步生动地表达歌曲的思想感情和意境,使演唱具有表现力。

3. 反复聆听是跟唱练习的一个重要切入点。在歌唱教学中,应先从听觉入手,让学生分析歌曲旋律,体验歌曲表达的情感。低年级的讨论分析重点在歌曲的情绪表达上,如是愉快的、优美的、轻松的,还是雄壮有力的等等;而中高年级的讨论分析则应体现在旋律的起伏、节奏音型、速度、力度的变化等等,也可通过分析旋律,让学生画画图形、线条、色彩,将各乐句的旋律线、力度、情绪等表现出来,从而培养学生情感的整体体验。要注意的是:每次聆听时,教师应提出不同的要求和问题,这样,学生在带着不同目标和要求的多次聆听中不知不觉地熟悉了歌曲旋律,感受了歌曲情绪,把握了歌曲风格,为跟唱做好了充分的铺垫。

4. 跟唱练习不仅可以在师生间展开,也可以在生生间展开。通过生生间的合作、学习,使学生感受从单声部到多声部的变化,感受音乐的丰富表现力,感悟与他人合作演唱的经验,增强群体合作意识。

第四节 进入音乐游戏

问题呈现

音乐游戏是音乐教学中一个重要的部分,它满足了小学生好玩、好动的性格特征。音乐游戏是以发展学生音乐能力为主的一种游戏活动,音乐是它的灵魂。学生在伴随音乐进行活动的过程中,可被唤起好奇心与联想,从中学到一定的音乐知识。在音乐教学中恰当地运用游戏,将获得意想不到的效果。

在教学中,教师可以看到,音乐游戏是最为孩子们所接受、喜爱、理解的一种音乐实践活动,因此教师们在小学音乐教学的方方面面设计了大量不同的音乐游戏。有节奏训练类游戏、音准训练类游戏、培养音乐感受类游戏、训练动作与音乐协调类游戏、歌舞表演类的游戏等等。但实际操作中,音乐游戏真的发挥出它的作用了吗? 在教学中容易被忽略的问题有哪些呢?

1. 音乐游戏与其他游戏最主要的区别在于它是在音乐的伴随和指引下进行的游戏活动。在此类活动中,孩子们的情绪受到音乐形象的感染、激励,他们的动作表情等都需符合音乐的节奏、节拍和内容,并随着音乐的变化而变化。但是,在实际的音乐课中,音乐游戏教学却常常会忽视音乐,而只强调游戏。

2. 音乐游戏是在音乐伴奏或歌曲伴唱下,受音乐的内容、性质、旋律、节奏、结构等主导和制约的游戏活动,目的在于培养学生的音乐兴趣,学习音乐知识技能,提高音乐感受力和表现力。但一部分教师没有认识到音乐游戏的目的性,从而产生了课堂上有游戏没有音乐知识的情况发生。

3. 音乐游戏是一种音乐实践活动,是孩子们感受理解和表现音乐的手段。它也是一项学习内容,而不是舞台表演。是学习内容,就一定要有学习的过程。但实际课堂教学中,我们还是可以看到不少只关注结果而忽视学习过程的现象。音乐游戏中没有讨论,没有分角色练习,没有思考、学习的过程。

4. 在一些课堂教学中,我们会看到,在音乐游戏活动中,学生往往扮演的是表演的角色,他们只需要将老师介绍的游戏规则记住,按要求做就可以了。这种完全处于被动接受的学习状态,是否有助于学生音乐学习的潜能和创造性思维的发展呢?

让我们通过一些案例来学习。

案例分析

案例 ❶ 下面是一个音乐游戏运用在三个教学环节中的课堂实录:
游戏"比比谁的耳朵灵"——分辨音的长短

片段一：生活中音的长短——寻找

1. 听生活中的声音。

媒体播放大钟和手表的音效。

师提问：请小朋友听一听，这是两种什么声音？这两种声音有什么不同？

生：是钟声。一个声音强一个声音弱。

师：对，音的强弱是我们上单元学习的内容，除了强弱之外，钟、表的声音还有什么区别呢？

教师模拟钟、表声，并加手势。

生：钟声的时间长，表的声音短。

2. 寻找生活中的声音。

师：那请你找找，生活中还有哪些声音是长的，哪些声音是短的？

生：汽车喇叭的声音长，敲门的声音短。

师：那我们一起来做做看。

操作：看教师的手势，整齐地开始与结束。

3. 找大自然中的声响——游戏"比比谁的耳朵灵"。

将学生分成若干组，媒体播放大自然中的各种声音（一次播放一组两种声音），请学生安静聆听，用动作将听到的声音的长、短表示出来。（动作可以自己创编）

小结：生活中声音有长有短。

片段二：乐曲中音的长短——听辨

1. 初听乐曲第一部分。

师：刚才我们模拟了声音的长短。现在你来听听，这首乐曲中哪里出现了长音？记住长音出现在哪里。听到长音请招手示意。

（生）第四乐句后，左右轮换招手。

2. 复听。

（生）音乐响起，原地踏步，听到长音的时候立定招手。第四乐句后加入拍手。

3. 游戏"比比谁的耳朵灵"。

师：请大家边走边找好朋友，听到长音停下和好朋友打招呼。（教师示范一次）

（生）双手叉腰自由地在教室里走动，当听到乐曲中的长音时，立定后找到好朋友和他招手示意。

小结：乐曲中的音有长有短。

片段三：打击乐器音的长短——探索

1. 认一认。（媒体出示图片）

师：请你说说这些打击乐器的名字。

生：沙球、三角铁。

2. 敲一敲。

师：谁上来敲一敲，大家听听哪种小乐器的声音长？

两名学生上台分别敲击沙球、三角铁两种乐器,其他学生比较音的长短。

生:沙球的声音短,三角铁的声音长。

3. 探究实践——"比比谁的耳朵灵"。

师:除了刚才我们看到的小乐器,还有很多乐器能发出长短不同的音。让我们找到你座位底下放着的小乐器,听听它发出的声音。和你左边同学手中的小乐器比一比:哪个发出的声音长?哪个发出的声音短?

生自由地敲击小乐器,听辨音的长短。

师:请觉得自己手中的小乐器发出的声音较长的小朋友走到老师的左手边,认为自己手中的小乐器发出的声音较短的小朋友走到老师的右手边。

小结:小乐器的声音也有长有短。

分析 利用一个小小的音乐游戏,通过让学生寻找生活中的音、听辨乐曲中的音、探索打击乐器发出的声音,螺旋上升地掌握了音有长有短的音乐知识。在游戏中学习,一方面激发了学生学习的兴趣、探索的精神,另一方面也在帮助学生养成安静聆听的习惯。

案例❷

对于刚入学的一年级新生来说,要帮助他们在短时间里熟悉音乐教室,找到自己相应的座位以及认识小伙伴,音乐游戏就是很好的助手。让我们来看一组教学片段。

片段一:"寻找音乐伙伴"——熟悉唱游教室

1. 自由活动。

师:现在我们来到了音乐教室。在"唱游"教室里有很多"音乐伙伴"欢迎你们的到来。现在就请你自己在教室里安静地走一走,看一看,记一记,音乐停,就请你原地坐下。

(生)自由地探索。

2. 互相交流。

师:刚才我观察到,大家都非常认真。现在让我们来交流一下,你在唱游教室里发现了哪些"音乐伙伴"呢?

生:钢琴、镜子、乐器、凳子……

3. 常用教具的介绍。

师:你们观察得非常仔细。老师再来给大家介绍一下唱游教室里的好伙伴:他是"钢琴爷爷",他会指挥我们唱出好听的歌曲;"大镜子姐姐",她会教会我们跳最优美的舞蹈;还有"凳子"弟弟,他会在我们玩累了、跳累了的时候,让我们好好地休息,等等。

片段二:"对对碰"——认识自己的座位

1. 选择卡片。

师:老师这里有不同颜色的卡片,请你拿一张你喜欢的颜色的卡片。

(学生根据自己喜欢的颜色,挑选一张拿在手里)

△	△	△	△	△
●	●	●	●	●
☆	☆	☆	☆	☆
□	□	□	□	□
ℓ	ℓ	ℓ	ℓ	ℓ

2. 组成小组。

师:现在每个小朋友手里都有一张卡片,卡片上的颜色是你喜欢的,对吗?

师:谁来告诉我,你手中的卡片是什么形状的呢?

生:三角形、圆形、方形、月牙形、五角星形……

师:下面我们来玩"对对碰"游戏。老师这里有五个贴着不同形状卡片的凳子,请找到和你手里形状一样的凳子,围着他坐下来。

老师弹奏钢琴,请学生拿着小卡片,在教室里找到相应的位置。

3. 熟悉的座位和小组。

师:请大声告诉大家,你的座位靠近"大镜子姐姐",还是"钢琴爷爷"呢?你的座位在第几组第几个呢?

生:(交流)

请学生走出位置,在教室里随意走动,当听到老师弹奏钢琴时,安静、快速地找到自己的座位。(多次练习,每一次教师弹奏的音乐旋律可以有所不同,让学生模仿小兔、鸭子、小鸟等小动物走路的样子去寻找自己的座位。)

片段三:"我们都是好朋友"——认识小伙伴

1. 导入。

师:同学们,我们已经在音乐教室里有了自己的座位,那么请你看看你身边的伙伴,你知道他(她)叫什么名字吗?

生:……

师:如果你还不认识他(她),那就请轻轻地问问他(她)的名字,一分钟后,你们可以上来大声地说出你旁边朋友的名字,现在开始。

学生自由地交流。

2. 音乐游戏:"我们都是好朋友"。

(1)导入。

师:当你看到朋友时会向他问好,你想和你的好朋友用什么动作互相问候呢?

生:握手、拥抱、搭肩……

(2)游戏要求。

师:你们的想法都非常好。现在就来玩一玩"我们都是好朋友"的游戏,请你跟着音乐用踏步的方式在教室里走一走,当音乐停的时候就和你旁边的好朋友一起打招呼,打招呼的动作可以是握手、拥抱或搭肩等等。准备好了吗?

生跟着音乐律动。

(3)个别示范。

师:哪些小朋友听明白了?请你们举手多的一组来做示范。

(4)集体律动。

师:其他的小朋友,你们能不能比他们表现得更好呢?

分析

一年级的新生对教师、学习内容以及学习环境完全陌生。在这一组教学片段中,教师首先通过"寻找音乐伙伴"让学生在教师营造的氛围中熟悉环境;在此基础上进行游戏"对对碰",让学生在游戏的过程中,认识了自己的座位;最后,通过音乐游戏"我们都是好朋友",让学生在熟悉环境、认识座位的基础上,了解了自己共同学习的伙伴,建立友谊,加深感情。学生就是在听听、玩玩、认认的过程中,激发了兴趣,了解了常规,融入了集体,获得了彼此的认同,为之后的音乐学习奠定了基础。

案例 ❸

游戏总是吸引着学生,但在教学中,音乐游戏有时也会让老师们头疼,让我们看看下面这个案例。

每到音乐游戏环节我总能发现,孩子们在游戏时总是伴随着强烈的情感投入,这使他们能够无数次地反复进行同一游戏而乐此不疲,并为在充分熟练后不断改变玩法而感到愉悦。同时,正是基于这种自我迷失性的情感投入,孩子们还常常会表现出异常的兴奋和出乎想象的表演。就连平时不爱表现的孩子也会尽情释放自己的情感,把音乐游戏中所要表现的节奏、音乐形象表现得淋漓尽致。

例如,在欣赏《玩具兵进行曲》时,刚听到音乐响起,进行曲的节奏就使孩子们情不自禁地想动起来。我简单地介绍了曲子,就让孩子们随音乐走一走,虽然他们也玩得不亦乐乎,但音乐的节奏及韵律完全被忽视了。学生自顾自地走着,时不时和同伴推一下,撞一下的,教室顿时陷入一种嘈杂而混乱的场面。

这时,我立刻将音乐关闭,让学生们安静下来,原地坐下。我试着运用情境创设的方式,以音乐游戏的方式让孩子们更好地理解作品,表演时再多一点地投入情感。

音乐响起时我轻轻地说:"夜深了,小主人睡着了,此时,被关在箱子里的玩具兵们偷偷地从箱子里爬出来……"和着音乐,孩子们个个贼头贼脑地你看看我,我看看你。一段音乐之后,我又说:"小主人此时睡得正香呢,玩具兵们有的……"

我用手指着一个孩子,他马上和着音乐学起了解放军走路,"有的……"我又指着另一个孩子说,他马上学起了解放军打枪。随着音乐的不断进行,孩子们一个个地学起了玩具兵,他们投入的情感,远非我们所能想象。最后,音乐停了,乐曲结束了,我故意学着小主人的样子,伸了伸懒腰,打了个哈欠,揉揉眼睛,等我再看他们,一个个地,摆着音乐结束时的动作一动也不动,那样子使人忍俊不禁。

正是这样的音乐游戏,使孩子们不仅掌握了进行曲特有的行进节奏,而且能把它表现得更加优美,从而激发了他们参与音乐活动的积极性,促使他们对音乐感兴趣。

分析 在教学中,我们要认识到:音乐游戏只是学习音乐知识和技能的手段和方法,音乐游戏必须伴随和围绕音乐才能充分实现音乐教学的目的,所以音乐游戏的最大特点就是"音乐性"。让学生在游戏中学习音乐,感受音乐的流动、旋律的起伏、节奏的跳跃、音色的变化、速度的统一与变化,并随时根据音乐的变化作出反应,在游戏中学会听辨不同旋律、节奏、节拍、速度等音乐的基本要素,训练了听觉、视觉和运动觉,从而达到音乐学习的目的。

案例 ❹ 音乐游戏在歌唱教学中也可以有很好的辅助作用,此外,可以运用不同的音乐游戏来帮助不同年段的学生更好地演唱。下面这位老师的做法会给你怎样的启示呢?

在歌唱教学中,我常常运用游戏的方式,而且面对不同年段的学生、不同的教学内容,会运用不同的音乐游戏,激发学生歌唱的兴趣,帮助学生掌握正确的演唱方法,落实演唱中的音乐知识、技能技巧,培养学生的创作能力。

如:对于一年级新生我会运用"寻找好听的声音"——让学生在感受、辨别各种小动物叫声的同时,对好声音产生关注,产生兴趣,并能结合实际的生活经验说说怎样才能发出好听的声音。通过有趣的聆听声音游戏,不但能培养学生们良好的聆听习惯,还能使他们初步形成辨别美的声音的能力。"用好听的声音说话"——在学生初步了解发出好声音秘诀的基础上,让他们学着用好听的声音说话。可以先模仿小动物的叫声,请学生观察老师说话时眉毛、眼睛是怎样的。从模仿外部的形态上寻找高位轻声说话的状态,为养成良好的歌唱习惯做铺垫。然后让学生听听歌里的小朋友用好听的声音在干什么。这既能培养学生仔细聆听歌词的能力,又能对学生进行简单的行为教育。再让学生自由地和好朋友打招呼,教师观察他们的发声状态,及时点评,帮助巩固。"用好听的声音唱歌"——通过教师示范、师生互动、生生互动,指导学生用大方的姿态、自然的声音学唱歌曲,在师生点评中逐步建立音高概念、正确的歌唱口型及良好的歌唱习惯,逐步培养学生的乐感、美感。这三个小游戏,是为了让学生了解怎样的声音是动听的，如何来发出动听的声音，让学生在学习中体验与同伴一起歌唱的乐趣，进而喜欢上唱歌。所以游戏过程中要注重师生的情感交流，重点培养学生对唱歌的兴趣和正确的唱歌习惯，为顺利进行后一阶段的音乐学习奠定心理与行为上的基础。

音乐游戏也能运用在音乐知识的教学中。如：在教学生认识1、2、3、4、5这五个音符时，可以运用多媒体进行"小猴子摘桃子"的游戏教学。让学生扮演小猴子，将1、2、3、4、5五个音符写在形象可爱的"桃子"上，小猴子摘"1"桃子时，让学生唱"1"，摘"2"桃子时，就让学生唱"2"……反复进行几次，学生就能识别这几个音符了。

此外，唱歌接龙的游戏可以运用在歌曲教授环节。教师在范唱和分句教唱一遍之后，再带领几个唱歌能力强的学生示范唱几遍，然后将学生分成若干组，每一组唱歌曲中的一句，进行歌曲接唱。当学生基本掌握歌曲演唱后，还可以请几个学生到台前进行唱歌接龙。期间，如果哪个学生唱不出或唱错，就失去游戏的机会。这样的音乐游戏能帮助学生在学唱时集中注意力，积极地记忆歌曲的旋律和歌词，同时养成聆听的习惯。

到了中高年级，音乐游戏中可以给学生更多创作的机会。如：串珠子游戏。可以从较为简单的节奏开始，老师给出一个基本节奏，如X　X X，请一位学生拍击，并在此基础上创编一小节两拍子的节奏，下一位学生在前两小节的基础上再进行创编，依次下去。要注意的是：每一个学生在创编自己的节奏型的过程中还必须记忆前面同学创编的节奏，这就对学生的记忆能力和创造能力提出了很高的要求。随着年龄的增长，还可以将学生分组，加入音高进行"串珠子"，最后将每一组完成的旋律写下来成为学生的创作集。这样的音乐游戏可以用在每一节音乐课前，成为组织教学和提高学生演唱能力、创编能力的保障。

分析　　有一些教师认为音乐游戏比较适合低年级学生，其实，只要教师设计得合理，音乐游戏同样也可以在中高年级的课堂上起到良好的效果。值得注意的是：对于低年级学生，游戏可以激发学生的学习兴趣，满足学生好动的心理，让他们在玩中学，在乐中学；而到了中高年级，音乐游戏可以更好地提高学生的音乐素养，培养学生的音乐能力，提高欣赏水平、创造水平，调动学生全身心投入到音乐中去，感受美、欣赏美、学习美、创造美、表现美、懂得美。

要领提炼

让我们来归纳一下在设计、实施音乐游戏教学时的一些要领：

1. 音乐游戏的意义。音乐游戏有其他教学方法不可及的优势，它能把枯燥的音乐知识变成生动的游戏活动,这样既适应了小学生贪玩好动的特点,又突出了音乐的艺术性,实现了轻松、愉快的教学。在设计音乐游戏时,要注重游戏是为音乐、为音乐学习服务的,一定要和音乐教育相统一,切忌为了游戏而游戏。

2. 音乐游戏具有音乐性、自然性、趣味性和创造性。根据游戏的功能与作用,可以把它分成:节奏类游戏、音准类游戏、音乐感受力类游戏、动作类游戏和协调类游戏、识谱类游戏以及其他游戏。我们所要做的就是怎么根据上述游戏的优点在教学中灵活使用,让学生们在玩乐的过程中学到东西。

3. 面对低年级学生,设计音乐游戏时,可以考虑创设情境进行游戏。在游戏中要注重师生间、生生间的互动,把握评价在游戏中的作用。根据教学内容、教学目标或学生实际情况的需要,音乐游戏也可以延伸到课后,如寻找童年的儿歌,与同伴一起进行儿歌表演等。不仅可以扩展音乐教学的手段,还可以让学生更好地深入生活,获得更多更直观的生活体验。

4. 要重视音乐游戏的育德作用。音乐游戏在育德方面有着独特的作用和其他学科无可比拟的优势。它的最大特点是通过优美、动听的旋律,生动形象的表现,融入人的精神世界,通过美妙的音符来激发学生的情感,启迪学生的道德情操,使学生在潜移默化中受到教育。

第五节　尝试即兴创编

问题呈现

　　创造是发挥学生想象力和思维潜能的音乐学习领域，是学生进行音乐创作实践和发掘创造性思维能力的过程和手段。而即兴的音乐创编可以开发学生的潜能，教师在教学中要多鼓励学生在音乐学习实践中创新求异。在即兴的学习活动中，学生必须充分调动起自身各种感觉器官，在瞬间唤醒已有的学习经验，统合情感、意志、认知等心理机制以完成创造性的学习任务。即兴创作活动与传统模仿性学习活动有机结合，能有效地提高学生音乐学习能力和音乐素养。

　　教师在教学中开展即兴创编和有目的的音乐创作，可以运用模仿、探究、想象、创编等方法，结合节奏组合与创编、音响模拟与表演、即兴节奏与旋律接龙、节奏与旋律填空、音乐情景小品创编与表演等活动来完成教学目标。我们在鼓励学生进行即兴创编时，要关注以下问题：

　　1. 音乐课堂中的即兴创编就是学生被当前的音乐情绪或情境所触动，临时发生兴致进行的音乐创作活动。但是任何创编都需要"土壤"，在教学中要正确处理模仿与创造的关系，从模仿入手，由易到难、循序渐进地引导学生进行音乐创造学习。

　　2. 即兴创造与有目的创作是不同的。即兴创造是指事先未经准备、根据即时音乐感受而产生的一种音乐创造行为，它常与即兴表演联系在一起；而有目的创作则需要经过准备、酝酿之后再进行，包括旋律与歌词创作、音乐改编等。两者都是音乐创造教学领域的有机组成部分，在教学中缺一不可。

　　3. 在创作活动中，要平衡好教师与学生、"主导"与"主体"的关系，教师要积极引导学生自主参与、积极探索，并和学生同学、同乐、同创，使学生由被动接受者变为主动的探究者。

　　4. 教师要善于挖掘音乐作品的内涵，设计具有探究性的问题。巧妙设计、精心构思，引导学生多角度地展开联想与想象，开展创造实践与探究活动，要为学生提供自主探索的机会和空间。

　　让我们通过如下案例来进一步了解。

案例分析

案例❶

　　学生即兴创编的能力是建立在他们掌握了一定的基础知识和基本技能上的，而教师也要有意识地进行阶梯式的教学培养。以下是一位教师在培养学生节奏即兴创编能力时进行的实践研究，是否会给你启发呢？

实践的对象是五年级的普通班。内容分基础练习和即兴创作练习。

1. 基础练习：包括认识音符名称、时值，掌握基本节奏型。基础知识的教学是通过读节奏，使学生从感性上体验、迅速识别不同的节奏，帮助学生们建立或恢复节奏感。之后可以进行即兴练习。如，要求能自己创作出新的节奏名称，只要通顺、上口即可。目的是让学生最大限度地发挥自己的想象力、创造并表现自己的音乐。

2. 即兴创作练习：无论是基础教学，还是综合课中节奏教学的运用，都紧紧抓住即兴创作这一环节。

（1）有关即兴的训练，一般分个人、集体两种，或者两者结合。在个人练习中，学生的即兴节奏可能是不完整的，零落的，甚至没有任何逻辑的。这时，可以让一些节奏感较好的同学多做示范，做"小先生"。其他同学通过一定时间的训练，了解了规律，就慢慢学会了。

集体练习，我们主要采用音乐小组的形式。每组5—6人，一般挑选音乐素质相对好一些，组织能力强的学生作为组长。老师示范固定节奏作为A，其余组学生相应创编节奏B、C、D等，进行一个循环式的节奏接龙。

在实践中，我们以游戏方式分三个梯度训练学生的注意力、即时记忆力，培养学生团队合作精神和集体荣誉感。① 要求学会看指挥。每组必须思想集中，因为下一组轮到谁是不定的。不能跟上指挥或者念、打节奏不整齐的组将被淘汰出局，退出游戏。② 剩余的组继续游戏，要求后一组重复前一组的节奏再加上自己的节奏，如重复错误或不整齐，退出。这对小组的每个成员在注意力集中上提出了更高的要求，同时进入了即时记忆力的训练。③ 最后一轮，老师节奏变化了（前两轮教师一直用固定节奏），要求下一组重复老师和前一组的节奏，以此强化训练音乐记忆力和节奏感。实践证明，学生们很喜欢这样的方式，每个组都很认真参与，且集体荣誉感很强，第一轮被淘汰的组往往会强烈要求再来一次。因此，这对提高学生学习音乐的兴趣、喜欢音乐课起到很大作用，学生们在快乐的氛围中，不知不觉地感受音乐，创造音乐，表现音乐。

为了避免讨论中出现组员思想分散，不动脑筋、等待组长说出节奏的情况，老师要经常走动、观察、帮助一些有困难的小组积极进行活动。另外，也可在课余根据上课要求事先对组长进行培训。

（2）在综合音乐课中运用即兴创编。节奏学习，最终目的是让学生能更好地理解音乐，感受并表达音乐。创造性活动能培养和加强学生的创造性思维。通过节奏即兴创编活动在综合课的应用，巩固、发展学生的内心听觉和想象力，提高学生对音乐结构和曲式的领悟力，使学生真正获得表现音乐的实际体验。

例：欣赏教学中的即兴创作。

如在欣赏乐曲《土耳其进行曲》时，可以将学生分成小组，即兴创编两小节（8拍）的节奏，要求用打击乐器表演。没有乐器条件的学校，可以选用一种声源,如书、筷子、梳子、钥匙,只要声音有特色,适合表现节奏即可。或采用奥尔夫体系的教法,使用某种物体即兴创作一种节奏图示。如一次性的纸杯摆出节奏,当在某一个杯上套上颜色杯,就表示这一拍要击掌。此形式也作为即兴创作的内容,让学生用其他物体替代纸杯。学生们用可乐瓶、报纸等,任意创编一种节奏图示。

然后以一组的节奏作为主部,其余为副部,做即兴的回旋曲练习;也可把整体的齐奏作为A部,某几组的合奏或卡农作为B部。如此,根据乐曲的需要,可以创作、变化出很多,甚至是很长的作品。节奏演奏完后,请同学回忆,分析,并写下演奏顺序(曲式结构)。接着欣赏音乐,让学生体会每段音乐的不同特色,应用所学的知识,尝试独立分析乐曲的结构,加深对乐曲的理解。通过这些即兴活动,培养学生的发散性思维和创造性思维。

【分析】 节奏是音乐在时间上的组织,是音乐的骨架,是音乐的灵魂。而节奏型的创编活动在小学阶段是经常被使用到的一种教学策略。在节奏教学中,教师和学生可以分解音乐,从最简单的模仿开始,逐步加入即兴创作。学生通过对已掌握的知识进行再加工,二度创作而形成属于自己的音乐的过程,培养了学生音乐感受力和敏捷的反应能力,获得体验和表现音乐的能力。

案例 ❷ 以下是欣赏教学《春天回旋曲》的教学设计:

春天回旋曲

【教学目的】 1. 通过熟悉的生活例子感受并创作多声部的音乐。在潜移默化中,加深对生活与自然的热爱。

2. 通过创作,复习巩固二分、四分、八分及十六分节奏,并学会综合运用。

3. 了解回旋曲式的结构特点。

【教学重点】 1. 多声部音乐的创作与速度、力度等音乐要素的变化。

2. 引导学生在熟悉的生活例子中发现节奏,在创作中体验大自然美妙的音响带给我们的愉悦情感。

【教学过程】 1. "春"主题歌曲大联唱——《春天的回忆》。

今天我们要举行一个"春之声"歌曲大联唱活动,复习我们一——三年级以来学过的有关春天的歌曲,请大家仔细听,认真回忆这些歌曲的名字,并留意这些歌曲是按什么顺序出现的。老师先告诉大家,第一首歌曲是我们二年级时学过的《郊游》,请大家在听到这首歌曲的时候,起立踏步,并自编动作进行表演,当听到其他歌曲时,坐下表演唱。

律动音乐:《郊游》、《小雨沙沙》、《布谷》、《春天举行音乐会》。

2. 多声部节奏创作——《春姑娘交响曲》。

(1)欣赏一组由本班学生创作的"春天美景"图。

导入：今天老师将和同学们一同去郊游，寻找春天。请小朋友们用眼睛去发现美丽的春景，用耳朵去倾听大自然美妙的音响，并借助我们丰富的想象力去表现春天……老师带来了几幅由我们班的小画家创作的春景图，请大家欣赏。

(2)创作声势节奏。

① 根据所要表现的事物特点，从"X，$\underline{X}$，$\underline{\underline{X}}$，X －"中选用合适的音符把看到的春景用有节奏的声音表现出来。

② 根据乐器的音色特点，选择合适的打击乐器(自制的易拉罐、沙球、塑料袋、小凳子、筷子、报纸等)来表现春天的事物。

$\frac{2}{4}$

春雨(　　　)　　　　　　　|　　　　　　　　　　　‖
春风(　　　)　　　　　　　|　　　　　　　　　　　‖
春雷(　　　)　　　　　　　|　　　　　　　　　　　‖
春水(　　　)　　　　　　　|　　　　　　　　　　　‖

合作方法：(自由组合)在组长的组织下讨论确定各自的分工，每人扮演一种角色，选择合适的乐器，选用合适的节奏型表现，先按顺序一个一个来表演，再同时进行表演。

(3)展示合作成果。

① 已经完成创作的小组进行现场展示，未完成的小组留作课后作业。

② 集体评价。选择一种大家都较喜欢的方案作为集体练习的谱子。

③ 由学生口述，教师在实物展示台上记节奏谱。

(4)集体练习。

全班同学分为以下四组，第一组扮演春雨，第二组扮演春风，第三组扮演春雷，第四组扮演春水。

(5)深入提高。

思考——雨渐渐停了，风渐渐小了——力度和速度该作怎样的变化才能表现这一情景呢？(做渐强、渐弱的变化练习)

3. 二声部旋律创作——《报春鸟之歌》。

导入：春天悄悄地来到了我们身边，是谁最先发现并用她美妙的歌声向人们传达了这一讯息？

(1)聆听《杜鹃圆舞曲》片段，说说听到了什么，听辨是几拍子的乐曲。

(2)旋律探索。

用口风琴探索布谷鸟的叫声，选用F调的五度以内的音，按指定节奏型"X X 0 1 X X 0 1"引导学生创作布谷鸟的叫声。

(3)旋律填空练习。

启发导入：两只布谷鸟在枝头互相打招呼，而后似乎一起用歌声向人们报告"春天来了"。请根据歌词的节奏把《报春鸟之歌》的曲谱填写完整(用F调的do、mi、sol三个音创作)。

① 学生在口风琴上自由探索,并把创作结果写在记谱纸上,然后请同桌帮忙演唱,自己演奏创作成果,然后两人交换。

② 学生反馈创作结果,教师在实物展示台展示学生作品。

这里根据学生的现场反馈有两种情况:

a. 形成单声部旋律,引导孩子们感受在这段音乐中使用"do,re,mi,fa,sol"中的哪个音比较有结束感。

b. 假如孩子们的作品中有三度音程作品,如"5 3 3 | 3 − − ‖""3 1 1 | 1 − − ‖"或"5 5 5 | 3 − − ‖""3 3 3 | 1 − − ‖"等,教师就把它组合成二声部让学生集体练习。(如果改一个音就能形成二声部,教师不妨先对学生的作品加以肯定,然后进行修改,以二声部形式让全体学生练习。)

(4) 集体练习。

第一组和第二组分别担任第一声部演奏和演唱,第三组和第四组分别担任第二声部演奏和演唱。

4. 文化拓展。

(1) 导入:我们聆听过并演唱过许多有关春天的音乐作品,自己也创作了一些简单的音乐作品,包括大家自己动手创作的春天的美景图。想一想,还有别的表现"春天"的艺术形式吗?

(2) 师生共同配乐朗诵《春日》和《咏柳》。(三年级配套语文教材内容)

(3) 课外收集有关"春天"的诗歌和散文。

5. 《春天回旋曲》的创作。

(1) 板书表演顺序:《嘀哩嘀哩》→《春姑娘交响曲》→《嘀哩嘀哩》→《报春鸟之歌》→《嘀哩嘀哩》→诗歌《春日》→《嘀哩嘀哩》。

(2) 按结构表演《春天回旋曲》。主部的歌曲集体演唱(第三段),插部分组表演。

(3) 剖析回旋曲结构:刚才大家一共演唱了几次《嘀哩嘀哩》?其中穿插了几次不同的表演?这些音乐按什么顺序出现?同学们,不经意间,我们已经创作了一个精彩的《春天回旋曲》,我们一起演唱的歌曲《嘀哩嘀哩》共出现了四次,叫主部,分组表演的部分叫插部,具有这样结构的曲子叫回旋曲。

分析 从节奏入手逐步进入对旋律的即兴创编,符合了即兴创编必须建立在充分认知前提下的条件。案例中教师以情感体验为基础,以实际生活中能听到、看到的事物为素材,在音乐实践中依靠学生集体力量获得成就,从而使学生的群体意识、合作精神、实践能力、创造能力得到培养和提高。

案例 ③

下面是一个教学实录片段,对象为二年级学生。

《野蜂飞舞》教学实录

片段一:教学导入"质疑——营造氛围"

1. 听音乐入教室——乐曲《动物狂欢节——大象》。

学生在乐曲声中模仿"大象"的律动进教室,感受乐曲所表现的音乐形象。

2. 欣赏乐曲《野蜂飞舞》片段——对比并揭示乐曲名称。

师:这段音乐是大象在行走吗?

生:不是的,好快啊。

师:它是谁?怎么那么快?

生:好像有人在追的样子。

师:你们猜猜,它是谁?在干什么?

生:好像是老鼠在拼命逃窜。

好像是苍蝇,围在垃圾上。

师:你们觉得是昆虫,还是哺乳动物?

生:昆虫。

师:是单只还是好大一群?

生:好大一群,好像是蚊子。

好像是蜜蜂,在追赶偷吃蜂蜜的狗熊。

师:你们的回答太精彩了,乐曲是表现一群野蜂在飞舞。

生:它们为什么这样快呢?

师:这首乐曲的曲名是《野蜂飞舞》,还有个十分精彩的故事呢。

学生围坐在一起,教师生动讲解乐曲《野蜂飞舞》的故事。

片段二:初步聆听"体验——启发联想"

师:乐曲是用什么乐器演奏的?

生:小提琴。

学生模拟小提琴演奏,感受乐曲旋律特点。

师:看媒体,请选择野蜂的飞舞速度、节奏、力度和音高。

学生边听音乐边作选择。

学生根据乐曲的特点,选择合适的打击乐器,用准确的速度、节奏、力度为乐曲《野蜂飞舞》伴奏,感受乐曲旋律特点。

学生用肢体律动即兴表演野蜂飞舞的动作。

学生跟着乐曲,用人声模拟野蜂飞舞。

片段三:深入感受"表现——培养发散思维"

师:野蜂飞舞时的心情是怎样的?

生:很着急。

生:愤怒。

生：烦躁。

生：心情会很乱的。

师：你们说得太棒了！野蜂的心情一定会很乱，有可能还会忐忑不安呢，因为它不确定会有什么样的命运等待着它，所以它的心情特别复杂，多种感情混合在一起。也因此它飞舞时的线条会有所不同，会不断变化的呀。

此时，教师请学生一边聆听乐曲一边用画线条的方式来表现野蜂飞舞的路线，以直观的线条来反映野蜂复杂的情绪。

师生交流：因为野蜂很着急会直冲向前，因为它很烦躁会横冲直撞，因为心里很乱会不断盘旋，因为忐忑不安会上下起伏……形象化的语言描述，更好地帮助学生理解乐曲。

师：分组创编野蜂飞舞的动作，按不同的路线进行表演。

学生分组即兴创作表演，学生的情绪与表演围绕着音乐主题展开。

分析：在这个教学实录中主要运用了对比欣赏、情境创设、提出问题，挖掘音乐元素、启发联想，体验作品内涵，发挥教学机智、培养发散思维、生成智慧火花的教学策略。引导学生体验音乐作品中各种音乐要素及其表现作用，运用听、动、演、赏、创等综合方式，为学生提供了想象的空间，让学生们通过对音乐的理解，大胆地用各种方式来感受音乐、表现音乐，从而激发了学生创造的兴趣、创造的灵感。

要领提炼

让我们来看一看小学音乐教师在指导学生尝试即兴创编时的要领：

1. 面对小学生展开的即兴创编要尊重学生年龄发展的特点，遵循循序渐进的原则。如：在**低年级**的教学中，教师可以引导学生学会根据短小歌、乐曲即兴创编动作，学会选择打击乐器为音乐作即兴伴奏；能根据对音乐情绪和形象的体验、了解，为短小歌、乐曲即兴创编打击乐伴奏和简单舞蹈动作进行表演。

教师可以在复习歌曲、理解音乐情绪和形象的基础上，指导学生选择打击乐器并根据其音色特点和演奏方式为歌曲即兴创编伴奏。复习或新授律动、舞蹈，根据歌曲情绪和形象，即兴组合这些动作，结合打击乐伴奏开展综合表演。

在**中、高年级**的教学中，教师可以引导学生学会根据歌曲风格，编、演歌表演及律动；学会用音乐与诗歌、故事、舞蹈等相结合的方式，开展创造性表演；学会以口头创作的形式，进行即兴节奏和旋律"问答"。例如：设计2—4小节2/4、3/4或4/4拍旋律，师生合作开展口头旋律接龙游戏。可以请学生用完全重复前一乐句曲调的方式接龙，也可以采用重复前一乐句节奏但改变旋律的方式接龙，还可以用根据前一乐句尾音即兴变化节奏与旋律的"头咬尾"方式接龙。有能力的学生可以用这些旋律创编方式做书面创作练习。

2. 在即兴创编活动中，提倡多元互动。教师要尊重学生的权利、意愿和选择，激活学生已有的音乐经验，提供恰当的音乐资料，为学生预留充足的时间和空间，以促进学生间的交流、合作和探究。

3. 即兴创编的内容可以有：歌词创编、节奏创编、旋律创编、律动创编等。在教学过程中把音乐与舞蹈、音乐与戏剧、音乐与文学、音乐与运动很好地结合起来。对于学生的创编教师也要多鼓励，给予正确的评价。

4. 鼓励所有学生参与即兴创编，让更多学生的音乐才能得以被发现，被自由地展示，被不断地完善。在音乐学习过程中，教师要注重让学生体会创造音乐的过程是一种快乐和满足的过程；不仅要能欣赏别人的作品，也要学会欣赏自己创作的音乐，从中体验音乐和内心的交流，音乐与情感之间发生的一些奇妙变化。

本章小结

音乐是听觉艺术，学生主要通过听觉活动感受和体验音乐，但同时音乐也具有"实践性"特征，让学生亲身参与到丰富的实践活动中，有助于他们获得对音乐的直接经验和丰富的情感体验。因此，在音乐教学中，将其他艺术表现形式有效地渗透和运用到音乐教学中，通过音乐为主线的综合艺术实践，可以帮助学生更直观地理解音乐的意义及其在人类艺术活动中的价值。

在小学音乐教学中，教师要根据教学内容的特点和学生的实际，通过语言、游戏、歌唱、舞蹈、律动、创造等手段，运用综合性的学习方法，促进学生对音乐的感知、理解、表现、鉴赏、创造和评价的能力。

在这里，为大家简要地归纳在指导运用综合性的方法学习时需要关注的要点：

◆ 律动与音乐本身就是一对有机的结合体，是动作美与音乐美的交融。在小学音乐课堂中合理使用律动辅助教学，深化"动与唱"、"动与乐"、"动与说"等内容的教学，通过律动表演和即兴练习，拓展学生的思维空间，发展他们的想象力，激发他们的创造欲，培养他们的音乐素养与表现能力，使学生真正地爱上"音乐"。

◆ 为学生提供更多的实践机会，在音乐实践、创造的活动中，提高学生的音乐能力和音乐学习能力。借鉴柯达伊、奥尔夫、达尔克罗兹等音乐教学体系中丰富多彩的音乐学习实践方式，结合现代信息技术，拓展学生的学习视野。

◆ 将创造活动渗透到歌唱、奏乐、欣赏、律动等学习活动中，重视即兴创作的教育价值。将即兴创作与传统模仿性学习方式相结合，能有效地提高学生的学习能力和音乐素养。

◆ 活动设计时，遵循学生身心发展规律，尊重学生间的差异，既设计符合大部分学生音乐学习能力的基础型内容与要求，又考虑到那些学有余力的学生，为他们设计拓展型、创造型的内容与要求，为不同学习能力的学生创造自我发展的学习机会。

第五章

姿势正确　对接课堂
——器乐教学的辅助

　　器乐演奏对于激发学生学习音乐的兴趣，提高对音乐的理解、表达和创造能力有着十分重要的作用。器乐教学可以培养学生对音乐的表现力，更好地促进学生对学习、生活的创造力。学生通过器乐演奏学习，可以提高自己的专注力，提升身体的协调能力，丰富音乐想象力和创造力。现在小学音乐课堂上运用的乐器主要是比较易于学习、演奏，方便集体教学的乐器，如口琴、口风琴、竖笛、排箫、陶笛、吉他以及各类打击乐器等。这些小乐器进入课堂，成为孩子们的学习伙伴，给他们带来了更大的学习乐趣。那么，在器乐教学的过程中，教师如何将其与唱歌、欣赏、创编等教学内容密切结合，发挥器乐辅助教学的功能？在本章我们以口琴、口风琴、竖笛以及打击乐器为例进行探讨。

第一节　学会正确演奏

问题呈现

目前课堂音乐教学中常用的乐器主要是口琴、口风琴和竖笛。它们价格比较低廉,携带方便,同时又有固定的音高,是较易于掌握的乐器。在学习演奏这些乐器时,老师们第一步要做的就是通过示范帮助学生感受这些乐器的音色特点,简单了解乐器的功能以及初步掌握乐器的正确演奏方法。然后结合音乐活动,指导学生由浅入深、循序渐进地学习演奏这些乐器。通过独立练习、同伴交流、教师指导等方式使学生逐步掌握演奏要点,并最终能根据音乐情绪、节奏韵律,整齐、统一、有节奏感地演奏乐曲。

那么在器乐教学中,我们容易忽视的问题有哪些呢?

1. 对于小学生来说,养成一个良好的吹奏乐器的习惯,对今后学习吹奏非常必要。
2. 如何指导、帮助学生掌握口琴、口风琴、竖笛的正确演奏姿势?

器乐教学的实施,对促进学生个性发展,引导学生参加音乐实践,提高学生审美能力,发展学生的创造性思维有着极为深远的意义。下面我们将通过一些实践案例了解课堂器乐教学的具体方法。

案例分析

案例 ❶

对于初次接触乐器演奏的学生来说,养成一个良好的乐器演奏习惯非常重要。口琴、口风琴和竖笛都是吹奏乐器,因此,乐器吹奏时的卫生习惯是首先要关注的。以**口琴**为例:

1. 演奏前先洗手漱口。
2. 吹奏前请保持口腔清洁,防止发生沙音或哑音,饭后不要立即吹口琴,要隔半小时以上再吹。
3. 吹奏时不可过分狂吹或用力碰击,以免音簧受激震后损坏。
4. 不要举着向上吹奏,万一簧片折断,有掉入口中的可能。
5. 吹口处不要放进异物,容易造成故障、破损。
6. 不要用易挥发的化学试剂擦洗,容易造成变形。
7. 不要挥舞口琴,容易造成伤害。
8. 不要用力捏或咬琴壳,容易造成变形、破损。
9. 远离热源,请不要放在暖气旁或太阳直射的地方,容易造成变形、破损。
10. 吹奏完毕,请先将口琴的吹口朝下,轻轻甩出琴内所积的唾液,然后用专用擦巾擦净吹口和两面琴壳，这样不但可避免日久有不良气味，还能保持琴壳的光亮。

11. 不使用时将口琴放入盒内，以防灰尘。

12. 若使用日久，应用40度以下的温水冲洗，不要用硬物刷洗，以免影响簧片，用软毛刷刷下琴格再用水冲洗即可。尽量不要用沸水或酒精、去污油等化学试剂冲洗。但不建议频繁洗口琴，一般一两个月洗一次为宜，洗后要放于通风处晾干。

竖笛在使用过程中的卫生要求与口琴相仿，而**口风琴**吹奏时还要用到吹管，因此还要注意吹奏过程中不要用牙齿咬吹管，在演奏完毕时清洗吹管。

此外，为了清洁卫生，尽量使用自己的乐器，不要向他人借用或借给他人使用。

分析 对于这些吹奏类乐器的使用，尤其要注意养成良好的卫生习惯。这样在保障学生身体健康的同时，也能延长乐器的使用寿命。

案例❷

在教学中，我们会发现有不少学生在学习演奏乐器时进展得很慢，有的甚至停滞不前，总是达不到满意的效果，从而渐渐失去了学习的兴趣和信心。其实这些问题很大一部分原因是学习者在初学的时候，在如何演奏乐器的关键问题上没有得到在感性及理论方面的正确引导。正确的器乐演奏姿势就是其中一个重要的环节。那么，正确的口琴、口风琴和竖笛的演奏姿势是怎样的呢？

口琴演奏姿势：

基本持法：

● 左手以虎口处夹住琴的低音一端，除拇指外其余四指尽量并拢，掌心蜷曲成一个音室置于琴身后方。（如图5-1）

● 右手以拇指和食指握住右琴缘，食指与其余三指也是尽量并拢，两掌心相互呼应，类似向远方呼叫一般。

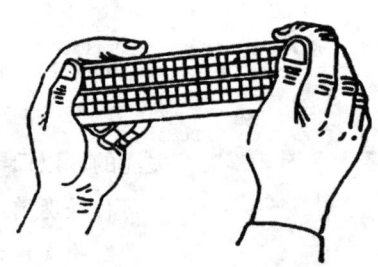

图5-1

● 左右两手腕关节应该可以自由同时左右横移，但不要让手臂也随着移动。

特别注意：

● 左手掌不要马上包住琴身后方。且四指与口琴呈平行方向，如此才能留出一个可以让口唇滑行吹奏的通道。

● 两肩自然下垂不要僵硬，两臂内缘稍贴向身体才不会到处晃动，不管是立姿还是坐姿，上半身应该挺直，切勿弯腰驼背；两脚展开与肩同宽，放松身体的肌肉。

● 建议学生在演奏过程中动手不动口，即用手来移动口琴，不要以口来带动琴。

口风琴演奏姿势：

口风琴的演奏姿势可分为立奏和坐奏两种。

立奏时身体的重心须在两腿之间，腰部要直，胸部不能太紧张，头部须自然。在一般情况下，演奏时上身不要左右摇摆。在初学口风琴或练习时，一般都采用坐奏，坐奏时要注意不能将一条腿搁在另一条腿上，头部不能过于低垂，不能选用过高的凳子。因为这些都会妨碍正常的呼吸。用这种姿势在演奏时能看清每一个琴键。演奏时将琴搁在双膝

坐奏　　站奏

图5-2

上，用左手扶吹嘴，右手按键。同学们对口风琴熟悉到一定的程度时或表演时一般采用立奏姿势。采用这种姿势时，演奏者须用左手竖拿着琴，右手按键，双唇轻轻地对准短吹口，留出一点空隙即可。（如图5-2）

竖笛演奏姿势：

● 头正身直别弯腰。即吹奏时要精神饱满，挺胸收腹，头正身直两眼平视前方或看谱。可立可坐，立时两脚可平行展开与肩同宽或左脚在右脚前一脚远。重心可在左、右脚交替。坐时，座位要高低适当，两脚自然分开或垂地。身坐凳面或椅子面的三分之二，两脚有重心感。

● 全身放松抿嘴笑。即要求身体自然放松，上身如果僵硬，就会影响气息的流畅。口形如抿嘴笑，嘴角向两边拉，唇贴着牙齿，腮略收切不可鼓腮，竖笛的吹嘴也不可以衔太多在嘴里，最多只衔吹嘴的三分之二，并且使竖笛与吹奏者身体成45度角。

● 拇指小指扶好笛，手指放松弯弯腰。即手持竖笛时应左手在上右手在下，依次用右手、左手的无名指、中指、食指按一至六孔（八孔竖笛应用右手小指先按第一孔，左手拇指按第八孔）每个手指都应放松成弧形，不可僵直或用很大的劲去按孔。拇指约与食指相对，与两小指一起把笛子拿稳。在手指按孔时，应用手指第一节的指肚去按孔，切不可用指尖去堵塞，那样既容易漏气又不灵活。

● 抬2厘米不乱跷。即在抬指放开音孔时，手指离孔不能低于2厘米、高于3厘米。低会影响音准，高会影响速度与按孔的准确性。

● 按孔严密气别跑。具体要求是要演奏者养成良好的习惯，即按孔时用手指触摸感觉一下是不是把孔按严了，若没有按严就会产生漏气现象使竖笛一时吹不出音或吹出"怪音"、走调等不良情况，会严重影响音乐的演奏。

图5-3

分析　教师可以通过亲身示范、视频演示等方式让学生了解、模仿正确的演奏姿势。对于低年级的学生，教师可以用简单的口诀帮助学生记忆演奏姿势。在初学的一段时间内，教师都要有意识地指导、提醒、帮助学生进一步掌握乐器演奏的正确姿势。

案例 ❸　为了帮助学生养成良好的吹奏习惯，老师们尝试了很多方法。以下是一位老师创作的口风琴开关歌：

口风琴开关歌

分析　在器乐教学中不少教师会感到课堂秩序难以掌控，特别在拿乐器、放乐器的时候，总感觉杂乱无章。《口风琴开关歌》看似简单，但对于帮助学生养成良好的吹奏乐器的习惯，让整个课堂教学平稳、有序，发挥了十分重要的作用。

要领提炼

在学习乐器之前，先了解乐器正确的演奏要求，通过模仿、练习，逐步掌握正确的演奏姿势。养成正确的演奏习惯有利于激发学生学习的主动性和积极性；有利于形成学习策略，提高学习效率；也有利于培养学生自主学习的能力。

良好的学习习惯是学生在学习过程中经过反复练习形成并逐步发展成个体需要的一种自动化学习的行为方式。在这个养成的过程中，教师要起到指导、帮助、强化的作用。

第二节 掌握指法气息

问题呈现

谈到器乐演奏就不得不讲到指法和气息。在器乐教学过程中我们常常发现，一些孩子在拿到一首新曲子时，通常最注意认音和节奏，总是忽略曲子中的指法；但练到一定程度之后，就会出现经常不连贯、节奏混乱等问题，这就是在初学时没有运用正确的指法造成的。正确的指法使演奏顺畅，而错误的指法为演奏带来困扰。

同样，合理、恰当地运用气息，也能避免上身紧张、脖子变粗、上下嘴唇外翻或嘴唇咬得过紧等带来的困扰。在指导小学生学习器乐演奏时，我们要关注的问题有：

1. 小学生受其生理条件限制，在演奏器乐时对气息的运用和控制能力比较弱。日常教学中可以借助哪些方法指导学生逐步掌握气息的运用和控制，至关重要。

2. 在口风琴和竖笛的吹奏过程中，要配合上正确的指法，才能使演奏效果事半功倍。

3. 在器乐教学中单纯训练弹奏指法和气息十分枯燥，时间长了会让学生产生厌学的心理。教师要尝试将枯燥、机械的训练与课堂音乐学习内容相结合，激发学生的学习兴趣。

就让我们通过一些案例来了解和学习。

案例分析

案例 ❶

吹奏**口琴**要采用以腹腔为主的呼吸法，腹腔储气量足，又能控制气息的调节。但对于初次接触口琴吹奏的小学生来说，首先要建立起吹奏口琴的概念，然后要掌握演奏时的手持姿势、口型和气息运用。某位老师针对初学者，从学期教学的角度出发，进行了教学设计：

1. 观看国际口琴大赛的视频，引发学生对学吹口琴的兴趣。
2. 认识口琴，简单了解口琴的构造。
3. 简单示范，讲解口琴手持的方法、演奏姿势及口型。

在吹奏口琴时，注意仅以唇口对准某个发音孔吹吸。方法为吹奏每个音上下两格音孔的上格音孔，下格用嘴唇盖住，双手拿稳口琴的两端，用右手手心抵住口琴高音一端，然后均匀迅速地左右移动。（如图5-4）

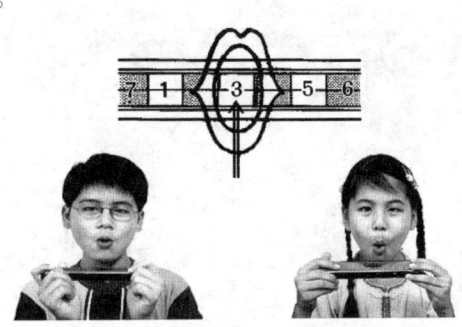

图5-4

4. 讲解吹奏方法：吹口琴时吸气就好比是把我们平常这种非常舒服的呼吸状态给"夸张化"了。吸气时要向下吸气，注意不要抬肩和挺胸，小肚子鼓起来，感觉前面有一朵花儿你要去闻闻它的香味，或者平躺在床上的那种吸气状态。呼气时张开嘴，慢慢、平稳地把气呼出去，仿佛你的面前有一片羽毛，你呼出的气可以把羽毛送到很远很远的地方。

5. 选用C调口琴教会学生演奏C大调音阶。C大调音阶的吹吸规律由D—D'，排列为吹吸吹吸吹吸吸吹，其中la、si两音要连吸。我们可以重点帮助学生学会中音区常用音的演奏技能。(如图5-5)

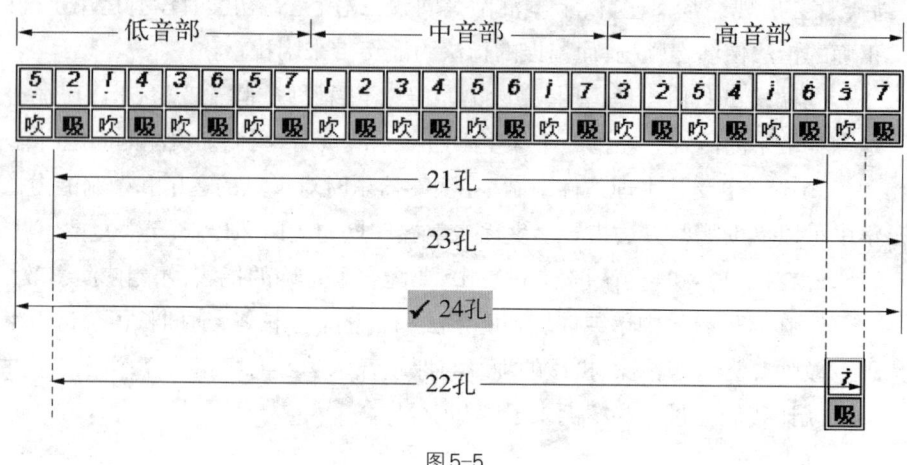

图5-5

6. 提供简单谱例，便于学生课内、外练习。

谱例1：

练习曲1

1=C

| 1 - - - | 2 - - - | 3 - - - | 4 - - - | 5 - - - |
| 吹 | 吸 | 吹 | 吸 | 吹 |

| 6 - - - | 7 - - - | 1 - - - | 1 - - - | 7 - - - |
| 吸 | 吸 | 吹 | 吹 | 吸 |

| 6 - - - | 5 - - - | 4 - - - | 3 - - - | 2 - - - |
| 吸 | 吹 | 吸 | 吹 | 吸 |

| 1 - - - ‖
| 吹

谱例2：

练习曲2

1=C

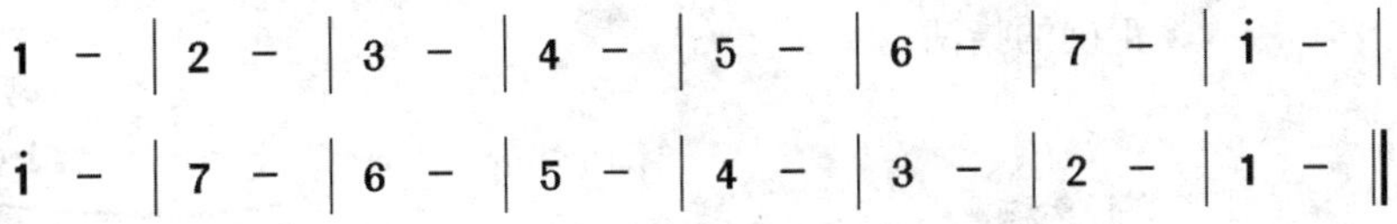

| 1 - | 2 - | 3 - | 4 - | 5 - | 6 - | 7 - | i - |
| i - | 7 - | 6 - | 5 - | 4 - | 3 - | 2 - | 1 - ‖

谱例3：

练习曲3

1=C

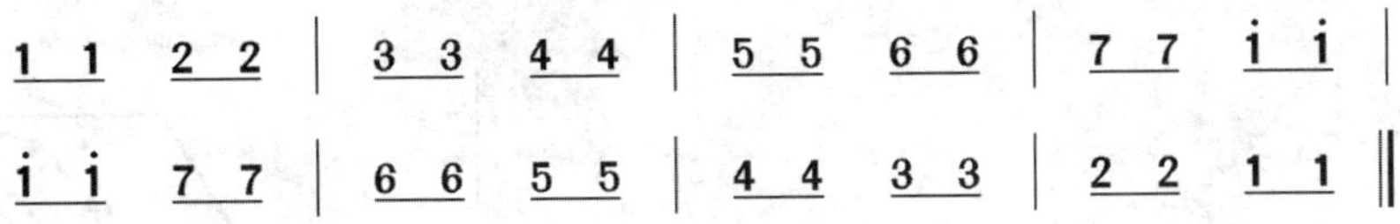

| 1 1 2 2 | 3 3 4 4 | 5 5 6 6 | 7 7 i i |
| i i 7 7 | 6 6 5 5 | 4 4 3 3 | 2 2 1 1 ‖

谱例4：

练习曲4

1=C

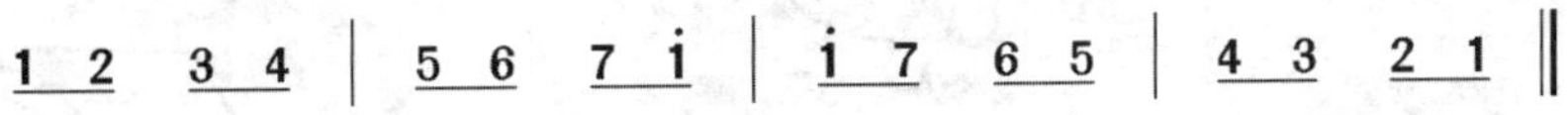

| 1 2 3 4 | 5 6 7 i | i 7 6 5 | 4 3 2 1 ‖

谱例5：

练习曲5

1=C

| 1234 567i | i765 4321 | 1234 567i | i765 4321 ‖

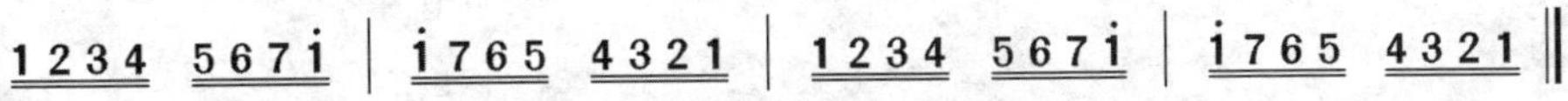

分析 　对于初次接触口琴的小学生来说，激发起学习的兴趣是十分关键的。这时教师的范奏以及通过视频引发学生的学习欲望是很好的方法。在学吹口琴的整个过程中，教师要多示范、讲解，用简单易懂的比喻帮助学生理解、掌握吹奏口琴时手持姿势、口型、气息控制的方法，通过简单的练习曲，结合课内的指导和课外的练习，利用有效的评价，鼓励、帮助学生循序渐进地建立正确的吹奏技巧，为后面的学习打下坚实的基础。

案例 ❷

口风琴的吹奏要求口、眼、手的配合。吹奏口风琴时，身体要正对键盘的中央，坐得端正而不僵硬，上身略向前倾，肩部和背部要松而不垮。如图5-6口风琴的指法和手形要求与钢琴相同，可以运用一些指法练习曲帮助学生熟练掌握正确的指法。

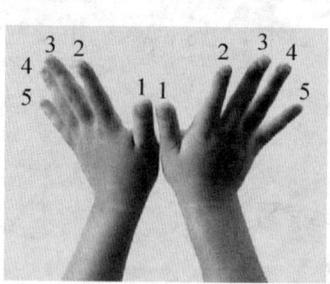

指法图

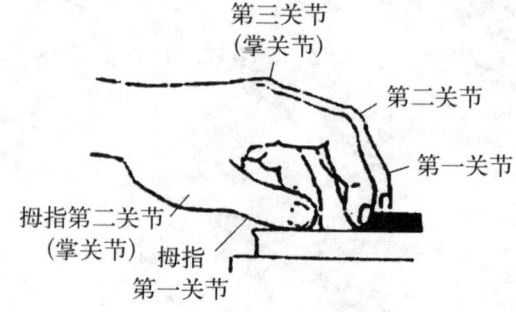

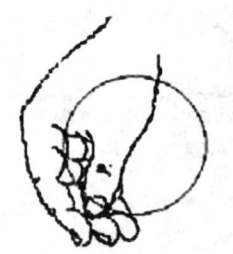

手的自然下垂放松姿态

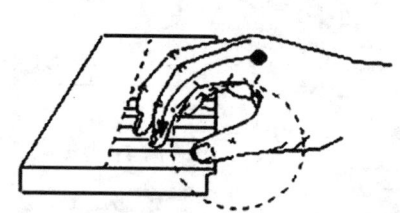

手的一般姿势

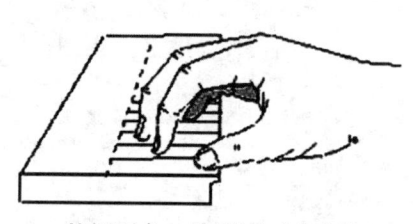

从侧面虎口看5指的"立姿"

手型图

图5-6

口风琴指法音阶练习

1=C 4/4

　　　穿指　　　　　　　　　　　　　　　跨指
1 2 3 1 2 3 4 5 | 5 4 3 2 1 |
1 2 3 4 5 6 7 i | i 7 6 5 | 4 3 2 1 ‖

音阶同音反复练习

1=C 2/4

　　　穿指
1　　2　　3　1　　2　　　　　5
1 1 2 2 | 3 3 4 4 | 5 5 6 6 | 7 7 i ‖

跨指

| i̇ i̇ 7 4 7 | 6 3 6 5 2 5 | 4 1 4 3 3 3 | 2 2 1 ‖

三度音阶练习

1=C 4/4

```
 1 3 2 4 3 5    2 4 3 5 4 6    3 5 4 6 5 7
 1 3 2 4 3 5    2 4 3 5 4 6    3 5 4 6 5 7
 4 6 5 7 6 i̇ | i̇ 6 7 5 6 4 | 7 5 6 4 5 3
                               5 3
 6 4 5 3 4 2 | 5 3 4 2 3 1 ‖
```

分 析　　口风琴的指法与钢琴相似,演奏中一般只能用一只手弹奏音乐。在练习初期,老师可以让学生一边唱指法,一边用手指在琴键上弹奏,帮助学生建立起指法的概念。当学生初步掌握简单指法后,再辅以小练习曲。要注意的是,在指导学生同音连奏的时候,要注意提醒他们不必将手指抬起,只要将手指按住琴键不动,舌头发出"吐吐"的声音就可以了。

案例 ❸　　初学者在吹奏口风琴时,由于把控不好气息,总会用比较大的力度来吹奏,这样一方面会由于演奏者气息过强,吹奏出来的音没有美感,另一方面会引起断奏的情况。那么如何指导学生控制气息,吹出强弱变化的音呢?下面这位老师的音乐小故事会给你启示。

怎么变化强与弱

很喜欢自己变得"愚笨"些,这样就可以把问题"抛"给孩子们思考。我问孩子们:我们一共有41个人(连我算在内),有哪些方法可以一个人自己表现出强弱,或者大家一起表现强弱呢?孩子们很聪明,他们乐于在我这个"困惑者"面前表现。首先,他们发现人的自身(如拍手、拍肩、拍腿、跺脚)发出的声响有强弱变化,拍击手掌的不同部位,也可以有这样的变化。接着,他们发现人少到人多,可以叠加出渐强的音效。

我又问:我们演奏课堂乐器口风琴时,怎么表现出强弱的变化呢?他们实践得出结论:可以通过用气量的多少加以控制。我说:那我们就开始挑战吧!我的心里很明白我和学生好像是在玩,却是在玩中学。

1. 用自己能听见的最弱(但不能断裂或无声)的气息吹一个单音,比比谁吹得最长。

2. 吹一个单音C,看教师的手势提示,自如地运用气息变换强弱。

3. 吹C大调音阶。上行要求尽量只用一口气,中间不换气并吹出渐强的力度变化,学生吸足一口气后要有控制地慢慢将之吐出;下行也要求尽量一口气并吹出渐弱的力度变化。

4.吹一首乐曲的结束句,做到渐弱渐慢,有稳定的结束感。

5.运用同音反复的方法,把音断开,吹出渐强或渐弱的方法。如乐曲《划小船》的第三乐句。

划 小 船

分析 这是一位非常有智慧的老师,她抛出一个问题,让学生通过思考、实践自己寻找出答案,然后再引发到:演奏口风琴时如何表现强与弱?接着通过不同的游戏,循序渐进,引导学生在游戏中掌握了对气息的控制。这种边玩边学的方法,正符合了低年段学生的心理特点。玩中学,乐中学,激发学生学习兴趣的同时,又达到了良好的教学效果。

案例 ❹ 如图5-7所示,竖笛演奏时左手在上、右手在下,左手的拇指封堵竖笛的背孔——也称高音孔或零孔。竖笛的正面各音孔的名称从上至下分别为1、2、3、4、5、6、7孔。左手的二、三、四指封堵竖笛的1、2、3孔(注意左手的小指自然地停在竖笛的上方,不要置于竖笛的下侧以免影响左手二、三、四指的灵活性),右手的拇指置于竖笛的下侧来稳固竖笛,其余的手指依次封堵竖笛剩下的几个音孔。在用手指封堵竖笛音孔时,应注意要用手指的指腹处封堵音孔,以便音孔关闭严密;左手的拇指要用靠近指尖部腹部封闭音孔,以利于高音孔的开闭。

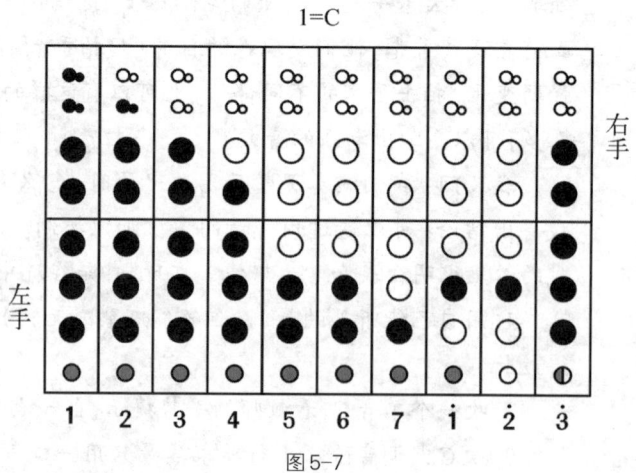

图5-7

下面是一位教师在竖笛教学中的一些心得与方法：

在教学中，我时时提醒学生"抬头挺胸脚放平，手指放松轻轻吹"，纠正学生低头、坐立不直、踮脚或跷起二郎腿演奏、吸气浅和吹奏时用气过量、挤冲等不良习惯。也可以结合不同乐曲来训练各种呼吸方法，如用《雪绒花》等优美抒情的乐曲来训练急吸缓呼法，用断音奏法演奏《啄木鸟》等欢快活泼的乐曲来训练急吸急呼法。

此外，我认为，在竖笛吹奏初期要指导学生扎扎实实练好单吐法。

单吐法又称基本吐音法，是竖笛演奏中最常用的一种技能。教师如果指导不当，容易出现只呼不吐、用力过猛等乱吹毛病，对竖笛的发音、音色和气、指的配合有着直接的影响。

训练吐音时，可以采用游戏法、示范法、讲授法、朗读法等方法，或综合运用上述方法，使学生养成演奏吐音的良好习惯。

例如，教师可以采用"tu"这个音节来训练吐音，让学生在正前方挂一张薄薄的纸条，对着纸条下角朗读"Tu Tu Tu Tu｜Tu－－－‖"，吐音时节奏的变化使纸条时而跳动时而飘起。学生们玩玩学学，在游戏中轻松地掌握了吐音的要领。教师再通过准确地讲解和示范，让学生了解和感受吐音时运舌的动作和力度。待学生们掌握了吐音的基本方法后，再到竖笛上吹奏，就能较快掌握吐音的基本技巧。这种先读后吹的方法，避免了学生因不得要领而盲目吹奏，导致教室里出现一片乱哄哄的场面。

分析　　正确的竖笛吹奏方法是：从鼻子和嘴角吸气，吸到胸部和腹部，小腹微微向里收，以使演奏有气息支持。正确掌握单音的吹法是学吹竖笛的基础，因此，教师要重视对单吐法的指导和练习。此外，在演奏乐器时，根据演奏的要求需要运用不同的吹奏方法，如急吸缓吐、急吸急吐等，这时选用简单的乐曲来协助吹奏训练是比较有效的教学方法。

要领提炼

综上所述，我们来归纳一下器乐教学中教会学生掌握正确的指法和气息的要领：

1. 对于小学生来说，直观的模仿比抽象的说教更容易理解和掌握。因此，在教授学生器乐演奏时教师要多范奏，或利用多媒体视频等辅助手段，使教学更直观、有效。

2. 针对指法和气息的训练较为枯燥的问题，教师可以借助小游戏、竞赛等手段，激发学生学习的积极性与主动性。

3. 正确的气息和指法不是一朝一夕就能掌握的，因此，课堂中的指导训练要和课外的练习相结合才能达到更好的效果。建议教师们可以尝试罗列一个学期或一个学年的教学进度表,使器乐教学内容能适时、适度地得到实施与推进。

4. 目前有一些地区和学校选择一些较有特色且易于学习的乐器入课堂辅助教学,如陶笛、排箫、吉他等。以上给出的是较为常见的三种乐器在学习中值得注意的要点,以供大家参考与借鉴。

下面给出一些乐谱供选用。

口琴:

练习曲1:

小 圆 舞 曲

1=C 3/4

| 1 2 3 | 2 3 4 | 3 4 3 | 2 - - | 1 2 3 | 2 3 4 |
吹 吸 吹　吸 吹 吸　吹 吸 吹　吸　　　　吹 吸 吹　吸 吹 吸

| 3 4 2 | 1 - - | 2 3 4 | 4 3 2 | 2 3 4 | 3 - - |
吹 吸 吸　吹　　　吸 吹 吸　吸 吹 吸　吸 吹 吸　吹

| 2 3 4 | 4 3 2 | 1 3 2 | 1 - - ‖
吸 吹 吸　吸 吹 吸　吹 吹 吸　吹

练习曲2:

游 戏

1=C 2/4

第一声部 | 1 1 1 2 | 3 - | 2 2 2 3 | 4 - | 3 4 4 3 |

第二声部 | 0　0 | 1 1 1 2 | 3 - | 2 2 2 3 | 4 - |

| 2 3 3 2 | 1 2 3 2 | 3 - | 1 1 1 2 | 3 - | 2 2 2 3 |
| 3 4 4 3 | 2 3 3 2 | 1 2 3 2 | 3 - | 1 1 1 2 | 3 - |

| 4 - | 3 4 4 3 | 2 3 3 2 | 1 3 2 2 | 1 3 2 2 | 1 - ‖
| 2 2 2 3 | 4 - | 3 4 4 3 | 2 3 3 2 | 1 3 2 2 | 1 - ‖

口风琴：

练习曲1：

小宝宝要睡觉

1=C 3/4

```
 1  2  3           1     3       2
 1- 2 | 3 - - | 3 - 2 | 1 - - | 1 - 3 | 2 - 1 | 2 - - | 2 - -

 1  2  3           1     3  2
 1- 2 | 3 - - | 3 - 2 | 1 - - | 1 - 3 | 2 - 2 | 1 - - | 1 - - ‖
```

练习曲2：

划 小 船

1=C 2/4

```
 5 3     4 2    1       5      3      4 2    1  5    3
 5 3 3 | 4 2 2 | 1 2 3 4 | 5 5 5 | 5 3 3 | 4 2 2 | 1 3 5 5 | 3 -

 2       3 4   3        4 5    3      4 2    1 3 5   1
 2 2 2 2 | 2 3 4 | 3 3 3 3 | 3 4 5 | 5 3 3 | 4 2 2 | 1 3 5 5 | 1 - ‖
```

竖笛：

练习曲1：

欢 乐 颂

1=D 4/4

席 勒 词
贝多芬 曲

```
3 3 4 5 | 5 4 3 2 | 1 1 2 3 | 3. 2 2 - | 3 3 4 5 | 5 4 3 2 | 1 1 2 3 | 2. 1 1 - ‖: 2 2 3 1 |

2 3 4 3 1 | 2 3 4 3 2 | 1 2 5 3 | 3 3 4 5 | 5 4 3 4 2 | 1 1 2 3 | 2. 1 1 - :‖
```

练习曲2：

小 白 船

1=F 3/4

朝鲜族 童谣
吉 聿 制谱

```
5 - 6 6 | 5 - 3 | 5 3 2 1 | 5 - - | 6 - 1 | 2 - 5 | 3 - - | 3 - -
蓝 蓝的 天 空, 银  河 里    有  只 小 白 船,
```

5 - 6̲6̲ | 5 - 3 | 5̲ 3̲ 2̲ 1̲ | 5̣ - - | 6̣ - 1 | 5̣ - 2 | 1 - - | 1 - - |
船　上　有棵桂　花树，　白兔　在游　玩。

3 - 3 | 3 - 2 | 3 - 6 | 5 - - | 3 - 2 | 3 - 6 | 5 - - | 5 - - |
桨儿　桨儿　看不见，　船上　也没　帆。

i - - | 5 - - | 3 - 5 | 6 - - | 5̲ 3̲ 2̲ 1̲ | 5̣ - 2 | 1 - - | 1 - - ‖
飘　呀　飘　呀　飘向　西　天。

第三节　辅助教学主体

问题呈现

　　小学生在音乐课堂中学习乐器演奏,不是单纯地为了掌握一两件乐器的演奏技能,而是为了避免课堂教学的单调枯燥。将口琴、口风琴、竖笛等乐器用到学习中,让学生的眼、手、口并用起来,最大限度地调动各种感官参与教学活动的积极性,激发了学生的学习欲望。

　　此外,乐器进入课堂成为学生的"学具",很大程度上降低了学生识谱唱曲的难度,特别是天生音准有缺陷的学生,这些有音高的乐器代替了识谱唱曲。通过演奏,一样可以掌握乐谱知识,增强了学生的自信心,激发了学生学习音乐的兴趣。

　　那么在器乐辅助教学的过程中,通常会出现什么问题呢?

　　1. 在欣赏教学中,加入器乐演奏是否会对感知、记忆歌曲、乐曲主题旋律,感受音乐情绪等起到促进作用?

　　2. 以歌唱为主的教学,学会歌曲演唱是主要目标,也就是要把歌曲唱准唱好,要把握住歌曲的音乐情绪。器乐的加入对歌曲学习和演唱的作用体现在什么地方?

　　3. 以创编为主的教学,音乐的创作是主要目标,器乐的加入如何激发学生的创作欲望?

　　4. 学生对器乐演奏技能的学习能力不同,对于演奏技能的学习要立足于"音乐"的学习和分层要求,应避免出现枯燥训练的现象。

　　就让我们通过下列正反案例来了解具体的方法。

案例分析

案例❶　　以下是三节由不同教师执教的小学四年级课题为"多年以前"的课堂器乐(八孔竖笛)教学课的简单描述,让我们来看看这三节课中竖笛作为学具发挥了什么作用。

　　在第一节课中,教师播放了一遍歌曲《多年以前》的录音范唱后,请学生们哼唱。学生们用训练有素的声音准确地演绎了歌曲,然后按老师的要求集体用竖笛熟练地演奏了歌曲旋律,再在老师的指引下哼唱和吹奏了二声部旋律,接着是合奏,再与演唱进行配合……一切是那么自然而"完美"。

　　第二节课,教师和学生一起先哼唱歌曲的旋律,然后分段学习吹奏《多年以前》。在学习的过程,有教师的范奏,有小组的合作学习,有教师对个别演奏技巧的纠正……临下课前5分钟,在一次全班比较整齐地吹奏歌曲旋律后,教师要求一半的学生唱歌词,一半的学生吹奏歌曲旋律;没想到,最后的这次没取得好效果:吹的声音盖住了唱的,唱的学生似乎有些胆怯,总要"跟"在"奏"的后面。

第三节课,教师先和学生一起学习了歌曲的演唱,然后请学生拿出竖笛"为歌曲伴奏",学生用竖笛"结结巴巴"地吹奏了一遍旋律后,教师表扬了大家,然后进入了本课的拓展环节——为歌曲设计场景进行表演。

分析

案例中,三节课都紧紧围绕音乐作品《多年以前》使用八孔竖笛展开教学。但在器乐教学内容和教师的把握方面各有不同的侧重,因此也产生了不同的学习效果。这三节课中,从器乐学习的角度看,第一节课最"美"——学生演奏技巧纯熟,歌曲演绎整齐、流畅,音乐情绪把握恰当;但这节课总让人有"演"而不是"学"的感觉,因为学生太整齐、太聪明、技能太强了。第二节课最"完整"——我们看到了学生由不会到会,由陌生到熟悉的学习过程,但对音乐情绪的把握不足。第三节课最"没事干"——竖笛就像一个毫不起眼的配角,一晃而过,可有可无。

案例❷

一位青年教师设计了一份口琴教学的教案。从这篇教案中,是否可以看到口琴作为学具起到的辅助教学的作用?

教学目标分析:

1. 能够感受《摇篮曲》优美平静的旋律风格、宁静安详的音乐意境。体会《摇篮曲》甜美温柔的歌声所表达的亲切深情的情绪。

2. 以器乐——口琴教学为切入口,学习运用字母注音谱来学唱歌曲,引导学生用连贯、安静、恬美的声音演唱歌曲《我的小宝宝》。

3. 启发学生用 d、r、m 或 d、m、s 创编一句摇篮曲旋律,培养学生简单的音乐创作的能力。

教学过程和步骤的解析:

一、创设情景,导入主题

1. 歌表演——上海童谣《摇啊摇》进入教室。

2. 电脑课件:学生用有力度变化的声音复习演唱歌曲《摇篮曲》。

3. 口琴吹奏《摇篮曲》。

4. 在《我的小宝宝》的伴奏音乐中交流谈话:你喜欢摇篮曲吗?听到摇篮曲你会想到谁?照片中的小宝宝就是我们当中的一个小朋友,他是谁呢?导入新课主题。

说明:

在一年级,小朋友就接触过摇篮曲体裁的歌曲。通过多种形式复习摇篮曲,在优美平静的音乐中,把孩子带入宁静安详的意境之中。通过交流小朋友小时候的照片导入本堂课的教学主题。

二、口琴辅助，学习歌谱

1. 范唱。

这些小宝宝的照片让我想起我哄我女儿睡觉时唱的一首摇篮曲，我唱给你们听，好不好？

2. 音响：律动感受音乐情绪。

请你们也来做小宝宝的爸爸妈妈，轻轻地摇动摇篮，哄小宝宝睡觉。（老师发小宝宝的照片）

3. 简介歌曲。（出示大歌片）

这首摇篮曲的旋律优美而抒情。歌名就叫《我的小宝宝》。它的拍号是4/4拍。

4. 请学生听着音乐划一划旋律线，在旋律线的带领下走进小宝宝的梦境。

5. 教师示范口琴吹奏歌曲（声音轻柔的）。

6. 学生找出最喜欢的乐句，唱唱、奏奏歌谱（字母注音谱或五线谱）。重点指导下行五度sol—do音程的吹奏。请喜欢的小朋友和老师一起练习。

7. 提示难点（连续"吐"气的气息控制）。

8. 学生自习，教师巡视指导。

9. 集体吹奏。（及时指导）

10. 分组或个别交流吹奏，互相倾听、评价。（要求：吹奏的声音轻柔）

11. 跟老师的钢琴演唱、演奏歌曲。

> 说明：
>
> "听觉领先，动觉切入"是二期课改的一个重要理念。在多次听赏歌曲、律动表现歌曲的基础之上，我再让学生来走走旋律线，并以器乐——口琴教学为切入口，找找最喜欢的乐句，通过听听、唱唱、奏奏、演演的音乐实践活动，来学习歌谱，很快地解决这堂课的识谱教学难点。

三、启发情感，演唱歌曲

1. 自然填唱歌词，想象歌曲意境。

2. 处理歌曲：想一想怎么唱可以使宝宝在你的歌声中进入甜美的梦乡。（用有力度变化的声音演唱歌曲）

3. 完整歌唱，启发学生即兴添加动作进行歌表演。

4. 老师指挥，学生表演唱。

> 说明：
>
> 音乐教学应以审美为核心。在体会歌曲意境的基础上，启发学生情感，逐步培养学生用有力度变化的歌声来渲染气氛，描绘意境，塑造艺术的形象。

分 析　从这个教学设计中我们可以看到,教师考虑到了器乐辅助课堂教学的功能。器乐教学的比重占到整个教学时间的四分之一左右。其中既有口琴复习《摇篮曲》,又通过练习吹奏新授歌曲《我的小宝宝》帮助学生掌握歌曲的旋律和吹奏中的难点——连续"吐"气的气息控制以及吹奏声音轻柔,为之后歌曲演唱中气息的控制做好铺垫。

案例 ❸

口风琴作为学具在歌唱教学,特别是合唱歌曲的教学中起到了什么作用,我们一起来看:

课题:可爱的家(第二教时)

一、教学目标

1. 学会用柔和、优美的声音演唱歌曲《可爱的家》。

2. 学会用口风琴吹奏歌曲《可爱的家》,并学会创编各种节奏型,用不同乐器为歌曲伴奏。

二、教学重点

用口风琴吹奏辅助歌曲《可爱的家》的演唱。

三、教学难点

1. 用较为连贯的气息演唱、吹奏《可爱的家》。

2. 在口风琴的辅助下,掌握歌曲第二声部旋律,与同伴合唱歌曲。

四、教学过程

(一)师生问好。

要求:声音自然,统一和谐。

(二)复习齐唱《可爱的家》。

1. 哼唱歌曲旋律。

2. 要求同学有感情地演唱歌词。

(请一位同学上前来指挥)

(三)学习吹奏合唱部分旋律。

1. 复习吹奏歌曲的高声部旋律。

2. 学吹歌曲低声部旋律。

(1)老师口风琴范奏。

(2)请学生边听歌曲,边划划歌曲乐句的旋律线条,找找相似的乐句。

3. 指导学生吹奏低声部旋律。

要求:要吹得饱满、连贯,注意气口,做到急吸缓吐。

4. 自由练习吹奏。

5. 分组吹奏:请男、女生分别吹一遍。

6. 加入力度记号吹奏。

7. 和老师合奏歌曲(师吹高声部,生吹低声部)。

(四)合唱歌曲。

1. 请女生吹奏口风琴,男生加入歌词演唱歌曲低声部。
2. 请男生吹奏口风琴,女生加入歌词演唱歌曲低声部。
3. 教师吹奏口风琴,学生演唱低声部。
4. 学生合唱歌曲。(要求:演唱时用悠长饱满的气息)

分析　本案例是通过器乐吹奏合唱歌曲《可爱的家》的音乐学习活动,凸现口风琴气息的控制和演奏技能对于表现音乐的重要性,为学习歌曲二声部的音准与和谐做了铺垫。口风琴作为学具,在歌唱教学中起到了提示音高、体验和声效果的作用。

案例 ④　器乐学习有的时候是枯燥乏味的,但是如果加上一些创意,就能激发起学生学习的欲望,我们来看一个教学片段。

新课教授:

(一)复习旧识(复习上节课学习内容)。

师:首先,我们来复习一下上节课的学习内容,请看:

1. 音符时值。

X - - -　全音符　四拍

X -　　　二分音符　二拍

X　　　　四分音符　一拍

X　　　　八分音符　半拍

2. 音乐知识复习。(直接提问学生)

(1)七个基本音名是什么?

(2)C键在口风琴的什么位置?

(3)右手每个手指都有一个数字,请说出来吧!

3. 上节课所学旋律复习。

师:上节课我们学习了两条旋律,你们还记得吗?那我们就一起演奏一遍吧!演奏时注意姿势、手形和指法。(齐奏第一条)

师:第二条旋律上有连音线,应该怎样演奏呢?哪位同学来给我们表演一下?(点评后全班齐奏)

$1=C \frac{4}{4}$

(1) 1 1 2 - | 2 2 3 - | 3 3 4 - | 4 4 5 - | 5 5 4 - | 4 4 3 -

3 3 2 - | 2 2 1 - ‖

(2) 1 2 3 4 5 5 | 5 4 3 2 1 1 | 2 5 4 5 3 5 2 5 | 1 3 5 3
1 - ‖

(二)学习新知。

1. 1=C $\frac{4}{4}$

5 3 3 - | 4 2 2 - | 1 2 3 4 | 5 5 5 - | 5 3 3 - | 4 2 2 - |
1 3 5 5 | 1 - - - ‖

(1)这一条旋律与我们上节课学习的第一条旋律有相似处：同样是4/4拍，五音以内的，C调，中速，一小节换一次气。学习它是为了练习我们五指的灵活度。现在跟老师一起划拍唱一遍。

(2)现在请同学们将手放在桌上，跟老师一起学一遍指法。

(3)老师演奏，学生跟琴练指法(连续两遍)。

(4)齐奏。

2. 1=C $\frac{2}{4}$

5 0 3 0 | 5 0 3 0 | 5 4 3 | 2 - | 4 2 0 | 4 2 0 | 4 3 2 | 1 - |
5 3 | 5 3 | 5 4 3 | 2 - | 4 2 | 4 2 | 4 3 2 | 1 - ‖

(1)学习第二条旋律。教师先演奏一遍。

(2)分析旋律特点：休止符。

(板书) 5 0 3 0 与 5 3 、 4 2 0 与 4 2 的区别。(板书划拍重点练习)

(3)注意观察学生掌握情况。教练指法，跟琴走指法——齐奏。

(4)提示学生：在吹奏时注意节拍的变化，要将休止符很好地体现出来。

(三)巩固新知。

故事导入：创设情境，由学生自己挑选角色，配合老师进行表演。

时间：很久很久以前

地点：一片古老的大森林里

人物：小精灵和小动物们

剧中出现人物：小精灵魔术师、小精灵剧作家、小喜鹊

主要表演人物：小狐狸队、小青蛙队、小精灵队

1. 小狐狸队表演曲目

1=C $\frac{2}{4}$

5 0 3 0 | 5 0 3 0 | 5 4 3 | 2 - | 4 2 0 | 4 2 0 | 4 3 2 | 1 - |
5 3 | 5 3 | 5 4 3 | 2 - | 4 2 | 4 2 | 4 3 2 | 1 - ‖

2. 小青蛙队表演曲目

1=C $\frac{4}{4}$

5 3 3 - | 4 2 2 - | 1 2 3 4 | 5 5 5 - |

5 3 3 - | 4 2 2 - | 1 3 5 5 | 1 - - - ‖

3. 小精灵队表演曲目

1=C $\frac{2}{4}$

1 2 3 4 | 5 5 | 5 4 3 2 | 1 1 |

2 5 4 5 | 3 5 2 5 | 1 3 5 3 | 1 - ‖

请学生按自己喜欢的角色分组,练习相对应的曲目。

教师讲故事,学生分组扮演角色进行情境表演。

故事梗概:很久很久以前,在一片古老的大森林边的小山上,住着一群快乐的小精灵和小动物们。

小精灵戴着红帽子,留着白胡子,穿着红白相间的裤子。他们大概只比你的膝盖高一点,但别看他们人小,他们非常聪明、勇敢、善良,尤其喜欢帮助别人。

圣诞节快到了,小精灵剧作家建议开一场别开生面的音乐会。他的想法得到了大家的赞同。经过分工,大家分头忙活起来:有的做服装,有的建舞台,更多的小精灵和小动物们积极地投入到了排练中。三个星期后,一个精美的森林音乐会剧场展现在大家面前。

为大家表演的是小狐狸队、小青蛙队和小精灵队,他们今天的表演顺序是:小狐狸队——小青蛙队——小精灵队。

等他们的表演结束,大家也可以推选代表或自告奋勇到台前来进行个人秀。

分析　这个教学片段是一位青年教师针对自己二年级的学生设计的。在复习旧知和学习新知之后,为了避免让学生因反复操练而产生枯燥的感觉,教师创设了情境,以故事导入,通过让学生扮演故事中的角色来吸引学生练习口风琴的吹奏。同时,自告奋勇和推选代表的环节,也给一些表现欲较强的学生搭建了展示个人风采的舞台。

案例 ⑤　由于学生能力的不同,在学习、掌握器乐吹奏的过程中表现出参差不齐的水平,这时,分层教学就能比较好地解决这一问题。我们来看看这位教师在器乐教学中的一点想法:

在器乐教学中,我运用分层、合作的教学方法,取得了较好的效果。我是这样做的:

1. 合作齐奏。

这是同一层次的学生进行的合作，也是合作中较简单的一种。器乐齐奏是器乐的一种演奏形式，它要求学生演奏时的情绪把握要准确，速度力度要均衡，而且无形之中，就给学生提出一个比独奏时更高的要求——既要顾及自己的演奏，更要兼顾同伴的演奏。开始时，有些个性强的学生会不顾别人，按自己独奏时的情绪力度演奏，使整个演奏乱糟糟的。经过一段时间的训练后，他们已经能学会听别人的演奏来调整自己的演奏状态了。所以说，这样的合作教学对于培养他们良好的个性与完善的性格，有着很大的作用。

2. 合作联奏。

这种形式可以在同一层次的学生中进行，也可以在不同层次的学生中进行。所谓联奏，是按乐句自然划分，各人演奏不同的乐句，合作连接成完整的乐曲。在同一层次中，将一首乐曲划分好乐句，可以以接龙的形式进行联奏。这样既使学生对曲式结构有个初步的感受，又能培养学生对节奏进行的均衡感，不至于将乐曲奏"碎"。对于不同层次的学生，应该选择难度跨度较大的曲子，简单的部分由低层次的学生完成，有一定难度的部分由高层次的学生完成（高层次的学生也可以完成整首乐曲）。在教师的指导下进行全曲的联奏，在练习的过程中既体现了学生掌握基本技能技巧的水平，又增强了不同层次学生之间的合作关系，有利于营造一种和谐、共振的学习氛围。

3. 合作合奏。

合奏是一种最常见的器乐演奏形式，合奏能力也是器乐演奏技能中的一个重要组成部分。在同一层次的学生中，可以采取单手分练的形式。在配合好全曲之前，两人一组，一人演奏左手，一人演奏右手，进行两人之间的配合。这样既降低了难度，又培养了初步的合奏能力。在不同层次的学生中，可以开展较复杂的合奏训练。不同层次的学生分别演奏不同难度的声部，每个学生对所奏声部都应该游刃有余，尽可能减少技术上的负担。如教师没有合适的合奏曲目，可以在有一定难度的乐曲基础上，编写简单的伴奏谱。

在合奏的过程中，针对出现的节奏错乱、声部进声不齐、错音等现象，可以通过让学生倾听正确配合产生的良好音响与配合失误造成的音响缺憾两种不同的合奏效果，使他们认识到技术合作的重要性。在有了初步的和声感后，可以对各声部的力度、速度、呼吸等提出更明确的要求。通过实践，让学生体验到：在合奏中每个声部为了能更好地表现自己，都应积极与其他声部配合，力求完美和谐。

经过一段时间的合奏实践，每一个学生的合作意识都得到了加强。他们对合奏本身产生了无尽的兴趣，还增强了表现各种风格乐曲的表演才能，并关注起其他大型的合奏作品。

通过实践，我觉得在键盘乐器集体课的教学中，采取分层教学基础上的合作教学，不失为一种有效可行的教学策略。让学生在学习乐器演奏技术的基础上，学会与人合作。在与他人的合作中培养自信心，感受音乐的美妙，体验成功的喜悦。

分析 分层,让所有学生都能按自己的能力找到适合自己的位置,发挥自己的作用;合作,在共同演绎音乐作品的同时,告诉学生不但要顾及自己的演奏,还要用心聆听别人的声音,培养了学生与人协作的人际交往能力。分层合作,的确是器乐教学中非常有效的一种教学策略。

要领提炼

综上所述,器乐教学辅助教学主体时的教学要领是:

1. 从以上的案例中我们可以发现:我们这里谈到的器乐教学是指将乐器作为学具,辅助教学内容。因此,课堂上不要因器乐而器乐,而是应在课前准确定位目标,确定器乐在本节课中所起到的辅助作用,在动作思维中融合音乐情境与要素的体现、表演,这是保证课堂器乐教学有效性的关键所在。

如:欣赏课上,可以通过演奏乐器帮助学生感知、记忆歌曲、乐曲主题旋律;歌唱教学中,通过器乐演奏教会学生歌曲教学中较难掌握的旋律,为歌曲学习做铺垫;对于高年级的学生来说,用器乐分声部演奏,或和教师配合各演奏一声部,可以帮助学生掌握两声部合唱的音准;同时,吹奏乐器时练习气息控制,能够为歌曲演唱的气息学习奠定基础。

2. 在器乐教学中,教师要正视学习差异,设计能力分层。如:在合奏中,不同能力的学生可以承担不同的任务,附点节奏掌握不好的学生可以吹奏单音;指法变换困难的地方可以用"和音"置换;编配适合绝大部分学生程度的伴奏。给能力不同的学生以不同的要求,让学生"跳一跳,就能摘到葡萄"。尽量保证齐奏或合奏的良好音乐效果——姿势正确,气息均匀,音色优美,音乐情绪恰当,富有音乐表现力。

3. 由于授课内容、课时和学习经历的限制,教师们会发现学生课堂中习得的演奏技能是有限的,这就需要学生利用课外时间进行一些技能练习。教师可以有针对性地给学生留一些"作业",并以竞赛、风采展示等形式引导学生主动地参与到课外练习中。

第四节　练习打击乐器

问题呈现

打击乐以其强烈的节奏感、丰富的表现手段为广大师生所青睐，对活跃课堂气氛、调动学生的学习积极性也功不可没；它不但可以培养学生从多种角度理解教学内容，而且有助于培养学生的节奏感。教学中恰当地运用能收到事半功倍的效果。用打击乐为歌曲伴奏，不但活跃了课堂气氛，激发了学习积极性，使孩子们以较高的热情投入到学习中去，而且无形中培养了学生嘴与手的协调性及同学间的合作精神等。

一般情况下，在音乐课堂教学中常用的打击乐器有小铃、三角铁、木鱼、响板、铃鼓、双响筒、沙球、鼓等等。在课堂中运用这些打击乐器容易忽略的问题有哪些呢？

1. 在教学中，我们会发现学生在演奏打击乐器时动作不规范，如双响筒只敲击一侧，左右摇晃沙锤，敲击三角铁的顶端等。因此，对于低年级学生来说，认识打击乐器的形状，知道它们的名字，能够感受、分辨打击乐器的音色，掌握打击乐器正确的演奏方法是学习重点。

2. 当学生认识、了解了打击乐器的音色后，要善于抓住小学生爱玩的天性，让他们通过探究这些"玩具"的节奏、声音变化，学会选择用适当的乐器、节奏型为歌曲、乐曲伴奏，防止出现用一种节奏型伴奏到底的情况。

3. 打击乐器虽是一个人演奏，但更加注重多人合作演奏，才能形成美妙音乐共鸣。在演奏打击乐器时要引导学生控制乐器演奏音量，学会倾听，帮助学生养成与人合作的学习习惯。

4. 教师在呈现打击乐器谱时，要尽量将原本复杂的配器方案以较为简单、易懂的方式呈现。在合作演奏时，养成学生看指挥或聆听音乐的习惯。

5. 由于教学时间、打击乐器的数量有限等问题，教师在课堂上不能为所有学生提供实践操作、探索创编的时间与空间。

就让我们在案例中寻求解决问题的方法。

案例分析

案例 ❶

让我们看看下面这位任课一年级的教师是如何指导学生认识和学习打击乐器的演奏方法的。

在对学生实施打击乐器的启蒙教育时，我根据自己的教学实践总结出以下几点：

一听、二看、三试、四奏。

1. 一听,是指培养聆听的习惯。打击乐器的音色丰富,在学生仔细聆听的过程中既可以感受乐器的各种美妙的声音,又能培养学生安静聆听的习惯。如:通过"猜猜我是谁"的游戏,让学生听出乐器声音的特点。

2. 二看,就是要注重培养观察的习惯。通过对乐器的观察,找到乐器的特点,再结合听到的声音,可以帮助学生认识小乐器。如:在学习串铃时,学生会说这个乐器是由好多个小铃铛组成的,摇一摇就会发出叮叮咚咚的声音。通过老师的引导和启发,学生在认识打击乐器的过程中,养成了仔细观察的学习习惯。

3. 三试,即培养学生动手、动脑的能力。如果不经历亲身的实践,学生对打击乐器的认识还仅仅停留在表面。在"试"的阶段,教师即可以利用学生好奇心强、模仿能力强的生理特点,通过游戏"请你和我一样做",引导学生观察、模仿老师演奏乐器的动作,学习正确的演奏姿势。也可以大胆放手,将乐器发到学生手里,让他们亲自尝试找出演奏方法,并将自己找到的演奏方法与老师、同学交流,然后总结并互相学习。当然,此时教师的评价和指导是相当关键的。

4. 四奏,即培养学生正确的演奏方法。掌握一种乐器的演奏方法不是一朝一夕的,特别对于启蒙阶段的一年级学生来说。因此,为了让学生更快、更好地掌握打击乐器正确的演奏方法,教师可以编一些儿歌或顺口溜来帮助学生记忆,如:演奏木鱼——小金鱼真调皮,我有办法来治你,左抓尾,右拿棍,你再乱蹦,头会痛。

分析 针对一年级学生的生理特点,在一听、二看、三试、四奏的过程中,通过游戏这一教学媒介,既认识了乐器,了解了乐器的音色,知道了如何正确演奏乐器,又激发了学生模仿、探索的学习欲望,培养了学生动手、动脑能力,体验到了音乐学习的乐趣和成就感。

案例❷ 打击乐器按音高特点可分为固定音高和无固定音高两种;按材质可分为金、木、竹、皮等种类;按演奏方法又可分为敲击、拍打、摩擦、摇晃等类别。每件乐器都有着自己独特的音色和个性:碰钟、三角铁声音清脆,穿透力强,余音袅袅;板、梆子声音坚实、短促;锣、钹音色清亮;铃鼓活泼;小鼓急促;大鼓稳重……不同乐器由于不同特性,适用范围也不尽相同:碰钟、三角铁常配合优美抒情的曲调演奏;木鱼适合轻快、活泼的曲调;双响筒模仿马蹄的声音惟妙惟肖;小锣、小钹特别适宜表现欢快、热闹的场面;小鼓演奏较密集的音型是拿手好戏;大鼓从鼓心到鼓边可发出不同的音高,音色各异,力度变化大,对情绪及气氛的渲染能起较大的作用。

在教学中,我们要引导学生感知、听辨不同乐器的不同音色特点,并在尝试中掌握选择合适的乐器为歌、乐曲伴奏的原则,选择的乐器的音色表现要适合歌、乐曲的情绪及节奏特点。

下面这位老师在她的课堂中就碰到了这个普遍性的问题,我们来看看,她是如何做的。

探讨打击乐

在二年级"草儿青青"单元,我和学生一起聆听《我是人民小骑兵》。一开始我就亮出了我的法宝:双响筒。我说:"同学们,请你们闭上双眼,我要用双响筒告诉你们一个故事。"我手持双响筒快速敲击两端,并由弱到强,再渐渐由强到弱。学生们都说:好像听到有一匹马由远到近飞奔而来,又由近到远奔跑而去。我很高兴我的演奏起到了效果。因为在《我是人民小骑兵》这首乐曲中也有这种类似的渐强渐弱的力度变化,我用最简单的方式已经让学生们理解了。我暗笑,这回难点不难了,哈哈,接下来的教学就会顺畅了。而且,学生还体会到双响筒可以逼真地模仿"的笃的笃"的马蹄声。

同样在这个单元的学习中,教唱《草原就是我的家》后,我请学生分组尝试选择课堂打击乐器为歌曲伴奏。歌曲一共才只有四个乐句:蓝蓝天空飞彩霞,骑上了我的小红马,挥动鞭儿唱起歌,草原就是我的家。

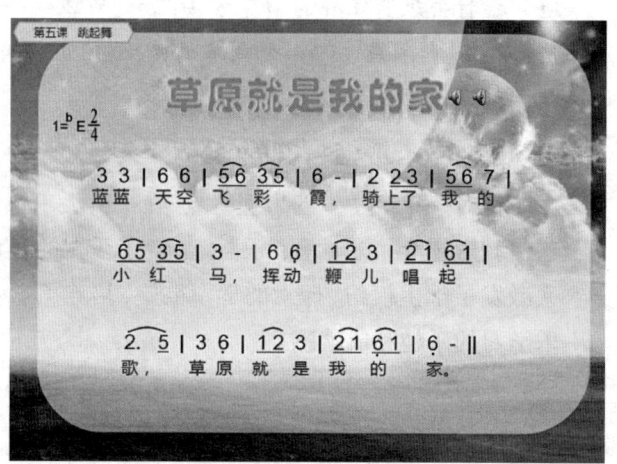

有的学生在整首歌曲中都用了双响筒,大家聆听、讨论后觉得这样伴奏不符合歌曲原来的意境:第一、第二乐句十分宽广,第三乐句有些动感,第四乐句饱含着对故乡家园的热爱之情。我启发学生,为了更好地烘托情绪,同一首歌曲在不同的乐句可以选择不同的乐器伴奏。

最终,学生们在第一、第二乐句选择了小铃或三角铁,因为它们的音色较为悠长;第三乐句选择了双响筒或响板、串铃等,它们的音色特点较为短促;第四乐句又选择了小铃或三角铁,以表达歌曲的情感。

我希望能有时间和学生们共同探讨如何选用打击乐器为音乐作品伴奏,而不是用自己的理解"框死"他们的思维。我不害怕他们会"乱来",因为我在呀,我会给他们出主意、想办法,就像"军师"那样。

分析 课堂教学中的每个教学环节、每种教学方法都是为实现教学目标服务的,都是为完成教学任务而设计的,音乐教学中的打击乐器为歌曲伴奏亦不例外。本节课的教学内容是否需要打击乐器作为伴奏,选择哪些打击乐器来伴奏,是值得师生共同思考的。教师要引导学生通过实践、探索,逐步掌握打击乐器的适用范围。

案例 ❸

在执教欣赏曲《花儿与少年》时,为了让学生更好地感受第一主题活泼、欢快的情绪,记忆主题旋律,一位教师设计了这样的教学环节:

一、**欣赏乐曲《花儿与少年》**

1. 视听结合,导入教学。

(1) 欣赏由小提琴演奏的青海民歌《花儿与少年》,感受乐曲的情绪,用合适的颜色为乐曲分段,并说说想象中的画面。

(2) 视听后,再说说你的理由、你的判断方法。

2. 分段欣赏,体会两段音乐表现的不同效果。

3. 揭示曲名《花儿与少年》,了解民歌形式"花儿"。

(1) 先请学生根据曲名猜猜这首乐曲表现什么内容。

(2) 向学生介绍民歌形式"花儿"的特点。让学生知道在当地"花儿"代表姑娘,"少年"代表小伙子。

4. 复听全曲,边听边随着音乐节拍轻轻拍击,拍出重拍。让学生进一步从节拍的变化感受乐曲段落及表现内容。

(1) 教师弹奏,学生哼唱主题旋律。

(2) 带着几个问题与旁边的同学一起边听边议。

① 这段的节拍是怎样的?

② 这段的情绪如何?

③ 这段的主旋律重复几次?

④ 这段代表"花儿"还是"少年"?

5. 分组,选择适当的打击乐器,选择相应的节奏型为乐曲第一主题伴奏。

6. 用打击乐器合作为乐曲主题旋律一伴奏。

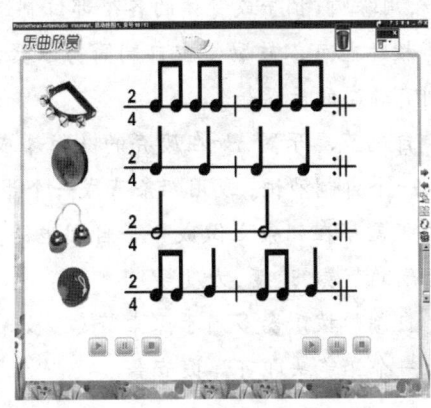

7. 欣赏歌曲《花儿与少年》，听听它是主要根据乐曲的哪个主题来演唱的。
8. 跟着歌词选择学唱、即兴表演或用打击乐器伴奏。

歌词：
春季里那么到了这，水仙花儿开水仙花儿开，绣呀阁里的女儿呀
踩呀踩青来呀，小呀哥哥，小呀哥哥，小呀哥哥呀搀我一把来。
夏季里么到了这，女儿心上焦女儿心上焦，石呀榴花的子儿呀
赛呀赛过了玛瑙呀，小呀哥哥，小呀哥哥呀，小呀哥哥呀亲手摘一颗。

* * *

秋季里那么到了这，丹桂花儿开丹桂花儿开，女儿家的心呀上
起呀起了波浪呀，小呀哥哥，小呀哥哥呀，小呀哥哥呀扯不断情丝长。
冬季里么到了这，雪花满天飞雪花满天飞，女儿家的心呀上
赛呀赛过了白雪呀，小呀哥哥，小呀哥哥呀，小呀哥哥呀认清了你再来。

分析　音乐教师不仅要依据教材明确打击乐器伴奏的任务，而且要懂得一些配器知识，掌握一些配器技巧，还要考虑学生的伴奏能力，为歌曲设计恰当的伴奏。每首歌曲、每件打击乐器都有其相适宜的伴奏音型，有的歌曲的伴奏节奏可以在教材中找到，有的需要教师在备课中研究推敲，有的则可以启发学生集体讨论设计。总之，在课堂教学中怎样使用打击乐器为歌曲伴奏，需要我们音乐教师在研究教材、研究教法、研究学生的基础上，认真思考，精心设计。

案例 ❹　自制打击乐器为所有的学生提供实践操作、探索创编的时间与空间。不少教师鼓励自己的学生动脑、动手制作属于自己的打击乐器，并将这些自制小乐器带入课堂学习活动中。我们来看看这位教师的想法和做法：

在小学低年级，教师可引导学生通过自寻音源或自制打击乐器来获得音响。自寻音源材料（如书本、玻璃杯、搪瓷盘、身体的各个部位等），用以探索、表现、体验音乐的进行、休止、速度、力度、节奏等。比如：手敲桌子或门模仿敲大鼓，用两支铅笔敲文具盒模仿敲小鼓，用练习本在桌子边缘慢慢摩擦来模仿扫地声，用跺脚、拍手或身体的各个部位制造声势律动。

教师也可以鼓励学生自制简易乐器，包括自制节奏乐器、自制弹拨乐器和自制有音高的乐器等。

自制节奏乐器，如在废弃的易拉罐或塑料瓶内装些豆子或细沙，封口即可做成一个自制沙锤；或用铅条弯成一个半圆形，将酒瓶盖去掉皮垫在中间打孔，再将瓶盖穿在铅条上做成一个自制串铃。自制节奏乐器多用于探索、表现、体验音乐的节奏、速度、力度等。

自制弹拨乐器多用于探索节奏。如在文具盒上套一个皮筋，在皮筋的一端垫上一个铅笔头即可弹拨节奏。

还可制作有音高的乐器以探索音乐，比如玻璃杯琴、啤酒瓶琴、碗琴等。用几个质地相同的碗、玻璃杯或啤酒瓶，分别注入不同量的水。注水时，随时测试其音准，以便使其适于乐曲演奏的音高。完成后，可以用来演奏乐曲或为歌曲做固定低音伴奏。

分析　鼓励学生动手制作属于自己的打击乐器，激发学生学习欲望的同时，也促进了学生的想象力、创造力和动手能力。制作打击乐器的过程，有利于学生对声音、音响的探索。此外，与同伴交流制作乐器的过程也有助于学生间思维火花的碰撞，增加了师生间、生生间的互动。

案例 ⑤　打击乐器除了可用于为歌曲、乐曲伴奏，也可以以其他方式来辅助教学。一位老师是这样做的：

低年级的学生活泼好动，稳定性不强，容易东张西望，很难集中注意力。这样的思想分散的状态对教学的开展有着负面的影响。如果把握好课前几分钟，学生很快就能进入新课的学习。因此，我将打击乐器运用在课前两分钟准备环节中。

由学生拿着打击乐器在课前的几分钟做拍节奏模仿的游戏。可先设计几种简单易拍的节奏型，教会一两个学生拍击，由他们带领其他学生进行。设计的节奏型要有趣味，儿童化，还可分类配上词，这样比较适合儿童的口味。例如：用嘴模拟自然界的风声，用拍手、跺脚或沙球模拟不同的雨声。教师可将这些有趣的节奏写在卡片上，开学初时先练习简单的节奏型，结合实际，从易到难，还可结合所教的内容选择相应的卡片、合适的打击乐器进行活动。由学生带领学生拍击、朗读，既训练了学生的音乐节奏，又能组织好纪律，一举两得。

打击乐器也可以运用在课堂教学各环节的组织过程中。教师可以设计一些乐器的节奏型为特定的指令，当学生听到这个乐器奏响特定的节奏时，就做出相对应的动作。这种功能就好比上课的音乐铃声一样，当学生听到上课的铃声音乐响起，就会迅速地回到座位。例如：使用铃鼓敲击节奏 X·X　X X ｜ X － ｜ 表示安静回位等等。坚持训练，使学生形成条件反射。这些乐器不宜经常更换，应坚持使用一种乐器，以免给学生造成混乱。

分析　将打击乐器用来组织课堂教学，既可以帮助学生巩固各种打击乐器的音色特点、演奏方法等，又有助于课堂教学的有序开展，最大程度发挥出打击乐器辅助教学的功能。

要领提炼

综上,我们来归纳一下小学音乐课堂中打击乐器辅助教学需要把握的要领:

1. 打击乐教学时可以通过"看、摸、敲、打"等实践活动进行体验和学习,这样学生不仅在较短的时间内较为直观清晰地了解了各打击乐器的形状构造,更在实践中摸索掌握了一定的演奏技巧。对于低年级学生,要注重对其进行感受、分辨打击乐器的音色,掌握打击乐器正确的演奏方法的教学。

下面列举一些常用打击乐器的演奏方法:

小铃:

双手食指和拇指各执小铃一端,要注意不要拿捏铃体,而是要拿捏铃体尾部露出的绳线部分,敲击时手腕放松,使小铃充分振动,发出清脆的声效。

三角铁:

(1)演奏姿势:左手手掌弯曲举至胸前,把三角铁上的绳环挂在食指上,再以拇指辅助握持,右手持击槌。

(2)演奏方法:右手持击槌轻敲三角铁缺口的对边中心点(此点为三角铁全器之中心点,声响最匀称优美),或敲击底边的中心点(敲击此点比较简单,适合一、二年级或初学的学生,这时三角铁最稳定,不会晃动)。演奏颤音时,则是来回敲击三角铁缺口的对角两边。

(3)消音法:三角铁是金属乐器,敲击一个声音以后,它会持续发出共鸣声,所以要用左手五指指尖握持三角铁,以消除余音。

鼓:

演奏时胸、肩、大臂等上身肢体自然放松。击奏时,双臂向上自然弯曲置于鼓面上,双手握槌,右手拇指第二关节和食指二、三关节握鼓槌柄部,拇指与食指第三关节自然并拢,中指、无名指、小指向掌心弯曲,与槌柄保持一定的间隙以控制鼓槌。左手掌心向内侧,拇指和食指虎口处夹持鼓槌柄部,用无名指第三关节托住鼓槌底部,其他手指向掌心方向自然弯曲成握球状。

掌握了正确的持槌姿势,还要有正确的击奏方法。在练习中一定要使学生体验击奏二字,也就是说要弹击。鼓槌击打在鼓面后,须立即恢复击鼓时的预备动作。击鼓动作要完成于瞬间,而且有弹性和充分的共振,要奏得明亮、集中、结实、有力度,奏出丰满的音响效果。初学者练习击奏时还应注意击奏位置,应击在鼓的中心点三至五厘米处。此外,还有边击法、制音边击法、交替击奏法、滚奏等等。在练习时可先单手练,然后双手练,也可双手交替练习。

响板:

将响板置于虎口位置,一面用拇指,另一面则利用食指或(和)中指扶持着,然后靠手指的夹动令响板发声。如果串连响板的绳子属于有弹力的而且又系紧时,拍按后响板会回复原位;但如果只由普通绳子所串连,则先要把手指穿过绳圈并系紧后,才可以令响板被拍打后返回原位。

演奏方法有两种：一种是右手的中指套上松紧带,靠中指和拇指的捏合使两板相击而发出声音；另一种是将响板放在左手手心中,用整个右手的手掌相击而发出声音。后一种方法比较适合低年段学生的演奏。

铃鼓：

铃鼓是小鼓的旁边加上金属片,在扣打或摇动时发出声效的节奏乐器。

（1）持鼓的方法：

左手将食指、中指、无名指穿入鼓框没有铃的位置,用大拇指和小指撑住鼓面,呈"六"字状。

（2）打法：

① 手指轻轻弯曲,用指尖敲打,会发出铃和鼓面混合起来的动听的声音。

② 左手持鼓,右手用手腕肘部处敲打出节奏（注意手腕放松）,敲打出的声音有弹性。

③ 奏颤音,用左手单手手腕关节轻微且迅速地上下摇动。

双响筒：

双响筒是一种竹木体乐器,由空心的竹筒及木柄组成。演奏时,左手持乐器木柄,右手持小木棒敲击竹筒两侧,会发出高低两种声音。要使学生懂得双响筒一侧发音低,一侧发音高（一般为左低右高）。演奏时注意敲击时手腕放松,声音更为清脆明亮。

沙球：

又名沙锤,用内装沙粒的密封的椰子壳外加木把制成（儿童打击乐为塑料壳,内装沙粒,两个一组）。演奏时,左、右手各握一把,双手交替上下晃动,奏出各种节奏音型。沙球发的音为清脆、短暂的沙沙声,所以在晃动时要运用手腕力量,使沙球内的沙粒集中于一点,而不能呈散沙状使节奏不清晰。

木鱼：

用木头刻制的、形似鱼状、中间空而头部开口的一种乐器。通过另一根木制的敲棒击鱼头而发音。其音色接近于响板。演奏方法为左手持"鱼的尾部",右手持棒按节奏敲打"鱼头"的顶部。

2. 课堂教学中的每个教学环节、每种教学方法都是为实现教学目标服务的,都是为完成教学任务而设计的,音乐教学中的打击乐器教学也不例外。本节课是否需要打击乐器、用在什么时候,要依据教学目标,针对教学内容和教学对象来确定。

3. 在用打击乐器为歌、乐曲伴奏时,要引导学生根据音乐作品的情绪、音乐形象,选择恰当的乐器。一般来说,声音短促明亮的打击乐器善于演奏轻快活泼、节奏密集的音乐,如木鱼、铃鼓、双响筒、响板等；声音悠长的打击乐器适合表现优美抒情、节奏舒缓的歌曲,如三角铁、碰铃等；小钹、小鼓、小锣适合热闹喜庆的音乐,特别是具有中国民歌特色的歌曲；大鼓音色、音强变化丰富,可以渲染情绪、气氛,既能表现激昂高亢的情感,又能表现沉重悲壮的情绪。在依据音乐基本要素选择打击乐器时,还要充分考虑其对比性、互补性和相容性,这样才能演奏出符合歌曲音乐形象的伴奏音乐。

4. 运用适当数量的乐器为作品演奏,也是在教学中值得关注的一点。有时,使用的打击乐器数量过多,既会使伴奏喧宾夺主,使音乐失去了美感,又会给学生传递错误信息,使他们误认为伴奏乐器越多越好,声音越强越好,歌声越响越好。因此要根据教学目标选择适当数量的打击乐器为作品伴奏。

5. 在进行打击乐器教学时,教师还要懂得一些配器知识,掌握一些配器技巧,还要考虑学生的伴奏能力,为歌曲设计恰当的伴奏。有时可以在教材中找到,有时需要教师在备课中研究推敲,有时则可以启发学生集体讨论设计。

6. 鼓励学生自己制作一些简易的打击乐器,不但能激发学生的学习兴趣,发挥学生的想象力和创造力,也能锻炼学生的动手能力。

第五节 促进课外练习

问题呈现

对于器乐教学来说,总少不了一个"练"字。可以看到在课外学习器乐的孩子不少,但对一种器乐演奏能力的习得是一个漫长、积累和探索的过程。如何让学生在这个漫长的过程中始终保持一个较好的学习状态呢?特别是我们的课堂器乐教学,如果仅仅依靠课内教学的时间,学生对器乐演奏技巧的掌握是十分有限的,这时,课外练习就必不可少。那么教师在鼓励、指导学生在课外进行练习时,通常会有些什么问题呢?

1. 小学生年龄小,做事情的计划性不够,在课外进行器乐练习时,容易产生盲目、随意的问题。在指导学生进行课外练习时,教师要指导、帮助学生为自己的练习订下目标和计划。

2. 练习乐器演奏是一个比较漫长而枯燥的过程,对于自制力较弱的小学生来讲,更加容易出现倦怠、惰性。教师可以在课内为学生搭建展示的平台,利用竞赛、评价等多种手段,激发学生学习的兴趣,体验演奏的乐趣。

3. 学生在课外进行器乐练习,缺乏一定的指导,这时家长的作用不可小觑。教师可以利用一些媒介,让家长了解学生在课内学习的内容,鼓励家长参与到督促、指导学生课外练习的过程中。

我们通过案例分析来进一步学习。

案例分析

案例❶

我们来看一个口风琴教学课堂练习与课外作业的案例。

器乐教学——口风琴教学课堂练习与课外作业

说明:

1. 本案例以学生初次学习课堂器乐为基准,并以口风琴为器乐教学主体,从学期教学设计的角度,提出学习目标及课内外练习、作业指导建议。

2. 教师在具体运用本指导建议时,应关注一般课堂教学容量。在能完成已有课堂教学内容的基础上,结合教材内容,运用每节课约5—10分钟时间开展器乐教学。

3. 建议中将器乐学习大致分为四阶段进行,其中一个阶段的内容,不是指必须在同一节课中完成。教师可以根据学生练习和作业所达成的实际效果,将一阶段的练习教学在一单元的学习活动中逐步地、层层推进地展开、实施,并在其后的课中反复巩固提高,以期达到预设的教学达成目标。

一、口风琴吹奏基础练习

学习目标	课内练习指导建议	课外练习指导建议
1. 认识课堂器乐——口风琴，掌握基本演奏姿势。	一、介绍口风琴的基本构造与各组件的作用 1. 教师介绍琴体（分为32键和37键）。 示范：左手托举口风琴的正确演奏姿势。 学生练习：尝试用正确的姿势托举口风琴，并能安静地将琴体放回琴盒。 2. 实物介绍：长吹口、吹管。 区别：吹管（适合坐姿演奏），长吹口（适合站姿演奏）。 学生练习： （1）找到吹管插入口，练习插入、拔出吹管。 （2）学习演奏完毕后如何将吹管放置于琴盒内。 3. 教师介绍：每次演奏完毕，应及时用放水孔放出琴内湿气，保持琴内铜片干燥。 学生练习：找找放水孔，尝试按压开关放气。	向家长介绍口风琴的构造，练习基本演奏姿势。 练习演奏完毕能又快又安静地将琴体和吹管放回琴盒，使琴盒能关闭。 学习演奏完毕后，用酒精棉球擦拭吹管口，并晾干放回琴盒。
2. 学会吹奏单音（中央C），学习口风琴演奏的基本手形。	二、学习正确演奏手形，学吹中央C 1. 儿歌学习：漂亮的手形。 　　掌心握着小圆球， 　　手掌弯弯像拱桥。 　　手腕放松轻轻移， 　　手指击键像小锤。 练习：边读儿歌边做一做。 巩固：请在课外学习键盘乐器如钢琴的学生，和老师一起纠正每一位学生的手形。 2. 教师示范，学生在琴体上找到标有字母C的琴键，用大拇指按下吹气演奏。 提示：保持手形。 要求：听到教师演奏的示意演奏、练习，听到停止的示意，立即停止吹奏，养成良好的课堂习练习惯。	背诵儿歌，并按要求在口风琴上练习正确、漂亮的手形。 练习吹奏中央C。
3. 习练一音多奏等单音演奏的基本技巧。	三、学习单音演奏方法 1. 音乐游戏：比比谁的气息长。 游戏步骤： （1）复习吹奏中央C。 （2）技巧：学习用牙齿咬住吹管口，口腔、鼻腔同时打开吸气。 （3）要求：慢慢吐气，比比谁吹的音最长。 过程：全班学生站立吹奏，气息用完的学生坐下，坚持到最后10名者为优胜。 小结：请学生讲讲怎样吹得更长。 （吸足气、均匀吐气、用腹部控制吐气。） 2. 吹奏练习：渐强与减弱。 方法1： 先由少部分学生吹中央C，其他学生逐步加入，再逐步减少。	用在课内习得的三种方式（吹长音、渐强与渐弱、一音多奏），尝试演奏中央C。

学习目标	课内练习指导建议	课外练习指导建议
	方法2： 用气息控制，全班同步演奏中央C。（吹气量逐渐增大，音渐强；吹气量逐渐减小，音渐弱。） 要求：反复练习，比比谁吹奏得更自然。 3. 习练一音多奏技巧。 方法：同音反复时，手指不动按住琴键，用气息断开的方法吹奏。 要求：(1)有弹性。 (2)两音之间分隔清晰，节奏稳定。	**阶段练习**：吹一吹口风琴上的其他音，想一想如何使音吹得圆润。

二、进行初步指法练习

学习目标	课内练习指导建议	课外练习指导建议
1. 学习自由灵活地运用1、2、3指，配合气息演奏乐曲《小宝宝要睡觉》。	一、**运用1、2、3指，演奏《小宝宝要睡觉》** 1. 教师示范演奏。 2. 学生不插上吹管，随着教师的演奏练习指法。 3. 学生个别练习，听到指令音乐，停止练习。 4. 个别学生演奏，教师点评。 5. 集体齐奏。 提示：气息连贯，尝试do、re、mi上行渐强，mi、re、do下行渐弱。	练习演奏乐曲《小宝宝要睡觉》，吹奏给家人或朋友伙伴听一听，注意练习乐曲结束句渐弱、渐慢，使乐曲有结束感。
2. 学习演奏乐曲《划小船》，能运用好4、5指，并熟练掌握一音多奏的演奏技巧。	二、**运用4、5指，演奏《划小船》** 1. 指法练习。 灵活的手指：4、5指交替练习吹奏fa、sol。 2. 教授小技巧。 乐曲中同音反复时，第一个音多位于强拍，气息要充足，其他重复的音可吹得弱些。 (1)教师示范吹奏同音反复的小节。 (2)学生练习。 3. 集体吹奏乐曲。 4. 教师指导提高。 5. 趣味练习。 学习下行刮奏，作为乐曲结束。 方法：吸足气，手指依次从C'刮至C。 提示：速度较快，中间不能换气。	练习演奏乐曲《划小船》，吹奏好乐曲中的同音反复。
3. 学习《口风琴开关歌》，养成按音乐节奏韵律开关口风琴的良好习惯。	三、**学唱《口风琴开关歌》** 1. 教师示范。 教师坐在学生座位上，边演唱边示范讲解相应的动作。 2. 学生模仿练习。 要求：边唱边做到歌词中相应的动作。 注意：(1)先学习打开口风琴的歌。 (2)念①、②、③做到：① 左手打开左侧琴	练习边唱《口风琴开关歌》，边开关口风琴。

（续表）

学习目标	课内练习指导建议	课外练习指导建议
	盒开关，② 右手打开右侧琴盒开关，③ 双手打开琴盖。 （3）念③、②、①做到：③ 放入吹管头，② 放平吹管中间部位，① 嵌放吹管尾部。	**阶段练习**：练习乐曲《湖上的天鹅》，能灵活使用1、2、3、4、5指。

三、学习演奏C大调音阶

学习目标	课内练习指导建议	课外练习指导建议
1. 学习C大调音阶上行吹奏方法，学会穿指法。	一、学习穿指法 1. 教师在口风琴上示范吹奏指法。学生边念指法（123穿12345），边在口风琴琴键上练习。 2. 教师念指法，学生反复练习。 提示：穿指的1指要早做准备，使音阶演奏连贯。 3. 学生齐奏。 要求：（1）每个音的节奏稳定。 （2）气息连贯，尽量使用一口气。 （3）上行音阶渐强。	按要求练习C大调音阶上行吹奏方法，想一想下行音阶的演奏方法。
2. 学习C大调音阶下行吹奏方法，学会跨指法。	二、学习跨指法 1. 教师在口风琴上示范吹奏指法。学生边念指法（54321跨321），边在口风琴琴键上练习。 小结：与上行音阶指法正好相反。 2. 教师念指法，学生反复练习。 提示：跨指的3指要早做准备，使音阶演奏连贯。 3. 学生齐奏。 要求：（1）每个音的节奏稳定。 （2）气息连贯，尽量使用一口气。 （3）下行音阶渐弱。 （4）连贯齐奏练习C大调音阶上、下行。	反复练习C大调音阶上、下行，做到熟练与气息均匀。
3. 运用同音反复练习的方法，巩固音阶练习。	三、巩固练习C大调音阶 1. 复习一音多奏演奏方法。 2. 同音反复两遍练习C大调上行音阶。 提示：（1）同音反复时，后一个音比前一个音吹得弱些。 （2）上行音阶整体渐强。 3. 一音多奏练习C大调下行音阶。 提示：下行音阶整体渐弱。 4. 完整练习。 5. 补充：在学生能掌握的基础上，教师可运用加入附点节奏变化等方法使同音反复演奏更具有趣味性和变化。	用同音反复两遍演奏的方法练习C大调音阶，并尝试变换节奏进行练习。 **阶段练习**：练习含有跨指法、穿指法的简单乐曲。

四、结合短小乐曲进行适切练习

学习目标	课内练习指导建议	课外练习指导建议
1. 结合教材内容，学习演奏乐曲《理发师》，巩固一音多奏的演奏技巧。	一、练习演奏乐曲《理发师》 1. 复习一音多奏演奏方法，复习演奏C大调上、下行音阶。 2. 教师示范演奏。 3. 教师用钢琴弹奏乐曲，学生在口风琴上熟悉乐曲。 4. 教师与学生每人一小节接替演奏练习，并交换练习。 **说明**：每个学生个体的口风琴演奏程度不同，教师可采用分层法帮助学生习练。 如：有的学生演奏较为简单的小节，部分会演奏的学生演奏全曲，其他学生不吹奏，在琴键上练习指法等。 5. 完整齐奏乐曲。 6. 尝试女生用移高八度的方法演奏，男生用原调演奏，互相倾听对方的演奏，并交换演奏。	用移高八度的方法练习乐曲《理发师》。
2. 学习演奏乐曲《勤快人和懒人》，改变演奏速度，体验乐曲情绪变化。	二、学习变速度演奏乐曲《勤快人和懒人》 1. 出示指法，教师示范演奏。 2. 学生个体自由练习。 3. 运用分层法帮助每位学生练习演奏。 4. 完整齐奏乐曲。 5. 用较慢的速度演奏，模仿懒人懒散拖沓的动作特点。 提示：速度恒定。 6. 用较快的速度演奏，模仿勤快人利落勤快的动作特点。 提示：速度恒定。 7. 完整演奏。 要求：(1) 第一段速度较快。 (2) 第二段速度较慢。 提示：听清教师弹奏的前奏与间奏，变换演奏速度。 **说明**：教师在结合教材内容适当练习教材歌曲时，可结合歌曲学习，通过口风琴的习练帮助学生更好地掌握歌曲音准节奏（特别是高年级学习两声部歌曲时）。	练习变速度演奏乐曲《勤快人和懒人》。
3. 拓展学习演奏《萤火虫》，复习下行音阶等演奏方法。	三、学习演奏《萤火虫》，复习基本指法 1. 复习C大调上、下行音阶。 2. 出示指法，教师示范演奏。 3. 学生个体自由练习。 4. 学生说说哪些地方较难吹奏。 5. 练习下行乐句和 DO_DO' 的八度大跳。 6. 完整齐奏乐曲。 **说明**：教师除结合教材内容帮助学生掌握部分歌曲的演奏方法外，还应鼓励学生尝试吹奏课外的乐曲，培养演奏兴趣。	按指法练习演奏乐曲《萤火虫》。 **阶段练习**：为乐曲《哦，十分钟》设计适用的指法。

附谱例

《理发师》

理 发 师

中速稍快　　　　　　　　　　　　　　　　　　澳大利亚民歌

《勤快人和懒人》

勤快人和懒人

美　国　童谣
汪爱丽　改编

《送别》

送　别

$1=C$ $\frac{4}{4}$

 2　1　2　 5　 3　5　3　2
5　3　5　1　—　｜6　1　6　5　—　｜5　1　2　3　2　1　｜

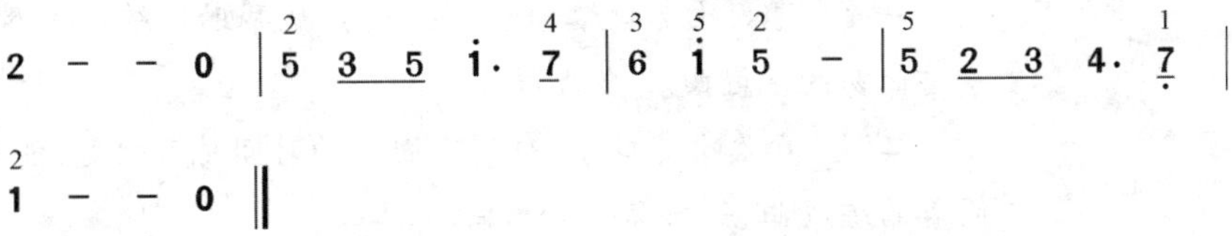

《萤火虫》

萤 火 虫

$1=C$ $\frac{4}{4}$

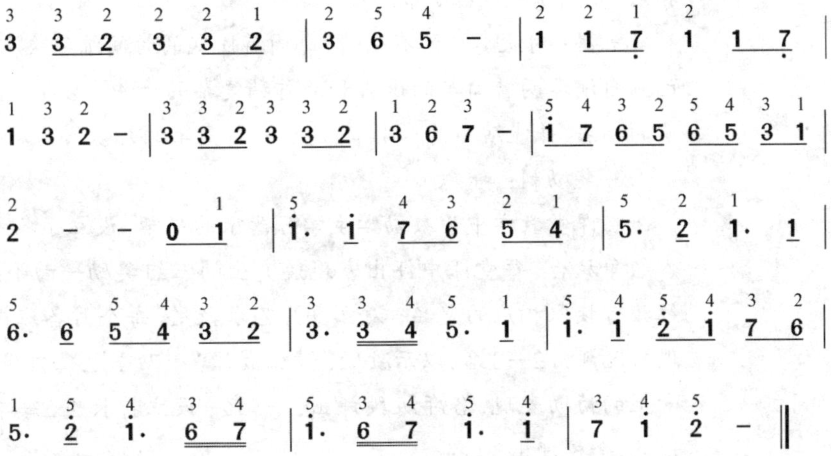

[乐谱]

分析

案例中对学生在练习口风琴不同阶段的学习目标、课内练习指导以及课外练习指导都给出具体的实施建议。这样保证了学生对课内学习的、课外需要加强练习的口风琴吹奏技巧一目了然，也方便了家长了解学生在每一个阶段的学习情况，明确自己的孩子在课外需要进行哪些有针对性的练习，以便进行及时的督促或指导。

案例 ❷

在课内为学生搭建展示的平台，依靠评价制度可以促进学生在课外进行器乐练习。我们来看看下面这位老师的做法。

建立多种奖励制度，达到器乐教学的成效。

为了促进学生在课外进行器乐练习，我经常利用课前预备铃、课内五分钟炫动小舞台等时间让学生来秀一秀自己的练习成效。在本学期，我就设立了摘星制和奖励制。

1. 摘星制：

共设五星，学生根据自己的实际情况摘星。

一星：喜欢吹奏口琴，能在爸爸、妈妈帮助下练习吹奏，能与同伴一起演奏一首简易的练习曲。

二星：喜欢吹奏口琴，每周有固定的时间练习吹奏，能与同伴一起演奏一首简单的练习曲、一首简单的乐曲。

三星：喜欢吹奏口琴，每周有固定的时间练习吹奏，能与同伴合作或自己独自演奏两首简单的乐曲。

四星：喜欢吹奏口琴，每周有固定的时间练习吹奏，能与同伴合作或自己独自演奏两首简单的乐曲和一首稍复杂的乐曲，能为一首简单的乐谱注上正确的指法，并能演奏前八小节。

五星：对吹奏口琴有热情，每周有固定的时间练习吹奏，能与同伴合作或自己独自演奏两首简单的乐曲和两首稍复杂的乐曲，能为一首简单的乐谱注上正确的指法，并能演奏前八小节，能为一首简单的儿歌谱曲。

2. 奖励制：

在课堂教学中为激励学生学习器乐的兴趣，设立了各种奖励制度。如设立各组争旗台，每堂课中评出表现最突出的三组奖励一面小红旗，积累至五面小红旗可换取相应的奖品；设立每月艺术之星，每个月各班根据器乐课中学生表现情况评出2—3名，以示激励；设立最佳"小助手"，每月根据"小助手"们在课堂上的协助表现，各年级段评出3—5名；设立特长生，每学期根据学生摘星的情况，全校评出30名。

分析　　器乐教学的真正目的在于辅助音乐教学，培养学生的艺术形象思维，提高学生的动手能力和综合素质，而不是培养演奏家、音乐家。而恰当的评价制度的建立有助于激发学生的学习热情，帮助学生养成良好的学习习惯（无论是课内学习还是课外练习），也可以进一步发挥器乐辅助教学的作用。

案例❸　　一些教师将器乐习练作为作业布置给学生。常态下，小学阶段的音乐课程学习作业主要以课堂习练为主，而课后的作业练习是课堂教学的延续。让我们来看一份打击乐器习练的作业：

一、认识打击乐器

1. 看一看，认一认（手串铃、双响筒、木鱼、沙球）。

（1）找特点：看形状和材质，它们有什么特点？（帮助学生加深对每种器乐的认识）

如：在学习木鱼时，让学生观察它的外形有什么特点。学生：它像条金鱼，张着大大的嘴巴。

乐器是用什么做的？根据刚才学生说出的特点，给乐器起个名字。

（2）老师说不同乐器的名字，学生在教室里找乐器。

2. 听一听,辨一辨。

(1)师演奏各种打击乐器,请学生听听各种乐器的音色特点。

(2)学生蒙上眼睛,听乐器发出的声音,猜出是哪种乐器。

3. 请学生听听歌曲伴奏中打击乐器的音色,讲讲用到了哪种打击乐器。

4. 课后复习。

请画出自己喜欢的打击乐器,与同伴交流。

二、熟悉打击乐器

1. 教师介绍打击乐器的声音特点。

(1)打击乐器按音高特点可分为固定音高和无固定音高。

(2)按材质可分为金、木、竹、皮等种类。

(3)按演奏方法可分为敲击、拍打、摩擦、摇晃等种类。

每件乐器都有着自己独特的音色和个性:碰钟、三角铁声音清脆,穿透力强……

2. 学生用不同的方式敲击乐器,感受各种乐器的音色。

3. 师示范正确的演奏方法。

4. 学生练习、教师点评、指导。

5. 模拟乐器演奏动作为教材中的歌曲伴奏。

6. 用适当的打击乐器为教材中的歌曲伴奏。

三、创造属于自己的打击乐器

1. 探索:各种打击乐器可以用哪些不同的方法来敲击?用不同的方法敲击,发出的声音相同吗?想一想:这些声音像生活中的什么声音?

2. 学生分组进行探索和交流。

3. 想想:能用生活中的哪些物品制作出属于自己的打击乐器?

和小伙伴讨论一下,记下自己的想法。

4. 在家长的协助下,或自己独立制作属于自己的打击乐器。

5. 将自己制作的打击乐器带来和同伴进行交流。

6. 用自己制作的打击乐器为歌曲伴奏。

分析　　打击乐器教学是中小学器乐教学的重要组成部分,但由于课堂教学时间受限,学生喜欢的打击乐器教学无法在课堂上落实到每一个学生身上。将课堂学习延伸到课外、融入生活,以认知、实践、探究、创造作为一条线,将学生的课内、外学习串联起来,提高学生对器乐演奏的兴趣和技能,更好地发挥器乐辅助教学的作用。

要领提炼

结合以上的学习，我们来归纳一下器乐教学课外习练中需要把握的要领：

1. 器乐教学课外习练的最终目的还是辅助教学，因此，在帮助学生设计课外习练时，所设计的内容应该是课内学习内容的延伸，要有复习、巩固、提升的内容，然后课内留给学生适度的时间进行练习并加以指导。具体而有序地规划每一次的课外习练，学生将在反复的习练中获得更多的演奏技能。

2. 在设计课外习练内容和方式时，教师要关注两头，即兼顾群体和个体的共同发展，把握均衡。让大部分学生按能力所及习练课堂教学内容，对于那些音乐特长生，教师可以另外布置任务，如领奏、充当小辅导员，或让有钢琴特长的学生为大家伴奏；而对于有困难的学生，不仅要让他们掌握最基础的知识、技能，还要多鼓励，为他们搭建舞台，让他们感受到成功的喜悦。

3. 学习兴趣是学习活动的重要动力，只有学生对学习本身感兴趣了，才会积极主动地探索。因此，在设计课外习练时要关注趣味性，在技能学习和训练的过程中更注重对学生学习兴趣的激发，避免由于长时间枯燥的训练让学生产生厌学的心态。如：为学生提供更多的习练内容，让学生自己选择感兴趣的内容进行练习；课堂反馈时，让学生当当小老师，评价同伴的习练情况等。另外，在完成练习的方式上也要注重多样化：个别完成，合作完成，即时完成，短期完成与中、长期完成相结合。

4. 在设计习练时，要有梯度，体现学生的年龄段特点。通常情况下，人们对一种技能的习得一般要经过模仿、掌握、熟练和创造几个阶段。因此，在各个不同的阶段，练习设计要体现学生年龄段的特点，一定要由易到难，循序渐进。特别是对低年段的学生来说，设计练习时要以本学段的知识与技能目标为标准，练习的方式也可以以单一的、模仿性的为主。而到了中高年段，随着学生身心素质的逐渐提升，他们的学习能力也会进一步提高。在对音乐学习的相关基础知识、基本技能有一些积累的情况下，教师对练习的设计可以增加层次、难度，练习的目标定位可以从知道、了解进一步到掌握、熟练，甚至能达到灵活运用的标准。

5. 让家长更多地了解学生的学习情况，有助于课外习练的展开。

本章小结

器乐作为中小学音乐教学的基本内容，既是学生学习音乐和表现音乐的重要手段，又是开发其智力的重要途径。通过学习器乐，可以让学生掌握一种乐器的基本演奏技能，同时，在学习中培养审美的情趣、能力，丰富发展学生的文化生活。在器乐教学中，教师要注重趣味性，在各种丰富多彩的实践活动中贯穿审美教育。如果忽视这些，一味追求技能技巧的操作、训练，甚至仅以学生演奏器乐的水平高低来评价学生的学习成效，必然是不科学的。

在这里，为大家简要地归纳器乐教学需要关注的要点：

◆ 器乐教学中，要注重让学生学习正确的演奏姿势和方法，培养从小规范地演奏和爱护乐器的良好习惯，结合音乐的表现力，注意增强其器乐演奏的表现力。

◆ 器乐教学的方法是多种多样的，多种器乐教学方法是服务于不同的教学目的和任务的。教师要善于结合器乐教学的特点与学生年龄特征以及实际演奏水平，来选用灵活多样的方法进行教学。

如：以启发式为指导思想的器乐教学法，不仅能采用各种有效的器乐教学形式与手段来调动学生学习的积极性和主动性，培养学生学习器乐的兴趣，而且能培养其对器乐的综合表现力和创作能力。

以讲解示范器乐为指导的器乐教学法，是教师结合乐曲简介乐器的特点和基本演奏技能的方法。主要通过教师本人规范而科学地示范演奏，获得较理想的效果。它既能形象示范，又能面授机宜；既能讲清演奏要领，又能及时纠正学生错误；既方便、灵巧、有趣，又能立竿见影获得器乐教学实效。

结合综合训练的器乐教学法，是将各种器乐教学手段与不同的训练方法有机结合起来综合运用的方法，经常在以器乐为主的综合课中使用，可以培养与提高学生独奏与合奏能力。

以趣味游戏为主的器乐教学法，能融知识性、思想性、趣味性于一体。以寓教于乐的方式，通过玩玩唱唱、吹吹打打，使学生获益于趣味游戏之中。

◆ 在器乐教学中，教师要重视和加强合作演奏能力的培养，使学生感受多声部的魅力，在与同伴合作演奏的过程中，培养初步的齐奏、伴奏及合奏能力，帮助学生建立与他人合作的经验，培养群体意识及协调、合作能力。

◆ 选用符合歌、乐曲情绪的乐器及节奏为歌曲伴奏，也需要创编意识，可以放手让学生尝试用多种方法来为歌曲伴奏，让他们自主地感受后，总结出哪种方式最合适。当然，学生在创编方面需要教师"扶一扶，帮一帮"，如教师可以提供几条节奏让学生尝试，还可以提醒学生：一种乐器可以从歌曲开始伴奏至结尾，也可以伴奏部分歌曲，以达到变化的效果；几种乐器的伴奏则可以起到互补的作用。

第六章

激励共享　记录成长
——课堂评价的运用

评价是教学中非常重要的一个环节，特别是对学生学业的评价更是每个学期教师们都会碰到的问题。学业评价的目的不仅在于评定学生的学业成绩，更重要的在于诊断学生在"情感态度价值观"、"过程与方法"、"知识与技能"方面的缺陷，了解有何学习困难，鉴别教学上可能存在的不足，为改进教学设计提供依据，进而改进学生的学习方式，促进学生的学习过程，提高教与学的质量。在本章中，我们将对评价的基本模式、操作方法、策略等进行介绍。正确、有效的学业评价可以增加学生学习的满足感和成就感，激发学生学习的动机，支持学生的创新，改善教学，促进学生的发展。

第一节　过程与结果

问题呈现

　　学业评价对学生的学习起着至关重要的作用。学生在正确的评价中能够了解自己的学习状况，及时调整不良的学习方法，激发学习兴趣，获得良好的学习效果。而教师对学生学习评价的方式，将直接影响学生的学习态度和学习效果，做得不好会挫伤学生学习的积极性，使他们失去学习的兴趣和信心。对学生音乐学习过程和结果的评价，是小学音乐教学的一个重要环节。

　　要发挥评价诊断、激励和改善的作用，我们需要关注如下容易忽略的问题：

　　1. 在实施评价的过程中我们发现，评价方法是否容易操作往往是课堂评价成功与否的关键。因此，教师在设置评价量表时首先要考虑到这个因素。

　　2. 在评价学生的学习情况时，课堂中教师所运用的评价语言至关重要。那么在评价学生的学习情况时，运用评价语言应该注意哪些方面呢？

　　3. 除了关注学生的学习结果之外，课堂中教师还需要更多地关注学生学习的过程。那么在评价时我们要关注的评价视角还包括哪些？

　　该如何去化解这些问题呢？下面我们通过案例学习来了解具体的方法。

案例分析

案例❶

某校的两位音乐教师针对本校学生的实际情况设置的评价表：

表一

评价内容	绿星数	红星数	金星数
听赏和想象（感受）			
歌唱表现（节奏感、音色等）			
歌唱表演（对歌曲的表现力，类似歌表演）			
音乐知识的掌握情况			
艺术特长			

说明：

评价以星级来表示：

1. 每一次进步奖励一颗绿星。

2. 很棒的表现和回答奖励红星。

3. 满一定的数量进星级（如满5颗绿星换1颗红星，满5颗红星换1颗金星）。

表二

_____年级_____班学生音乐学科平时情况记录

学生姓名	期初				期末			备注
	特长	音色	音准	表演	音准	节奏	表现力	

注："备注"一栏可以随时把孩子的特点写上，如胆子小、好动、爱发言等等，这样期末老师写评价的时候就有材料了。

分析　从上面两个表格我们可以看到，在针对学生认知水平的评价中，运用评价表来进行评价，评价的结果相对客观，而且有利于教师及时了解学生的学业情况，同时也让每一位学生对自己的考评成绩一目了然。

案例❷　运用定向符号的评价特别适用于小学生。让我们来看看一位年轻音乐老师为她的学生设置的评价方案。

音乐学科的学生评价方案包括"课堂实录❓问号章"、"实践足迹✏铅笔章"、"精彩瞬间❗感叹号章"三个方面。每学期分两个阶段进行，每一阶段评选每项获得最多的30%学生获得"微笑习得笑脸"，两个阶段集齐6枚章就可被评为"音乐学科微笑习得之星"，获得金章与免考资格。

分项要求：

▲ 课堂实录❓问号章：

1. 课堂纪律良好，上课注意力集中，能积极开动脑筋。

2. 能积极参与课堂上唱、演、奏等各项活动。

▲ 实践足迹✏铅笔章：

1. 能按时完成布置的回家作业（搜寻资料；练习演唱、表演等新授内容；练习口琴吹奏）。

2. 能按时在"家校互动平台"上完成老师的提问、要求。

3. 能积极参与课外艺术类学习并有收获。

▲ 精彩瞬间❗感叹号章：

1. 在课堂回答、表演、演奏等各项活动中表现突出。

2. 能向集体进行"才艺展示"并得到集体的认可。

分析 运用定向符号的评价操作简便,评价中可以运用自评、互评、他评等形式,评价手段比较丰富,评价结果反馈比较直观。因此,此种评价比较适合低、中年级的学生,它既能帮助学生建立自信心,让学生成为学习的主人,又能融洽师生间的关系。

案例 ❸ 一句温暖、有力的评价能激起学生学习的热情。下面我们就来看看一位高级教师的音乐小故事。

评 头 论 足

在上课时,我喜欢让学生互相评价对方,并且不吝时间。一开始,某些学生站起来评价时总会"义愤填膺":我觉得他(歌曲演唱者)的声音太轻了;在这个小组里,某某在乱跳等等。这时班里的同学们就会随之哧哧地笑,表示认同或取笑那些表现欠佳的学生。是的,不要说孩子,就是我们大人在评价他人时,也会直接想到缺点与不足。我想,我能做的就是沉住气,不要着急,先让自己的评价方式趋于优化,然后再慢慢渗入,润物无声地传递给学生们。

因此,我反思、小结了如下师生或生生评价的要点:首先,评价最终要起到激励、开启音乐潜能和心智的功效,要想办法告诉被评价者该如何去做得更好,如何完善自我的表演等等。其次,评价要真诚,要充满暖意,肯定优点的同时,给人以上升提高的空间和希望。因此,我对自己和孩子们说:请先说说对方的优点再给些建议吧。再次,评价要正确,要围绕教师在音乐活动前所提出的要求(如按音乐节拍表演等)展开。当然,归根结底,我们的音乐评价要姓"音"而非其他。

不是吗?一个教学班中的孩子会不会从音乐特有的角度去评价他人对音乐的表现以及正确判断自身的学习得失,不也正是对其音乐鉴赏、审美能力最好的检验吗?"宝剑锋从磨砺出",当我们在优美的音乐声中陶冶情操,并善意地通过评价去帮助他人提高时,所有参与者,包括评价者和被评价者,实质上都在细细"打磨"各自手中的"音乐之剑"。

音乐教师们,请和我一样,不要因为害怕"评价"这件事,而将其束之高阁,不敢触碰与正视。尝试一下吧,打开一本书你才能闻到墨香,才会体验润泽。坚持+思考+实践,你就一定能驾驭它为你所用,使你的课堂教学呈现曙光一片!

分析 课堂中的评价语言要尽量做到:1.语言规范,紧扣教师在音乐活动前提出的要求;2.表达科学,符合音乐学科特点;3.生动有趣,能适时调动学习积极性;4.语态丰富,能描摹出契合学生特点的情态。

而在针对情感、态度领域的评价时,教师可以面部表情、语言、肢体动作等方式给予肯定；对于学生身上存在的问题，也要适当地给予建议，并帮助学生改正。保护学生自尊心和自信心的同时，激发他们对音乐学习的兴趣。

案例 ❹

学生的学习活动是课堂评价的主要对象，教师在评价时要以人为本，以学生的发展为本。让我们看看下面这位老师是怎么做的。

日常教学中教师会发现一些学生在音乐节奏上较有天赋，他们对周围环境中的声音很敏感，聆听、哼唱、模仿、创作音乐是他们最大的乐趣，他们在有音乐的环境中能学得更好。对这类学生，教师可以通过以下几个方面进行评价：

- 音乐合约：学生以结对选择音乐的方式来演示自己所学到的知识内容；
- 节奏形态：通过产生节奏、拍子等形态来解说对概念、知识的理解；
- 声音、音调：用声音来对所学的材料进行解说；
- 唱歌、哼唱：用歌唱或哼唱曲调的形式来展示理解；
- 音乐演奏：用乐器来为某个主题或知识内容制作音乐（如背景音乐、配乐朗诵等）；
- 音乐表演：创编一份以音乐与节奏为主题的报告或演出（如广播剧等）。

音乐—节奏智力表现评价的典型是音乐合约，即学生以音乐的方式来演示自己所学的知识内容。以下是一个音乐评价合约的范例。

音乐评价合约

姓名：_____ 日期：_____

你的任务是通过一种音乐的方式展示与下列概念有关的知识（请选出一个）：

- 制作一份音乐集锦，显示你所学的音乐知识；
- 编一个可以描述概念的舞蹈；
- 表演舞蹈；
- 以键盘创作并表演一首有关概念的自创歌曲或绕口令；
- 以打击乐创作和表演一首歌曲；
- 创作一首歌曲并进行演唱；
- 用你熟悉的歌曲旋律重新填写歌词；
- 找出原先已录有关于强调某些概念的歌曲或音乐作品，并确认这些记录中已强调或未强调的观念。

准备提出的日期：_____

以下列作品呈现（任选一个）：
☐ 现场表演
☐ 录音磁带
☐ 音乐录像带

分析 　　教师在进行课堂评价时，不仅要注重学生知识与技能的正确习得，而且还要能关注学生学习习惯与态度，关注学生某项音乐能力的持续发展。要以教育学、心理学、教学论、课程论、学习论等理论为指导，提出课堂评价的思路和方法。

要领提炼

　　综上，我们来归纳一下小学音乐教师对学生学习过程与结果的评价要领：

　　1. 教师的评价理念要有改观，要实现"三个转变"：一是从重视评价教师教的过程转变为重视评价学生学的过程；二是从重视评价学生对知识技能的掌握转变为重视评价学生学习能力的提高；三是从重视评价学生智力的发展转变为重视评价学生探究和实践能力的形成，关注学生的持续发展。

　　2. 在评价过程中，教师的语言要清晰流畅，有针对性；评价的形式可以丰富多样，鼓励学生展示特长，为学生提供自我展示的机会。

　　3. 教师在设计评价量表时，各个评价项目的设计要依据学生的实际，评价记录的方式要灵活简便，易于操作，数据统计与生成方便，可持续保存、连续记录，以便观察学生是否进步。

第二节　定性与定量

问题呈现

定性述评(评语)和定量测评(包括等第、分数等不同表现形式)这两种评价方式是课堂教学评价中经常被用到的评价方式。

定性述评主要适用于学生在音乐学习中情感态度与价值观、过程与方法,以及知识与技能维度难以具体量化的一些内容。如对音乐的兴趣爱好、情感反应,对实践活动的参与及与他人的合作交流,音乐的听赏感知,集体合作完成的演唱演奏及创编活动等,可以用较为准确的评述性文字进行定性述评。

而定量测评强调测量的标准化、精确化和可靠性,侧重于收集适合统计检验的数据。可以用于对音乐表现要素的认知和掌握程度,对音乐体裁形式、风格流派的分辨,聆听音乐主题说出曲名、背唱歌曲及演奏乐曲的数量,识读乐谱的程度等方面。

我们在运用定性述评和定量测评时,要关注的问题有:

1. 在对学生进行评语描述的时候,要用简明的符合音乐学科特点的评价性语言记录对学生音乐学习评价的结果。

2. 为学生建立音乐学习档案袋,不仅可以看到学生知识的获得情况,还能看到学生在团体中如何与他人相处,如何尊重他人以及和他人沟通、交流及合作学习。

3. 对学生音乐学习评价要以音乐课程目标作为准绳,以音乐基础能力为基点,在审美情感(包括学习表现栏目中的态度、情意)与审美实践(包括课内外的音乐实践活动)两个方面进行评价。

让我们通过一些案例来进一步了解。

案例分析

案例❶

以下是一所学校建立的音乐学科评语资源库:

我们在学校或区域范围内,可以根据学生的学龄段建立两个音乐学科定性评价——评语资源库(唱游、音乐)。在资源库中针对学生的不同特点,并根据学科课程标准采用描述性语言对学生在听、唱、演、创方面进行分层式的综合评价。每个层面设计若干条评语,供教师参考。教师可以在此基础上根据学生的具体情况做修改。另外,紧追音乐教育理念的改革和进步,每个学期定期要对资源库进行调整,增加或删除一些内容,确保评价能及时与教改的进程同步。教师个体也可以通过管理员审核上传自己撰写的音乐学科评语,在共享积累中不断丰厚资源库的内容。

如：

A类（唱游）：

1. 在音乐活动中能与同伴愉悦地合作表演,善于合作交流,有集体荣誉感。

2. 能自然、大方地在集体面前表演,你的歌声是我们大家的骄傲。

3. 歌唱得真棒,好勇敢,老师喜欢！相信在表演、欣赏、创作中你都会有所收获的。加油！

4. 你是一个出色的孩子,在课堂上总能听到你优美的歌声,请继续加油。

5. 歌唱时灿烂的笑容、舞蹈时快活的身影,音乐课堂上你给老师留下了许多美好的回忆。

6. 你回答的问题常常使伙伴们竖起大拇指,你就是大家心中的偶像！

B类（音乐）：

演唱歌曲：你像一只声音婉转动听的黄鹂鸟儿,唱起歌时,能够声情并茂、打开口腔。这就是我们平时说的"字正腔圆"呀。希望你的嗓音能为你打开一扇音乐之门,让你在音乐小屋里尽情地欢唱。

舞蹈律动：在花丛中飞舞的蝴蝶轻灵,像你；在湖水上漫游的天鹅优雅,也像你。你的舞姿让老师和同学都沉醉其中。感谢你,帮助我一起教会同学们舞蹈律动。

学习态度：上课时,我总能看到你专注的眼神紧紧跟着我转动。亲爱的孩子,音乐就像一座彩虹桥连起了你和我。你嘴边的小小酒窝说明音乐使你感到快乐,有什么比这认真学习后收获的快乐更珍贵的呢？愿你一直坚持下去,你会学得更好！

评论音乐：你总是能表达自己对音乐的想法,在小组讨论时,同学们也往往十分愿意听听你的建议。聆听音乐后表达自己的想法是一件好事情,你愿意和老师一起分享吗？

课堂乐器演奏：当口风琴的美妙旋律在你的指尖流淌,我们都被这悠扬的琴声深深吸引,仿佛整个课堂的舞台都属于你。这是你勤奋练习的成果。如果你能运用好好你的气息控制好口风琴的音量,表达的情感会更丰富！

课外学习音乐：我惊喜地发现你是一位"音乐小达人"！你在课外学习了小提琴演奏,所以你在听音乐时耳朵才会那么灵敏。如果你准备好了,音乐课上欢迎你来为大家表演！等你哦！

喜欢音乐课：你对我说,你最喜欢上音乐课了。你不知道,当时我有多么激动和感谢！喜欢我,喜欢音乐！我也和你一样：喜欢你,喜欢音乐。让我们一起一直喜欢下去,好吗？

音乐学习进步：这学期,我明显感到了你在音乐学习各方面的进步,我真为你感到骄傲！你能告诉我你取得进步的小窍门吗？我想把它告诉其他也想进步的小朋友……

节奏感：听到音乐,你浑身的细胞就瞬时被激活了！你按节奏摆动身体,或者点头打着节拍,你能感受到音乐中的强弱,对吗？我希望你在以后的音乐课上，能爱上打击乐器演奏，这样你就可以把这种"动感"传递给听众了。

点评同伴：你总是善意地给同伴们提出建议，而且你也总能围绕音乐和老师的要求来点评其他同学的表现，有时，连老师都没有注意的细节你也发现了，还能说出怎样能做得更好。告诉你：老师很佩服你！

听赏音乐：当音乐响起，你总是专注地侧耳倾听，沉浸在音乐的世界里。聆听音乐是一件令你享受的事情吧？我也是这样认为。现在，你需要听更多的音乐，这样，你就会发现、知道自己最喜欢哪种类型的音乐了。

建立信心：老师看得出你一定很喜欢音乐，是不是有些害羞呀？哦。没关系，孩子。你可以先轻轻地唱。在保护好你的喉咙的同时，也能感受歌唱时的满足与快乐。快来试一试吧！

分析　这个案例中的评语学科特点明显，能针对学生的年龄特征，语言亲切，以正面、鼓励性话语为主。分类、描述具体，鼓励的同时提出努力方向。评价内容既关注到学生的学习结果，也关注到学生在学习中的情感态度、过程、方法等。

案例❷　音乐学习档案袋是学生成长记录册的一部分，它的主要目的是反映学生音乐方面的成长，让学生成为评价的主人。按性质它可以分成：课堂型、成果型、评价型；从功能出发，它可以分为：展示型、理想型、课堂型、文件型和评价型五种。让我们来了解一下这五种音乐学习档案袋的构成及目的。

音乐学习档案袋的类型

类　型	构　成	目　的
理想型	作品产生和入选说明，系列作品，以及代表学生分析和说明自己作品能力的反思。	提高学习质量，通过一段时间的成长，帮助学习者成为自己学习音乐的思索者和非正式的评价者。
展示型	主要是由学生选择出来的最好的和最喜欢的作品集。自我反思与自我选择，比标准化更重要。	给由家长和其他人参加的展览会提供学生作品的范本。
文件型	根据一些学生的反映以及教师的评价、观察、考察、轶事、成绩测验等得出的学生进步的系统性、持续性记录。	以学生作品及量化和质性评价的方式，提供一种系统的记录。
评价型	主要是由教师、管理者、学区所建立的学生作品集。评价的标准是预定的。	向家长和管理者提供学生在作品方面所取得成绩的标准化报告。
课堂型	由三个部分组成：① 依据课程目标描述所有学生取得的成绩的总结；② 教师的详细说明和对每一个学生的观察；③ 教师的年度课程和教学计划及修订说明。	在一定情境中与家长、管理者及他人交流；教师对学生成绩的判断。

向大家具体介绍评价型档案袋。

年级：小学一年级

学科：艺术

学习领域：音乐、美术、戏剧、舞蹈等

领域目标：按照艺术课程标准中艺术与情感的第一学段内容标准，对学生所收集的与音乐、美术、戏剧和舞蹈等学习领域有关的作品进行评定，并把评定结果作为艺术与情感分目标的成绩，即用评价型档案袋代替一年级学生的艺术期末考试，真实地反映学生一学期内在艺术各学习领域的成就、进步与不足。

内容特点：

1. 艺术教师按照艺术与情感分目标中第一学段内容标准制定一系列具体、详细的评价指标，然后分发给每位学生与家长，让他们充分理解与把握这些指标。

2. 艺术教师根据音乐、美术、戏剧和舞蹈等学习领域的教学内容相应地安排每个学生收集自己制作的作品。

3. 按照制定的评价指标，用录音、图画、父母笔录等形式记录下学生对自己所收集的作品的感受与体会、对作品的满意程度以及改进的设想（反思材料），放入成长记录袋中。

4. 教师根据学生的作品以及反思材料，为学生的下一件作品提出改进的建议并进行具体的指导，促进学生学会运用一些基本的艺术技能来创造性地表达与交流自己的情感与思想。

5. 按照制定的评价指标，教师、学生自己、同伴或家长对档案袋中与音乐、美术、戏剧和舞蹈等学习领域有关的每一件作品及反思材料进行等级评价，要说明评价的理由以及改进的建议。

6. 期末时，教师根据学生的作品、反思材料与交流、进步情况等对艺术与情感这一分目标进行终结性的评价。

分析　评价型的档案袋主要用于向家长汇报预定的评价标准，对学生作品进行标准化的评价。不同的学生在音乐学习中所反映出的发展是不一致的。有些学生表演能力强，有些学生想象力丰富，所以在建立这种类型的档案袋时，可以根据学生的特点有侧重地评价，可以让不同类型的学生都能在自己擅长的领域上得到发展，在学习中获得成就感，增强自信心。

案例❸　教师对学生音乐学习的评价不应该是主观的、盲目的，而是应建立在国家、地方的音乐课程标准基础上的。《义务教育音乐课程标准（2011年版）》中对音乐课程评价内容的描述为：

对学生的评价是课程评价的主要方面，应以本标准中各教学领域的课程内容为基本依据,全面考查课程内容所涉及的情感态度与价值观、过程与方法、知识与技能方面的要求。如学生对音乐的兴趣爱好与情感反应,学生在音乐实践活动中的参与态度、参与程度、合作愿望及协调能力,音乐学习的方法与成效,音乐的体验与感受能力,音乐的表现与创编能力,对音乐与相关文化的认识、理解,审美情趣的形成以及掌握知识、技能的实际水平等。

在评价的方式与方法上,标准指出:

1. 形成性评价与终结性评价相结合。
2. 定性述评与定量测评相结合。
3. 自评、互评及他评相结合。

以上各种形式的评价,都应该既充分肯定学生的进步和成绩,又要找出学生在学习中的问题和不足及改进方法,以利于促进学生的发展。

一位音乐教师在运用成长手册进行评价的过程中积累了下面一些经验:

记录成长　促进提高

【案例背景】

音乐学科学生成长记录册是为了保证音乐课程沿着正确的方向发展的重要手段。由于学生成长记录册及学业评价在音乐课程中具有反馈调节、展示激励、反思总结、记录成长、积极导向的综合功能,在某种意义上,音乐课程能否确立一套符合素质教育发展要求和新课程理念以及学生个人特长发展的评价方式和方法,是关系到音乐课程能否沿着《上海市中小学音乐课程标准》预定方向发展并取得良好成效的关键因素之一。

"新课标"指出:小学音乐课程的评价内容以课程学习"内容与要求"为依据,可包括感知、表现、鉴赏、创作四个主题内容。在注重实践操作的同时,要把学生的学习态度及情感投入作为重要的评价指标。在完成课内学习内容的前提下,对学生的个性特长要予以认定,并把其表现情况记入成绩,以鼓励学生多渠道地学习音乐。

对于学生"音乐学习能力"的综合评价应以《上海市中小学音乐课程标准》中的课程目标作为准绳,以音乐基础能力为基点,从审美情感与审美实践两个方面进行评价,并贯彻多元评价的思想,客观公正地做好成长记录册的填写。

【案例描述】

1. 实施"三结合"评价。

所谓"三结合"评价,是遵循过程性评价和阶段性评价相结合、定性述评与定量测评相结合,由学生自己、同伴和教师三者共同参与的评价。如果只有老师的评价,学生有时会觉得老师提出的意见和要求过高或片面,而通过学生自己互相欣赏,提出各自的看法,可以达到相互学习、共同提高的目的。

在教学实践中,我针对不同年级学生的特点,一改以往教师包办的评价方式,采取学生自己、伙伴及教师互动评价的方式,还学生评价主体地位,很好地激发了学生的学习积极性。

(1)歌曲演唱。

在进行歌曲演唱测评时,我先让学生挑选自己最喜爱的一首歌曲来演唱;接着,让学生根据自己的演唱表现自评等级"A、B、C";然后,让同伴互评,并说出对方的优缺点;最后,我再对学生各个方面进行客观评价(如音量、音色、音准、节奏、歌曲演唱情感等等)。这之后让学生针对自己存在的问题,说出改进措施,使评价真正起到促进学生发展的作用。

(2)节奏测评。

在进行节奏测评时,我先问学生:你准备表现的节奏从哪里来?请老师给出还是请同伴给出?从书上找一条还是自己写一条?当学生对此做出选择后,再问:你准备采用哪种方法来表现节奏?拍一拍读一读的方法还是打拍读一读的方法?待学生做出选择并表现完之后,让学生根据自己的表现情况自评等级"A、B、C";然后,让同伴互评,并说出对方的优缺点;最后,我再对学生各个方面进行客观评价(如节奏的时值是否正确,手口是否同步等等)。这之后让学生针对自己存在的问题,说出改进措施,使评价真正起到促进学生发展的作用。

"三结合"评价同样可用于舞蹈、音乐鉴赏、音乐知识、音乐创编、学习态度等的测评中。

2. 实施分层评价。

人与人之间的差异是普遍的、绝对的,每个人都有与他人不同的特点。分层评价在坚持承认学生差异性的原则下,对不同的学生以不同的评价要求分层评价,使学生在学习上对自己有信心,有动力,从而不断地促进他们的学习。如何针对学生的不同个性特征实施有效评价,充分调动学生的学习积极性,这是一个亟待解决的难题。为此,对不同的学生提出不同的具体要求,实施分层评价就显得尤为重要。

(1)歌曲演唱。

在学完一首歌时,我将学生分为三种层次:

A层学生必须唱准音高、节奏,而且歌演唱富有情感,音色圆润、甜美。

B层学生基本能唱准歌曲的音高、旋律。

C层学生能简单哼唱歌曲旋律即可。

但对学生,我有一个统一的要求就是"每次进步一点"。这样,让每一位学生都体验到成功的喜悦,从而对音乐课产生浓厚的兴趣。

(2)欣赏教学。

在音乐欣赏教学中,我同样将学生分为三种层次:

A层学生能通过各种音乐活动感受体验乐曲所表现的主题思想;能听辨男、女、童声声乐作品,了解其音色分类特点及声乐演唱形式;能背记听赏曲的主题旋律,并结合听赏曲了解音乐家的生平。

B层学生能初步体验感受乐曲所表现的主题思想;能听辨男、女、童声声乐作品,基本了解其音色分类特点及声乐演唱形式;能哼唱听赏曲的旋律主题,并结合听赏曲简单了解音乐家的生平。

C层学生能基本熟悉乐曲旋律；能听辨男、女、童声声乐作品，并结合听赏曲了解音乐家的简单生平。

同样，只要按要求完成，我便给他们"合格"，这样，每一位学生都能体验到成功的喜悦。

分层评价同样可用于舞蹈、音乐知识、音乐创编、学习态度等的测评中。

3. 实施激励性评价。

"水不流不活，人不激不跃。"对于不同特点、不同性格的学生给予不同的、切实可行的激励性评价，可以创造融洽友好的教学氛围，使学生产生学习的兴趣，从而取得较好的学习效果。小学音乐学科不需要精确的量化，既没有鉴定和选拔的任务，也无须面对升学的压力。因此，根据学生喜欢荣誉、好胜心强的心理特点，我常常采用以激励为主的评价方式，用激励性的语言客观描述学生的进步、潜能和不足，帮助学生认识自我，树立自信。

当学生学会一个舞蹈或正确完成一个练习时，我就在相应位置给他添上一颗"☆"；对暂时还没学会舞蹈或还没做对练习的学生，我就对他们说："继续努力，你一定会成功的。"当他们经过努力学会舞蹈或做对练习时，我就在相应位置给他们补上一颗"☆"；对那些经过努力还是没有学会舞蹈或没有做对练习的学生，我就在相应位置给他们写上"还需努力"四个字。

评价还应该着眼于学生的进步和发展。当学生在某一方面有了点滴进步，我就及时加以表扬，并在相应位置给他（她）添上一个笑脸的图标☺，意为师生为你的进步而感到高兴。在小学阶段音乐学科的评价中，我取消了"不及格"的评价等级，因为"不及格"的评价只会给学生造成"自卑"的异化心理，对学生的发展有害无益，而激励则是学生最好的"营养剂"。因此，我尝试着尽量让"优秀"和"良好"的音乐评价进入学生的成绩单，以带给学生自信。

4. 实施多元评价。

多元评价所覆盖的内容是多方面的。多元评价不仅注重对学生认知能力的评价，而且重视对学生学习情感、态度、兴趣的评价。因此，它提供的学习信息是多层次的和综合性的。通过多元评价的实施，初步培养学生良好的学习态度，为他们的可持续发展奠定坚实的基础。多元评价的基本内容以课程"学习内容与要求"为依据，可包括鉴赏、表现、创作、感知四个主题内容。为鼓励学生多渠道地学习音乐，也可以把学生的音乐特长列入评价范围(如开展"学生才艺小世界"活动等)。

下面是我设计的小学中高年级音乐学科素质评价表：

类别 姓名	鉴赏	唱歌	舞蹈	音乐知识	创编	学习态度	特长

鉴赏、唱歌、舞蹈的评价参见前述。

音乐知识：包括感知、听辨无升降调号内相对音高；了解五线谱一般知识，认识无升降调号内 do-do' 音位，并用唱名唱准其音高；感知以各种方式演示的由已学音符组成的节奏型，认识常用音符及休止符；能在唱与奏的活动中认识部分常用记号；认识2/4、3/4拍号及其指挥图式，理解其含义；感受旋律结束音等等。在对学生进行音乐知识测评时，可采用自己汇报、同伴提问、教师提问相结合的方式。学生通过自己汇报或师生提问对所学知识掌握的或经过师生提示对所学知识能掌握的，我都给他们打上A；测评时达不到A，自己要求过几天再"考"的学生，我就给他们再"考"的机会，等他们下次"考"出自己满意的成绩时，给他们补上A。

创编：包括用图形、线条等方法记录简单的音乐，即兴创作2—4小节节奏，用选择或填空的方法完成旋律创作，根据歌曲（乐曲）风格编演简单的歌表演或律动，用小乐器编创音乐小品等等。只要学生动手做了或去尝试了，我都给予鼓励，并及时为做得较好的学生添上一颗"☆"。

学习态度：我常对学生说："只要你认真，就会有进步，就会学得好。"因此，对学生的学习态度我也采用等级评价法分阶段进行评价，让学生弄清楚自己在各个阶段的学习态度，从而明确自己进步或后退的原因。学生的学习态度包括学习用品的备带情况、对音乐学习是否产生较广泛的兴趣爱好、学习活动是否积极参加等等。

特长：除了课堂上学的以外，有的学生还根据自己的兴趣和爱好在课外学有一技之长，如钢琴、小提琴、扬琴、琵琶、舞蹈等等。为了鼓励学生多渠道地学习音乐，我把学生的音乐特长列入评价范围。无论学生有何种音乐特长，我都给他（她）增加一次获得音乐好成绩的机会。学生的音乐特长可以在一个单元或两个单元一次的"学生才艺小世界"中给以展示。

【问题与思考】

1. 音乐学科教师普遍执教班级较多，较难十分精准地评价每个学生的音乐学科学业水平。有时在写评语时姓名和容貌不能对号入座，建议在成长记录册的第一页贴上一张学生的照片，方便老师对学生进行辨认。

2. 能否在学生成长记录册上增设一个学习态度的评价内容？如今有些学生平时上课纪律很差，书和学具经常不带，但每次阶段性评价时的表现倒不错，那么对于这一类学生最好有一项学习态度方面的评价内容。

分析　　在评价时，既要看结果，又要看过程，评价应呈现出一个动态的发展过程。针对这些评价所得出的结果，教师要恰如其分地作出科学的分析和合理的阐述。如：对优等生的评价要有激励性，贵在培养他们的创新精神；对中等生的评价要有鼓励性，使他们尽快地脱颖而出；对学习困难的学生，评价要有鼓舞性，使他们找到自尊，恢复自信。

要领提炼

综上,我们来归纳一下实施定性述评与定量测评时的要领:

1. 定性述评与定量测评在课程评价中各显其价值和利弊,在评价过程中需要将这两种评价方法相互结合起来。

定性述评的优点是显而易见的。在音乐教学活动中,对学生的兴趣爱好、情感反应、参与态度、交流合作、知识与技能的掌握情况等,用较为准确、形象的文字简要加以描述,这就是定性述评。但是定性述评工作量大,实际操作起来比较困难。在学生班级人数不太多的情况下可以实行。

定量测评具有比较标准、便于实施等优点,如根据需要和可能,组织音乐能力测验或音乐学习水平测量,进行定量测评,以获得每个学生的音乐学习的等级或分值。

2. 在采用定性与定量相结合的综合性评价方式时,除了给出的评定的等级评分外,教师还应根据平时观察积累的资料,进行分析归纳,写出有针对性的总结性评语,使学生明确前进的目标。在实施音乐学业评价时,教师不仅要关注评价的过程,更应注重评价的质量及评价的效应。

在"音乐学习表现"过程性评价的实施中,应从学生的角度审视评价措施的科学性、评价方式的合理性、评价语言的准确性及评价过程的连贯性,并以此作为根据寻找促进学生更好地感受音乐、学习音乐的途径及方法。

第三节　自评与他评

问题呈现

自评、互评和他评相结合的评价方式,在评价主体上变单一的教师评价为教师评价、学生自我评价和学生互相评价相结合,突出自评和互评的重要地位,适用于学生,也适用于教师。

自评是指学生在音乐学习过程中,依据一定评价标准,对自身学习情况作出的价值判断。学生的自评以描述性评价为主,重点放在自我发展的纵向比较上,即从不同阶段的回顾和比较中看到自己的进步。

自评的内容可以包含认知领域和情感领域:

1. 认知领域:对音乐知识的了解和掌握;智力技能和动作技能的形成水平等。
2. 情感领域:学习音乐的态度、兴趣等。

互评是指通过小型的集体的讨论进行互相评定。可采用分组演唱、演奏会、音乐才艺或创意展示等形式,在观摩交流中相互点评。

他评即由直接参与教学的师生以外的人员进行评价,即第三者评价。这类评价一般由校外专家、学校领导、非直接任课教师作出。

教师在实施自评、互评与他评相结合的评价方式时容易出现的问题有以下几个:

1. 学生的自我评价较易受自身的功利动机影响,较难客观地对待自己;学生年龄较小,认知能力较低,自评标准难以正确掌握。
2. 互评这种评价模式通过小组进行,形式多样,生动活泼,可充分发挥学生主动参与的积极性,锻炼学生鉴别评价的能力,容易形成融洽民主的氛围。但这种方式要在比较稳固、融洽的班集体里进行,同时,学生不易掌握评价标准。
3. 他评这种评价方式具有客观性的特点,但不利于调动师生的主观能动性,尤其对于音乐学习上相对后进的学生,可能会给他们带来挫伤。
4. 学生年龄小,在评价时往往只能用"好"、"很好"等语言。这样的评价没有针对性,属于无效评价,如何来指导学生呢?

那么,我们该如何去发现和避免这些问题呢?请认真阅读和比较以下案例,希望你能得到一些启发。

案例分析

案例❶

以下是一位教师针对提升学生音乐学习习惯展开的评价活动:

在中高年级的音乐课上,以小组为单位,利用小组活动中的小黑板进行评价活动。在每块黑板上放置四个笑脸,从学生进入教室的那一刻开始,就以小组为单位开展竞赛,竞赛的内容围绕着学习习惯展开,如小组成员在进出音乐教室时是否能做到安静有序;小组成员是否带齐学习用具;在活动中组内成员是否能做到轻声讨论且热情投入;在交流感想及观看其他小组的表演时,是否能做到乐于分享及准确点评等等(教师可根据自己上课的情况制定)。以上的每一项都设立自评与小组成员互评、小组之间互评的机制,做到者即可为小组赢得一个笑脸,笑脸最多的小组获胜。

与此同时,该项竞赛还有一个有趣的"鼓励特殊学生共同进步"的激励机制——"流动红旗":请课堂纪律及学习习惯极差的学生做班级的"流动红旗",不固定其座位。每节课将其座位放置在上一节课获得胜利的小组中,这样不仅使其感受获胜小组良好的氛围,促使其进步,更能发动集体的力量帮助后进学生。

分析 这位老师将小组作为团队,将评价融入小组的活动过程中;将老师的评价与学生的自评、互评相结合。"鼓励共同进步"的激励机制使得小组成员可以充分共享评价结果,帮助学生提高,或以小组、集体的形式再次尝试并共享评价,在积累——共享——再积累的循环上升过程中提高评价的质量。

案例❷ 面对低年级学生时,为了让他们更好地掌握评价的标准及方法,在罗列评价项目时要具体、直观;而评价方法要易于操作。让我们一起来看:

开学第一周布置学生做好课堂评价表并粘贴在音乐书上,并确立评价记录的小伙伴。小伙伴在评价记录表上签名,要求记录者客观、公正地记录评价成绩,期末评出"优秀记录员"。评价表分"认真章"和"大胆章"。

"认真章"一栏要求学生上课带好学具(音乐书、口琴、铅笔等),上课认真,积极参与音乐实践活动,能做到者可得到★,并给学生改正的机会(如在上课出现做小动作等小毛病后,经老师或同学提醒就改正的同学,同样可以得到★)。"大胆章"一栏记录学生上课发言、参与演唱、演奏、表演,与人合作、创编活动等情况,不评价结果的对与错、好与坏,只要发言了、表演了均可获得★。其中的"自评"一栏请学生在课后自己评价记录,"他评"一栏请伙伴记录,有时对表现特别好的、进步特别快的同学,也可由老师亲自为其记录。

分析 能针对学生的年龄特点,将"音乐学习表现"中的一些具体指标和要求用符号或奖章代替,并采用邀请小伙伴记录的方式来实施互评。"认真章"的设立,将原本教条式的评价细则变得生动而有趣,有效地激励了学生学习兴趣和自我规范的主动性;"大胆章"的设立,鼓励学生敢想、敢说、敢演,敢于大胆创新、乐于发表意见的积极的学习态度,并以此学会自我欣赏,建立自信。

案例 ③

举办"班级音乐会"是音乐学科特有的一种生动活泼的评价方式,能充分体现音乐课程的特点和课程评价的民主性,营造和谐、团结的评价氛围。在举办"班级音乐会"的过程中,学生完全是学习的主体。从学生自由的组合,到演出内容的选择,表演形式的排练,直到最后的汇报展演,学生完全在自主的氛围中进行,教师只是一个指导者和参与者。我们一起来看一个实例:

《我的舞台我做主》期末班级音乐会

一、活动主题:《我的舞台我做主》期末班级音乐会

二、活动参与对象:五年级四班全体同学

三、活动时间:期末考试前

四、活动地点:音乐室

五、活动组织形式:

由音乐老师牵头组织,该班几位骨干同学组成策划小组,形成节目,汇总成音乐节目单,按顺序演出。

六、活动目的:

1. 班级音乐会作为一种新的评价方式检测每位学生一个学期的音乐学习成果。

2. 为校园艺术节中的元旦文艺汇演输送优秀节目,培养艺术人才。

七、活动意义:

期末的班级音乐会是一个展示学生音乐学习成果的舞台,也是充满趣味性的一种评价方法。由于每个人的兴趣、经历、知识、阅历等的不同,对音乐也会有多种多样的理解。通过期末班级音乐会这个载体,学生成为一个个独立的个体,在活动中发现和认识有意义的新知识、新事物、新方法,充分展示个性和才华。同时,期末班级音乐会还培养学生团结协作的精神和热爱艺术的情操,让学生在音乐会上体验成功的快乐,增强自信心。

八、活动要求:

1. 要求每个学生都要参与,每个人至少有一个或一个以上的节目。根据自己的爱好特长做准备,以教材内容为主,课外教学为辅。

2. 内容自选,形式多样,可独立、可合作表演,自愿报名,节目单由音乐课代表、音乐会策划小组统筹完成,交音乐老师进行审核。

3. 学生选出自己的主持人和节目评委,学生还要进行自评、互评。

4. 教师只需及时解决活动中出现的问题,并根据每个学生的参与、表现情况来评定学生期末音乐考核等级即可。

九、活动内容:

1. 唱——合唱、小组唱、独唱。

2. 奏——歌曲或乐曲主题。

3. 舞——根据音乐编舞。

4. 演——音乐剧、诗朗诵等。

5. 指挥——结合音乐,对着音响或同学。

6. 抢答——学习过的音乐知识。

7. 阐述——写、讲聆听音乐的感受。

8. 评价——互评与自评。

十、活动过程

(一)活动前期(开学初)——"班级音乐会"的准备。

1. 首先,教师与学生一起了解"班级音乐会",耐心解释什么是"班级音乐会",讨论并拟定音乐会主题及内容。

2. 其次,上好每一堂音乐课,在课堂上渗透歌唱、舞蹈、表演、伴奏技巧等知识,为音乐会开展打下基础。

(二)活动中期(学期中)——布置"班级音乐会",并组织部署活动要求及安排,完成节目单初稿。

1. 首先选出5位组织能力和音乐才能较强的学生组成音乐会策划小组,策划音乐会的各项内容。

2. 发动全班同学自由组合,自由报名参加各类节目。

3. 落实每类节目的负责人和主持人、纪律管理人员、工作人员、摄影师等等。

4. 让学生利用课间、午休或放学的时间,按各自策划的节目进行排练。教师定期在物质上和技术上给予帮助或指导。

(三)活动末期(学期末)——"班级音乐会"的开展。

1. 在音乐会前一周,对所有的节目进行彩排(包括主持、道具的使用等等)。

2. 教师设计好音乐知识抢答题目,设计并制作好评分表格。

3. 邀请校领导、班主任、科任老师、家长观看音乐会、参加演出或者评比。

4. 评价注意事项:

(1)教师(或家长)对同学们音乐会上的表现进行点评,及时表扬表现优秀的同学,并鼓励全班同学今后能更加大胆地表现自己,多给自己争取锻炼的机会。

(2)学生自评。谈谈自己在本次音乐会中的收获。

(3)学生互评。要求选出音乐会最佳表演奖、最佳人气奖等。

(4)最后由校长或到场嘉宾为获奖的同学颁奖,集体合影留念,让音乐会在愉快的氛围中结束。

5. 对活动录像、照片收集整理存档。

十一、活动后的总结和反思

整场音乐会都在"热烈"有序的氛围中进行,有的表演小组唱《小鸟小鸟》,有的演唱戏曲《说唱脸谱》,有的表演音乐剧,有的用手语配唱《感恩的心》,还有的跳起了街舞。最后是全班的抢答加分节目:1. 老师播放音乐并提问:"哪位大师的作品?""第几主题?""主题出现几次?有何变化?"2. 自由上台讲述作品听赏感受或描述自己"执导"的音乐MTV想象画面。特别值得一提的是,同学们带来了各自的乐器：口琴、竖笛、鼓、自制的沙锤等。评述听赏感受的、讲述MTV想象画面的，评委都极认真地听、注视演唱，并不时轻轻交换记分。老师巡回为他们服务或解答问题。为了让大家听清楚，一律不准大声喝彩和鼓掌。但大家还是时而发出抑制不住的会心笑声。

这次"班级音乐会"经历了从开学初计划到学期中筹备再到学期末开展这一漫长的过程。对于小学生来说，能有如此精彩的表演，是让我感到非常惊喜和感动的，因为整个音乐会并不是靠老师花很多时间去编排和指导的，都是学生自己编排，自己排练的。虽然不是很娴熟，但是很真实、朴素，体现了孩子们最纯真、最令人感动的一面。其实，每个孩子身上都有闪光点，只要我们善于去发现它，挖掘它。让孩子们去体验，去实践，就能够使他们享受到成功的喜悦，从而激励他们追求更大的成功。所以，为了体现学生各方面的能力，我认为最重要的是鼓励学生积极参与，鼓励学生大胆自信地在舞台上表演，激发学生团队合作的意识。在学生积极参与、逐渐体验成功的基础上，对学生在音乐的技能技巧上进一步提出更高的要求。班级音乐会刚刚结束，当天就有很多学生议论纷纷，赞不绝口，说班级音乐会这种形式"很好玩"，"想再多举行几次"。学生的表现也久久在我脑海中浮现，使我更加清楚地意识到"班级音乐会"在学生们的心目中有多么的重要。当然，在肯定这样的尝试获得小小成功的同时，我觉得自己更应该思考如何使"班级音乐会"更加完善。

针对在音乐会上孩子们表现比较害羞的情况，我想在平时的教学中通过学唱歌曲或者演奏打击乐器及其他方式引导学生积极主动地参与表现。面对台下的领导和家长，孩子们比较害羞，平时一些歌唱得好的孩子、乐感比较好的孩子都没几个敢大胆站起来表现。在这种情形下，帮助有基础的学生一起来表演，鼓励他们不要怕，即使失败了也没什么，从思想上减轻他们的心理负担。将学生们分组进行表演，这样孩子们才敢表现。在部分学生有一定实践经验后再带动其他学生一起来表现，这样就能消除学生之间能力上的差距。而且课堂上歌声不断，同学们沉浸在欢乐之中，音乐课也会更受到学生的欢迎。正如赞可夫所说："好的情绪使学生精神振奋，而不好的情绪则会抑制学生的智力活动。"

把音乐会办好并不是一朝一夕的事，我们还需要做更多的工作，克服各种各样的困难，才能让孩子们体会到班级音乐会的无穷魅力。对于未来，我们还需要更加努力，才能给孩子们一个阳光舞台，给孩子们更多的快乐！

十二、附：班级音乐会的表格

《我的舞台我做主》节目单

——五年级四班班级音乐会

序号	节　目	表演形式	表演同学
1		独唱	
2		表演唱	

(续表)

序号	节　目	表演形式	表演同学
3		器乐	
4		合唱	
5		指挥	
6		配乐诗朗诵	
7		音乐剧	
8		音乐知识抢答	

音乐会评价表1（教师、特邀评委、学生互评）

序号	曲　目	表演形式	意　见	等级打√
1	《美丽的金孔雀》	舞蹈	表演得体，动作到位。	A. 很好 B. 好 C. 一般

音乐会评价表2（学生自评）

节目序号名称	自我评价	等　级	有待改进的地方是
1	喜欢	A　　B	

永久留念

个人演出剧照	集体演出剧照

分析　　在整个音乐会过程中，学生的潜能得到了激发，合作能力、组织协调能力以及音乐综合能力得到了充分展现。这样的评价注重考察学生在整个实践活动中参与的态度和努力的程度，也通过阶段的考核促进学生的学习和合理竞争，从而全面反映学生的音乐实践能力，对学生的学习情况作出了一个相对全面、真实、准确的评价结论。

案例❹　　一些老师会为自己选拔出有艺术特长的"小考官"、"小老师"来协助对其他学生的考评，这样做增强了这部分学生音乐学习的兴趣，发挥了他们的特长，也带动了其他同学的学习热情。

"小考官"的选拔

参加对象：四年级上学期音乐总评为"优"的同学。

具体内容如下：

1. 自备节目一个。
2. 即兴表演（听音乐表演、视唱乐谱、吹奏乐曲）。

分析　　改"师—生"的单向性评价为"生—生"互动性评价。一方面给予具有优秀音乐综合素养的学生在各项音乐能力上的肯定；另一方面也给予学生自主选择和互动体验的机会，大大地增强了学生的学习兴趣和自主能动性。

案例⑤　　我们来看看下面这位老师是如何指导一年级学生进行评价的：

《小乌鸦爱妈妈》是一首一年级小朋友熟悉又喜爱的歌曲，音乐一放，小朋友就会跟着唱起来。这首歌又有很好的教育意义，在音乐中自然渗透德育思想。

师：请小朋友找一个合作伙伴，一个演"乌鸦"，另一个演"乌鸦妈妈"。

（在歌声中学生分角色表演起来）

师：老师觉得刚才小A的表演与众不同，她演的"乌鸦妈妈"，在"小乌鸦"喂她吃"虫子"后，还轻轻地抚摸"小乌鸦"的头。再演一次，你能设计怎样的情节？

（学生讨论片刻，音乐再次响起）

师：老师邀请小B和小C上台来表演一对乌鸦母子，小朋友看看他们的表演中有哪些值得学习的地方？

（小B和小C表演）

生1："乌鸦妈妈"抱抱"小乌鸦"，还有"小乌鸦"很耐心地一口一口喂妈妈，还帮妈妈捶背，我觉得他们演得很好。

师：你想对小乌鸦说什么？

生2：小乌鸦，你真懂事。

生3：小乌鸦真是一个孝顺的好孩子，我要向你学习。

……

师：让我们再来想想，还可以用怎样的表演表现小乌鸦懂事？看到懂事的小乌鸦，乌鸦妈妈又会怎样呢？

生4：老师，我觉得还可以多点角色，比如"菊花"、"蝴蝶"，小乌鸦都不理睬它们，专心地找虫子。

师：你说得太好了。那么谁愿意演"菊花"和"蝴蝶"呢？想想你能为这些角色设计怎样的情节和表演。

这是一首叙事性的歌曲，情节性很强，适合表演。在教学中，我用评价指导学生的表演，让学生在表演中发现问题，从而调整、改进各自的角色，发展他们的思维。通过有指导性的评价，学生的思维插上了想象的翅膀，表演越来越有内容，到后来学生不满于两个角色，主动要求添加角色，突出小乌鸦不贪玩和做事认真的品质。随着歌唱，表演，学生慢慢体会到"爱"的意义。

分析 这位教师具有指导性的评价如同指南针为迷茫的学生指出了努力的方向；具有激励性的评价如同机器的燃料，给予他们无穷的动力。

| 要领提炼

在实施自评、互评和他评相结合的评价方式时需要关注的是：

1. 随着音乐学习的不断深入，评价通常会以器乐辅助、个人展示、自主学习等方式进行。这一方面给予了学生展示自我的舞台，但无形中也对一些学习能力有差异的学生造成一定的心理负担，引起消极情绪，不利于音乐学习。因此，在这个过程中，教师应引导学生采用互评的方式，发现同伴身上不同的优点，给予肯定的评价。

如：在集体表演或小组展示后，让学生进行互相点评。围绕着"我最喜欢的是哪一组（哪一位同学）？""他们（他）出色在哪里？"引导学生观察并评价。在此基础上，教师遵循鼓励为主的原则，进行评价、归纳和指导，进一步激发学生学习的兴趣。

伙伴间的交流通常比较容易接受和理解。从同伴的视角出发，将评价的范围扩大，从各个不同的角度挖掘学生身上的优点，肯定他们的进步，同时也使得评价变得更公正，更全面，更利于学生的发展。

2. 为了能给学生创设更大的自主空间，更全面地展现个人的音乐综合能力，"小小音乐会"是一种非常实用的评价形式。但有些老师会用4—5（占整学期总课时25%）堂音乐课给学生进行"小小音乐会"的排练、展演。这样做可能会影响到正常的教学进度。如何来平衡好两者之间的关系，需要在实践中进行调整。

3. 学生自评、互评和他评的方式还可以衍生到课后，如利用学生较喜欢的网络信息平台，像"QQ空间"、"个人博客"等。

第四节　课内与课外

问题呈现

音乐学科是一门实践性很强的学科,学生通过音乐实践活动体验、感悟音乐,展示其音乐能力;在实践活动中,教师观测到学生的外显行为,了解其真实的水平。歌唱、读谱、演奏、表演等是音乐课堂上常见的音乐实践活动。针对学生课内表现给予评价,其目的是要引导学生进入音乐学习的最佳状态。另外,在音乐课堂上的评价也可以从参与态度与参与效果进行。如:其一,学生认真参与了听赏活动;其二,学生除了上述行为外,还能听辨出该歌曲的演唱形式等等。每个个体达到的程度可能会有所不同。因此,我们要因人而异、因材施教地评价。

与其他教学内容一样,课内的评价也会有课外的延伸效应,如对课外学习的或获得的与课内相契合的音乐学习成果的评价;对学生课外的音乐技能的评价等。在实施这些评价时要关注的问题有:

1. 目前,课外艺术学习非常盛行,针对学生音乐学习的评价不能只局限于课堂之上,而是要以更广阔的眼光对学生进行多元评价。

2. 对于一些在学习上有困难的学生,教师是否可以尝试:每次学业评价后,不急于给出评价的结果,开放学业评价的时机,给予延迟评价或二次评价,以起到评价的激励作用。

3. 在现有小学阶段,学生家长对学业的评价已经从原先被忽视到现在逐渐被重视。但是就音乐学科来说,家长参与学生学业评价很少,一些教师觉得没必要。也有部分教师希望家长参与到学生的学业评价中,但缺少有针对性的指导,使得家长评价流于形式。

4. 对于在课外学习音乐艺术的特长生,如何更好地进行认定和评价。

让我们通过案例来了解、思考。

案例分析

案例 ❶　以下是某位教师对其学生在一个单元学习之后策划的评价活动。

评价作业　激发学趣

【背景及目的】

学习评价是教学中非常重要的一个环节,特别是对于学生学业情况的评价更是教师们每个阶段都无法回避的问题。但目前对学生学业的评价大多停留在对学习结果的评价上,忽视了对学生学习过程、方法以及情感的评价。这样的评价不符合新课程标准的理念,也不符合学生的身心发展规律。

本学期我所在的学校开展了有关"作业"的课题研究，由于音乐学科的学科特性，我们将"中长期作业及其评价方式"作为主要的研究和思考方向。音乐学科的作业是一种有情感、有知识、有技能的音乐实践活动，是学生掌握知识、形成技能、发展智力的音乐学习基本途径。常态下小学阶段的音乐课程作业主要以课堂练习为主。我们先来了解一下常规的音乐作业大概有哪些。

Ø 音乐技能方面的作业有：

歌唱技能、听赏技能、器乐演奏技能（口琴、口风琴、竖笛）、表演技能（简单的律动、小部分民族舞的动作）、创编技能。

Ø 音乐知识方面的作业有：

乐理知识（视谱）、相关的音乐人文知识（音乐的创作背景、曲作家的名字及生平等）。

我们可以看到，这些作业内容比较容易量化，对评价来说难度不大，但是，新课程发展至今，评价的内容和方向从原本注重传统的知识、技能，转向注重情感、过程等更为多元的内容上。所以，情感态度与价值观、过程与方法等，也是学习评价的重要组成部分。正确评价学生完成音乐作业的过程及结果至关重要。它能激发学生的学习兴趣，提高学生的学习能力，使学生感受音乐学习带来的乐趣。

本次作业及评价内容的设计就是对学生学习方式改变的一种尝试。期望学生在这种互助式、合作性学习过程中巩固课内学习内容，拓展音乐学习的空间和时间，能选择适当的方式展示自己的音乐学习能力，在自评、互评、教师评等多元化的评价方式中，激发学习兴趣，感受音乐学习带来的乐趣。

【实施过程】

以四年级第二学期"行进的脚步"单元的学习为例，我向学生布置了以小组合作形式为主的阶段性作业，作业内容包括：

1. 上网浏览，搜集有关进行曲的相关知识，如进行曲的定义、进行曲的类型、不同进行曲的风格特点等。

2. 能将不同体裁、不同表现主题的进行曲在速度、力度、节拍、情绪上的不同点列举出来。（附表格，见下）

3. 能创编一段4小节的旋律来表现不同行进者（如小孩、老人、各种不同的动物等）行进的脚步，并用不同形式（如演唱、演奏、律动等）表现。

4. 能准确书写创编的旋律。

曲　名	速　度	力　度	节　拍	情　绪

课堂上，教师将学生分成6人一组，每班5组，请学生以小组合作的方式来完成作业。学生可以通过自主上网搜集、聆听、感受、创编旋律、情境表演等形

式完成任务单上的内容,完成时间为两周。

在学生完成作业的两周中,教师也会了解学生完成作业过程中出现的问题,并予以指导、点拨。两周后,利用一节课的时间,请同学们通过上交资料、情境表演等形式将合作学习后的成果进行反馈和评价。

作业的评价

针对本次作业的性质及特点,教师设计了一份评价表,期望对学生在完成本次作业过程中运用的方法、参与及合作情况、学习成果等进行较为全面而客观的评价。同时发现学生在完成类似作业中可能存在的问题,进而更好地完善作业内容、形式,激励学生更好地学习。

本次作业的评价表由教师评定和学生评价两部分组成。学生将完成作业的所有情况都用这份评价表进行记录,且由于这是一次合作学习,学生的成绩将以小组整体情况进行记录并共享。表格如下:

1. 教师评价表

　　　　　　班

小组	合作		创编			表演			听辨	小报	
	分工	合作	节拍、节奏	旋律	书写	唱	奏	演	回答准确	内容	美化
1											
2											

说明:小组成员共同计分,以上每小项内容5分,满分55分。

2. 学生评价表

"行进的脚步"主题单元设计——小组讨论、展示评价量规

小组名称:××××

亲爱的同学:

在学习了"行进的脚步"这一单元之后,你是否知道哪些音乐可以表现军人、小朋友、老年人行进的脚步?大象、乌龟和小白兔行进时的脚步又有什么特点呢?相信和你的伙伴们一起开动脑筋后,已经完成了老师交给你们的任务了!那就让我们一起来看你的学习情况吧。

(1) 对于听到的不同乐曲(　　　)

　　A. 我能很快分辨情绪、速度、力度、节拍。

　　B. 在他人的提示下,我能分辨情绪、速度、力度、节拍。

　　C. 我无法分辨情绪、速度、力度、节拍。

(2) 我能运用不同的节奏型表现不同的人群或动物行进的脚步(　　　)

　　A. 很熟练　　　　B. 可以运用　　　C. 不太熟练

(3) 我创编的旋律(　　　)(没参与创编的同学可以不填写)

　　A. 好听,受欢迎　　B. 还不错　　　C. 不容易让人记住

(4) 在听音乐表演时（　　）

　　A. 我能准确地跟着音乐节奏，表现音乐的情绪。

　　B. 我能跟着音乐节奏，但不能表现音乐情绪。

　　C. 我无法跟上音乐节奏。

(5) 在小组讨论时（　　）

　　A. 我乐意倾听同学的发言并思考，还能发表自己的见解。

　　B. 我喜欢听同学说，自己没什么想法。

　　C. 听别人说很无聊，我不喜欢。

(6) 和同伴一起学习、表演时（　　）

　　A. 我不但能把自己的任务完成，还能帮助其他同学。

　　B. 在同学的帮助下，我能把自己的任务完成。

　　C. 任务太难，我完成不了。

(7) 课后，当大家共同练习时，我（　　）

　　A. 能主动召集同学一起练习。

　　B. 在同学的提醒下，我能参加练习。

　　C. 任务对我来说太难，练也练不好，所以我不愿意浪费时间练习。

(8) 在本次小组学习中，我（　　）（可多选）

　　A. 完成乐曲听辨并准确填写任务单。

　　B. 上网搜集资料并交流。

　　C. 进行了旋律创编。

　　D. 表演了不同人群/动物行进的脚步。

　　E. 用歌声/乐器把创编的旋律演唱/演奏出来。

　　F. 其他 _____

(9) 请欣赏我创编的旋律（若无创编可不填写）。

说明：(1)—(7)题中选项A为4分，B为3分，C为2分；第(8)题每个选项1分，可累加；第(9)题满分10分。教师评价表和学生评价表的权重分别为60%和40%，两者相加总分在85—100为优，70—84为良，50—69为合格，50以下为不合格。

学生评价表主要是弥补教师对学生完成作业过程中的态度、行为了解不足的缺陷。学生自评后，评价表还需在组内进行交流，以达到评价相对客观的效果。通过学生评价表的填写，教师更加了解学生学习的过程，学业评价也更加全面、准确。开展学生自评在拓展了评价方式的同时，还让学生通过对整个学习过程的一个回顾和组内同学的交流，更加清楚自己的优势和不足，在今后的学习中明确努力的方向。

【问题与改进】

通过当堂反馈以及对学生评价表、教师评价表的梳理，可以看到本次作业中存在的一些问题，如：

1. 小组学习的合作性体现不佳,小组间能力差异较明显。
2. 书写乐谱的能力普遍较弱。
3. 个别学生在旋律创编的项目上存在不诚信现象。

本次中长期作业及其评价方式是对新课程背景下小学音乐学科学生学习方式变革的一次尝试。针对本次作业布置、中期指导、末期反馈中出现的问题,在接下来的一个单元学习中,将进行如下改进:

1. 将学习小组的成员按学习能力的不同重新组合,并选出临时的组长。
2. 为同学开放音乐室,每班安排两位学生负责小乐器的借用与归还事宜。
3. 课堂上增加旋律书写的板书。遇到旋律创编的练习时,除了进行书写方式的讲解和指导,还要求每一位学生能在书本上进行书写并批改。对于问题比较多的学生进行个别辅导,降低难度。
4. 鼓励学生即兴创编旋律,对特别优秀或有明显进步的学生予以奖励。

分析

通过对单元所学知识、内容进行测试,可以了解学生完成具体目标的程度。新课程把学生的学习实践作为音乐学习评价的重点内容,反馈形式灵活多样。教师评价表和学生评价表的设计尊重了学生评价的权利,拓展了学生评价的时空。教师的导评,帮助学生矫正学习方向,点拨学习方法,让学生知道评价的标准,提高评价的质量。

案例❷

对于在音乐学习上有困难的学生,教师在评价时不妨为他们开一扇门:延时评价,给孩子多一次机会。让我们看看下面这位老师是怎么做的。

对于学生对音乐知识的学习情况的了解,一般是贯穿在每一节课中,特别是当一个单元结束时,会利用课堂上的十分钟时间对学生进行一个小小的考核。

师:本单元的学习已经结束,让我们来看看同学们的学习情况。

(出示歌曲《采一束鲜花》中的一段歌谱,请一组学生以开火车的方式,唱唱歌谱,每人一乐句)

生1、生2、生3顺利完成。

生4唱了几次,在节奏上总是出现问题:老师,这一句的节奏比较难,我现在还不能唱好,能让我多练习几次后再唱吗?

师:好的,你先坐下,觉得自己准备好了再站起来演唱。

其他的学生接着唱下去。

五分钟后,生4举手:老师,我准备好了,现在能唱吗?

师:好的,请开始,需要老师用钢琴弹奏一遍旋律吗?

生4:好的,谢谢。

生4跟着钢琴将歌曲第四乐句的歌谱唱了一遍。

教室里响起一阵掌声。

在对学生进行学业评价时，对于那些通过自己汇报或师生提问对所学知识掌握的或经过师生提示对所学知识能掌握的，我都给他们打上A等；如在测评时达不到A，自己要求过几天再进行测评的学生，我都会给他们多一次的机会，等他们认为已经将自己的能力发挥出来时，再给出评价等第。延时评价，给学生多一次的机会，特别是那些学习能力一般，甚至较弱的学生，延时评价可以帮助他们逐渐建立起自信心，激发学习的兴趣。

分析　　每次学业评价后，教师不急于给出评价的结果，特别是对于那些音乐学习有困难的学生，教师可以开放学业评价的时机，给予延迟评价或二次评价；不对学生的演唱、演奏、创编等活动给予肯定或否定的评价，而是作为一员参与到学生的整个学习活动中，鼓励学生畅所欲言，尽情享受音乐带来的快乐。让学生在亲身体验中，感受音乐的美。这样的评价结果能呵护学生的自尊心、自信心。

案例 ❸　　如何让家长更多地了解学生在校内的学习情况，并积极参与到对学生学习的评价中？"留言板"无疑是一个很好的媒介。让我们看看下面这位老师是怎么做的。

利用每个学生都有的家校联系册，设计一块"互动留言板"，将学生在音乐课上的一些表现通过留言板反映给家长，家长也可以通过留言板和自己的孩子、老师进行互动。

对于那些嗓音条件不错的、表现欲望强的、乐感好的孩子我们会通过留言希望家长发展孩子的兴趣；对于那些在学校艺术团学习的孩子，我们更会通过这一小块表达对学生不怕吃苦的精神的敬佩、对家长的支持的感谢。这些话很能引起家长和学生的共鸣。

有些胆小害羞的孩子，我们会写上一些很知心的话。如：老师有句悄悄话告诉你，假如你的小眼睛睁得再大点，一定会发现自己很漂亮；假如你的声音稍微响一点点，大家就都能欣赏到你甜美的歌声了；假如你的头再抬起来点，你一定会发现大家在欣赏你；等等。

对于学习习惯较差的孩子，我们通常抓住他身上的一个优点来肯定他、鼓励他。如：老师看见你把书包管理得很好，相信你一定能在上课时把自己的小嘴巴也管得很好；老师突然发现最近能看见你的小眼睛了，相信你以后上课一定会更用心；等等。

对于各方面都很优秀的孩子，我们的留言就更有个性了。如：你学习的执着和认真，时时在提醒着老师要更精心地准备好每一节课，谢谢你！

分析 　　除了家校联系册中的留言板，现在很多学校都会有家长开放日。在那一天，家长可以走进学校，进入课堂，了解学生在学校的学习情况，也可以通过和老师面对面的交谈，将学生在课后的学习情况与老师进行沟通和交流。另外，目前的网络也为家长参与学生学业评价提供了很好的条件，教师可以通过网络留言对家长进行一定的指导，帮助家长更好地了解学生的学业情况。

案例 ❹

随着校外艺术学习的兴起，有艺术特长的学生越来越多。对于这些艺术特长生的评价，我们的老师和学校也有很多思考和实践。

1. 选送艺术社团，提高音乐实践能力。

与音乐学科相关的艺术社团很多，合唱团、舞蹈团、乐队是学校中最为基本的音乐课外延伸课程。对于这些音乐类社团而言，社团内学生音乐能力高低直接影响着社团的艺术竞争力。对于一部分特长学生的发展性评价，单靠音乐基础型课程，已经无法全面系统地进行，因此将这些学生在艺术社团内的学习实践作为相应的评价内容和指标，能更好地对这些特长生进行全面而客观的评价。

有些学校的艺术社团对于报名学生进行相应音乐能力的考核，择优录取，并专门聘请专业老师对社团进行指导。同时对录取的学生专门由学校领导召开家长会，一方面希望以后得到家长的大力支持，另一方面也对家长说明学校艺术社团的发展方向和发展动态。

实践证明，这些学生在各种艺术社团的排练、比赛、演出等实践活动中，音乐能力得到了明显的提升，同时也为学校的艺术特色创建做出了贡献。

2. 实行免考制度，激发音乐学习热情。

免考对于艺术特长生而言无疑是对其艺术能力的肯定和认可，有助于更好地激发其学习热情；同时对于其他学生而言，也是一种无形的促动。如果能制定一套切实可行的免考制度，并进行相应的实践研究，对于音乐学科特长生的评价将是一种不可或缺的补充。

有些学校是以民乐艺术教育为办学特色的，在学生成长记录册"演奏"这一栏中，教师对学习民乐的学生或者是学校民乐团的学生记入"免考"；有些学校对于学校合唱团成员在"演唱"这一项目中实行免考制度；还有些学校对于在校外社会艺术水平考级获得相应证书的学生同样实行免考制度，根据相应的级别给予相应的成绩。

免考制度的实行使得学生的学习积极性更强，学习热情更为高涨，使他们感到自己的学习成果得到了肯定，更坚定了他们继续学下去的信心。

分析 对于积极参加校内音乐活动的学生给予肯定的评价和加分,同样,校外的音乐活动也应纳入评价范围。我们应用发展的眼光来客观评价这些有特长的学生,从而鼓励他们,促使他们更好地发挥音乐学习的主动性与积极性。

要领提炼

综上,我们来归纳一下对于实施课内、课外评价时值得关注的要点:

1. 对于学生的评价要以鼓励为主,评价内容和方式要多元。对于一些在音乐学习上有困难的学生,建议教师开放评价的时机,多给孩子一些机会,呵护学生的自尊心和自信心。

2. 不能正确地看待和评价孩子是当前家庭教育中一大误区。有些家长不能根据学生的变化给予恰当的评价;有些家长把孩子在某一年龄阶段的一般表现看成是特有的才能;有些家长则对孩子已经显示出来的优秀素质视而不见。因此,针对家长的反馈与解释评价结果要灵活,以期帮助家长全面、正确地看待学生的学习。

3. 在对学生的音乐学业情况的评价工作中,要鼓励、吸引家长一起参与。家长对学生的学业评价除了传统观念中的学习成绩外,学生的学习态度、方法、情感等也是家长可以评价的内容。对于评价的结果,建议教师向家长提供清楚、易懂的反馈结果,帮助家长学会分析评价结果,引导家长正确、全面地看待孩子,找准孩子的优点、特长以及存在的问题和不足,实现家庭教育和学校教育的一体化。

4. 对于艺术特长生的评价,学校和家庭要给予更多的关注,尊重差异,为每个学生提供在音乐学习上发展的机会与条件。

本章小结

评价是教育教学过程中不可缺少的一个环节。随着新课程改革的深入开展,新课程的教学理念不断更新,对学生的学业评价也有了许多新的概念、新的要求,如:发展性评价、过程性评价、真实性评价等等。但如何在教学实践中真正理解、运用这些新的评价概念,真正发挥、实现评价的激励、促进功能,才是最为重要的。

◆ 在对学生实施学业评价的过程中要充分尊重学生,重视学生的感受,弱化教师的权威,而更多给予学生建议和意见。正面对待那些学习能力上存在差异的学生。由于先天条件的不同,学生的发展也存在差异,在评价这些学生时,要注意不用统一模式。无论是特长生还是后进生,在学业评价时都要给予学生发展的空间,让学生更多地体验到学习的乐趣。

◆ 教师在关注学生学习成果的同时,更要关注学生多方面的学习潜能,如思考与提问的能力、与他人合作的能力、创造与发现的能力、运动与空间的能力等等。在教学实践中,教师要注重引导学生以适应自身的学习方式来学习,帮助学生形成思考和解决问题的能力。

◆ 在让小学生对学业进行自评和互评时，教师要及时予以指导，给学生一个评价的标准。如在评价演唱时，可以提示学生从音是否唱准、节奏是否准确、情感是否投入等方面进行评价。而评价时也建议以先说说优点再提提建议的方式进行。让学生看到他们和自身的优点，帮助学生建立正确的评价标准。

◆ 无论运用何种评价方式，都应该既充分肯定学生的进步和成绩，又要找出学生在学习中的问题和不足并提出改进方法，以促进学生的发展。